At Our Wits' End
Why we're becoming less intelligent
and what it means for the future

知能低下の人類史

忍び寄る現代文明クライシス

エドワード・ダットン
マイケル・A・ウドリー・オブ・メニー
蔵 研也［訳］

春秋社

彼らは酔っぱらいのようにあちこちへとよろめき、
途方に暮れる。

詩篇107・27

目次

知能低下の人類史　忍び寄る現代文明クライシス

第1章　人が月に行ったなんて本当?　3

第2章　知能とは何か　14

知能低下の人類史

忍び寄る現代文明クライシス

第1章　人が月に行ったなんて本当？

信じられないことに、西暦二〇〇〇年には、ロンドンからニューヨークまで三時間半しかかからなかった。今ではロンドンからアテネまで行くにも、もっと時間がかかる。

一九六九年のコンコルドの就航は、どうやってより高速で移動するかという、極めて困難な問題を解決した。この問題は一九五四年から取り組まれてきた。それは王立飛行協会のディレクターであったアーノルド・ホールが超音速飛行について検討し始めた年である。アメリカと西ヨーロッパは同じくらいに重要な地域だったが、これらの地域間のビジネスは八時間という飛行時間によってとても面倒なものとなっていた。どうやって我々は、こうした時間と金の無駄を解決したのだろうか？

それはコンコルドだった。コンコルドは、既存の技術を少しばかり改善したというものではない。それは、二〇〇三年にBMWが導入したアクティブ・パワー・ステアリングのような小さな改良ではなく、むしろ飛行機の発明（飛行技術）や、ジェニー紡績機（大量生産）にも比肩するものだった。一九五〇年代には、世界でもっとも知的で創造的な研究者たちがこの問題の解決を目指して働いていた。結果、一九六九年三月二日にコンコルドは離陸できたのである。

コンコルドは二〇〇〇年七月二五日に墜落した。エールフランスの4590便は、パリのシャルル・ド・ゴール空港を離陸した直後にホテルに激突し、一〇〇人の乗客、九人の乗員、地上の四人が死亡した。墜落は、事故によるものだった。コンチネンタル航空のDC10旅客機の逆推進装置の後部には、補修のためにチタン製の〝羽ライナー〟が取り付けられたのだが、その製造に問題があっただけでなく、それを作ったのはDC10の生産会社とは別の会社であった。こうしてDC10が離陸した際に羽ライナーが脱落し、その数分後にコンコルドが同じ滑走路を使う番になった。コンコルドはその鋭利な金属片の上を加速したために、タイヤがパンクしてゴム片が飛び散り、燃料タンクが破壊されてしまった。燃料が漏れ始めて引火したために、片方のエンジンが停止した。ちょうど離陸速度に達していたのだが、コンコルドは速度を維持できなくなり、高度を維持できなくなった。こうしてコンコルドは墜落したが、それは直前の飛行機が適切に補修されなかったためだ。それ以前にも例えば、一九八九年の飛行ではラダーが壊れたりして、コンコルドには問題が生じていたが、決して墜落することはなかった。全体として十分に機能していたのだ。墜落の瞬間でさえ、パイロットは飛行機をもとに戻すことを考え続けたし、地上の関係者にも問題はなかった。しかし人々の信頼は失われ、二〇〇三年までにはコンコルドは就航を停止した。[*1] 事態はそれ以前へと立ち戻り、アメリカ・イギリス間の時間距離は遠いままだ。

また一九六九年には、人類は月へと到達した。多くの意味において、このことは人類の歴史のもっとも偉大な到達点だろう。このことは自動的に生起したとか、無計画に起こったとかいうものではない。それは、相当に知的で真面目な人々が、十分に長い時間をかけることでのみ達成される出来事だった。それまでもＳＦ作家たちは長い間、月旅行を夢見ていた。[*2] アメリカ政府は、一九五八年頃には人類を月に送ることを決定したが、それはソヴィエトとの宇宙競争に勝つためである。ソヴィエトはすでに人工衛星を打ち上げ、さらには月に機械や人を送る勢いだった。何千人ものアメリカで最も知的な人々が、こうした素晴らしいゴールを達成するために働くことになった。これは一九六九年七月二〇日に達成されたが、そのすべての過程が、八人のＮＡＳＡの専門家によってチェックされていた。すべての事態に対して迅速な決断が求められ、すべての危険なシナリオについて計算し、悲劇を回避するために正しい決定をする必要があった。その後、一九七二年までに人類は五回の月旅行を実行した。[*3] 一九八六年にスペースシャトル、チャレンジャーが爆発するまで、我々は宇宙探査の夢を持ち続けた。

チャレンジャーは発射直後に爆発したが、それはロケットのオーリングが寒気のせいで機能しなかったからである。オーリングの潜在的な危険は一九七一年には判明していたが、それは採り上げられることはなかった。極端に寒い天候と、この問題が重なって事故が起こった。十分に注意していれば、寒気のために打ち上げは中止されたかもしれないのだが、資金的な思惑から、打ち上げは実行された。こうして人類の宇宙旅行への自信は揺らぎ、火星探査など、大きなステップでの宇宙計画は停滞し始めた。[*4]

かつてロンドンからアメリカまで四時間以内で行けたのに、今では不可能になったのはなぜだろうか？　かつて月へと人類は到達したのに、現在は不可能なように思われるのはなぜだろうか？その答えは、驚くほどに単純である。我々には、こうした活動を維持するほどの知性がなくなったのだ。コンコルドを飛ばし、月へと戻るための知性を失ってしまったのである。

バカなことを言うな！

「バカなことを言うな！」そう思うかもしれない。「月に行けなくなったことには、あまりに複雑で多様な理由があるのだ！　一九七〇年代の経済危機があった。冷戦の終結によって、ソヴィエトとの競争に打ち勝つインセンティブは失われてしまった。地球の人々の生活を、より公正なものにすることに注意が向かった。コンコルドについても同じである。二〇〇〇年代にも経済危機が生じた。もはや、人類はこうした活動をしていないが、やろうと思えばできたのだ。」

科学では、できるだけ少ない仮定からできるだけ多くを説明できる理論が求められる。オッカムの剃刀とは、イギリスの修道士ウィリアム・オッカム（一二八七―一三四七頃）にちなんだものだが、もっとも単純な理論が最高のものであることは、すべての科学者が信奉する定理である。もし二つの異なった出来事が一つの理論でうまく説明できるなら、それぞれに異なった理論を持ち出すよりも望ましい。

我々が本書で示すのは、もっとも少ない仮説に基づくもっとも単純な説明である。人類が月に戻れなくなったことや、コンコルドを飛ばせなくなったのは、我々がだんだんと知的に退行しているからなのだ。これ以外の理由でも、一つ二つの事件やそれらの諸側面を説明できるかもしれないが、それらにはすべて納得できない疑問や根拠のない仮定がつきまとう。本書での説明には、そうした問題は存在しない。

知能の低下

本書の議論には、数多くの基礎付けがある。そのどれもが、少なくともその分野をもっともよく知っている学者たちにとっては、〝論争的〟なものである。これからの章で、そのことを説明して行こう。

現在進行していることを理解するためには、〝知能〟とは何であり、なぜそれが重要なのかを理解しなければならない。〝知能〟とは、基本的に、複雑な問題を素早く解く能力のことである。問題を解くのが速いほど、知能は高い。知能が高いほど、解けない問題はより複雑なものになる。成人の知能の遺伝率は０・８であり、それはつまり人々の知能のバラつきの八〇パーセントは、遺伝的要因によるということである（遺伝率が1であるなら、バラつきの一〇〇パーセントが遺伝的である）*5。社会経済的地位は知能と強く関連しており、〝相関関係〟がある。相関関係とは、ある変数の変化が、正負を問わず、別の変数の変化を予測する度合いのことである。相関関係のカギとなる指標は相関係数を二乗したものであり、それは相関によって予測される分散割合である。相関関係はマイナス1から1までの尺度によって表される（マイナス1や1は完全な相関であり、ある変数によって別の変数が完全に予測される場合である）。相関が0である場合には、変数間には何の関係もない。だから0・7というのは、とても強い正の相関であり、二つの変数は分散の約五〇パーセントを共有している。知能は所得とは0・3の相関があるが、教育程度とは0・5の相関がある。そして知能は学校の成績とは、0・7の相関がある。[*6] 確かに、それほど聡明ではなくてもとても勤勉であるために、学校の成績が最高だったという人はいるものの、そうした人は少数派だ。通常、重要なのは知能なのである。

本書では、ダーウィン的な自然選択によって、人類の知能はサバンナを出た一〇万年前以降も上昇し続けてきたことを示す。むしろダーウィン的な自然選択、特に社会的な選択においては、適応度は社会の他のメンバーとの競争や協働として現在に至るまで続いており、全般的な進化も進行中なのだ。この過程は、後に説明するようにイギリス人経済学者グレゴリー・クラークが〝富者の生存〟と呼ぶものである。

一四〇〇年代から一九世紀の中盤まで、すべての世代において、より豊かな五〇パーセントは、貧しい五〇パーセントよりも多くの子供を育ててきた。[*7] 経済的な地位と知能には正の相関があるため、世代ごとに人類の知能は上昇したことになる。これによって、例外的な超天才たちが増え続け、彼らが実現した技術革新によって、人類は環境を完全にコントロールすることになった。これが産業革命である。産業革命はますます多くの発明を生み出し、食料を得るための生活水準の上昇は人口増加を上回ることになった。現代人の生活水準は、中世の王よりも高いのである。

しかし、このプロセスによって高い知能は選択されなくなった。医学は急速に進歩し、かつて三人に一人が成人することができなかった状況は、いまではほとんど全員が成人するようになった。近代以前、幼くして死んでいった子どもたちは、社会的な地位が低く、おおよそ知能の低い親の子どもたちが多かった。前述したように、知能は強く遺伝するからである。知能が低ければ貧しい傾向にあり、生活環境は悪く、栄養状態も悪いからだ。こうした自然選択のパターンは高い知能を有利なものにしていたが、産業革命による医療と衛生の改善によって、そうした優位は失われた。麻疹のような幼児が罹りやすい致死性の伝染病には予防接種がされるようになり、貧困の悪影響を緩和するような社会政策が実施された。こうして高い知能は有利ではなくなったが、それは単に有利でなくなったというよりも、むしろ不利になってしまった。

乳幼児の死亡率の低下によって、成人する子供を育てるために、数多くの子供を生む必要がなくなった。そのため、家族の数は減り、残りのお金でより高い生活水準を享受するようになった。一九世紀の後半には、大家族というのは無計画を意味するようになっていた。将来のことをあまり考えられない人々が、その後の結果を想像せずに衝動的にセックスをすることで発生するのである。後に説明するように、こうした衝動的な行動は、低い知能と関係している。[*8] それは避妊をしないことである。つまり低い知能のほうが、高い知能よりも多くの子供を持つようになった。

女性が労働市場に加わるようになると、もっとも知的な女性は二〇代、さらには三〇代の前半までもキャリア形成に捧げるようになった。もし子供を持ったとしても、ごく少ない人数でしかない（多くの場合、子供を持ちたいと思ったときには遅すぎるという状況にある）。これとは対照的に、知能の低い女性はキャリアに興味がなく、衝動的なので、一〇代の頃から多くの子供を生む。高い知能の女性が母親になろうとする年代で、すでに祖母になるということも多い。こうした理由から、人類の知能は低下してきていると考えられてきた。

しかし、本書はこうした考えを一歩推し進める。本書が証明するのは、我々のある種の能力は、人類が作り出してきた環境の改善によって高まってきたが、もっとも重要な認知能力、つまり一般知能においては確実に低下しているということだ。[*9]

我々の知能はまた、驚くほどの速度で低下している。過去一〇〇年の間に、10ポイントも知能指数が低下した可能性があるが、それは現代の平均的な警察官と、平均的な学校教師との違いである。[*10]こうした研究は最先端のものであり、多くの科学者にとってはさらに〝論争的〟なものだ。しかし後述するように、我々の知能が低下していることは、もはや無視できない。我々に何が起こっているのかを知って初めて、そこから生まれる問題を最小限にとどめ、どれだけかを克服できるのだ。

全体の流れ

本書が直面している困難は明白である。もし人々が聞きたいと思うこと、耳あたりが良いことを説得しようとしているのなら、問題はない。すべてが環境の問題であり、適切な手段をとるだけでユートピアが実現すると言うのなら、本書はずっと多くの人を喜ばせることができるだろう。しかし、それはまたナンセンスでもある。本書が問題にしているのは、実際に何が起こっているのかであって、そのことについて知的な読者を説得することである。もちろん、詳細な科学的や統計学の知識は必要ない。ただオープンな知的好奇心だけが要求される。

第2章で、我々は知能の概念について考える。それは科学的に適切な概念であり、それを計測するための知能（IQ）テストもまた妥当なものだ。知能概念に対する多くの批判に答えることで、それが強固に防御されることを示そう。知能と相関し、その一部を表す各種の代理変数もまた考察しよう。

第3章では、犬やチンパンジーにおける、知能に対するダーウィン的な自然選択の歴史を議論する。それはイギリスでは、産業革命前まで続いた。第4章では、ヨーロッパ人の平均的な知能は産業革命まで上昇したことを見る。知能の代理変数としての富によって、子供の数がはっきりと予測できたからである。

第5章では、人格概念について検討する。それは第6章で説明する天才というものを理解するのに不可欠だからである。第6章では、一四五〇年から一八五〇年の間に、人口あたりの天才の数が増加したことを示す。天才とは、超越的に知的な人間が特殊な人格を持つことで、重要な観念に巨大なイノベーションを起こした人のことだ。

第7章では、一九世紀から二〇世紀初期の多くの科学者が確信したことを説明する。それは、当時もっとも子供の数が少なかった人々は、もっとも知的な人たちだったことだ。彼らは正しかったし、現代の西洋諸国では、知的な水準が上がるほどに、平均的な子供の数は少なくなる。避妊からキャリア・ウーマンに至るまでの現象の理由について考えよう。

第8章では、知能の低下は、知能テストを使って計測した場合には確認されていなかったことを説明する。二〇世紀を通じて、いわゆるフリン効果によって、知能指数はだんだんと上昇してきたのである。しかし、このフリン効果は、〝一般〟知能の上昇を反映していたのではない。フリン効果は、知能テストが、知能の時間的な変化を計測するためには不完全なものであることを示しているにすぎない。それはともかく、今では各地でフリン効果は逆転してさえいる。第9章では、一般知能の計測において知能テストよりも信頼できる尺度においては、知能は実際に低下しているということを示す。

第10章では、これらの発見が、文明は永続しないという考えと軌を一にしていることを説明する。文明は勃興し、滅亡するが、こうした栄枯盛衰は平均知能の変化によってもっとも単純に説明される。第11章では、ローマは我々と同じように、自然選択によって知能がピークに達した後、高知能と出生率の負の相関が生じて、その後の衰退と崩壊に至ったことを示そう。同じことは、中東や中国の文明でも発生した。

第12章では、これまでの西洋文明は、すべての文明が通ってきた段階をたどってきており、現代はすでに文明の冬を迎えていることを見る。最後に第13章では、現実的に言って、我々に何ができるのかを検討する。さらなる崩壊が訪れる前に、文明の冬を打ち破ることができるのだろうか？

コンコルドと月面着陸に戻って

なぜコンコルドを再び離陸させる、いや、もっと高速化できないのか？　本書では、その理由に関する証拠をだんだんと開示していく。

ここでテクノロジーのピラミッドについて考察する必要がある。それはイギリスの精神科医ブルース・チャールトンによって提示された。[*11] 一番上位には、天才的な発明家たちがいる。その下には、そうした発明を改善できる者たちがいる。そして、発明を運用できる者たち、さらにその下には、利用さえもできないのにメインテナンスのために雇われた者たちがいる。コンコルドが離陸したとき、このピラミッドのすべてのレベルの知能が、現在よりもわずかに高かった。一九六九年から二〇〇〇年にかけて、もっとも高い位置にいる人々は子孫を残さず、もっとも低い位置にいる人々の数は大きく増加した。二〇〇〇年の航空産業の人々は、一九六九年の基準からすれば、その知能に比べて高すぎる地位を得ていた。こうした状況は、〝出世し過ぎ〟とでも呼ぶべきだろう。平均的なパイロットの知能は低下し、突然の困難な問題を解決できなくなった。もっと重要なことに、平均的な地上のエンジニアや整備士もまた同じであった。

こうした知能の低下によって、より多くの人々が、より短絡的で、悪い意思決定を行うようになった。こうした失敗が重なり、ＤＣ10から尖った金属片が剥がれ落ち、誤って滑走路に残され、コンコルドは墜落したのである。

とはいえ、その知能とやらは何なのか？　重要なのは勤勉さと社会的技能であり、知能などはまったく無意味な概念であることは皆が知っているのではなかったのだろうか？　知能なんて、本当にそんなに重要なものなのだろうか？

第2章　知能とは何か

〝知能〟は、多くの人に嫌われている概念である。現在、〝政治的に正しい（politically correct）〟考え方では、生まれ持った能力においては皆が平等なのである。[*12] ここで、政治的に正しいというのは、人々の気持ちを害したり、自分が間違っているのかもしれないと感じさせたりすることのない、気の良い人のことを意味している。しかし、こうした考えの問題点は、ある種の作業において、人には大きな優劣があることだ。もしあなたのコンピュータが壊れたら、コンピュータに詳しくて、コンピュータゲームの設計をして生計を立てている、友人のリーに助けを求めるだろう。リーはそうした能力において、医者であり、コンピュータについて何も知らないマイクよりも優れている。マイクのところに行くのは、首にコブができたときのほうが良いだろう。そうした状況では、マイクのところに行く価値のほうが高い。

知能はコンピュータの修理能力、あるいは病気の診断能力に似ていて、ある種の人たちは別の人たちよりも優れている。前述したように、知能とは複雑な問題を素早く解く能力である。明らかにある人々は複雑な問題をより早く解く。そうした人たちは、遅くしか解けない、あるいは問題を解決する能力がない人たちよりも知能が高い。これはコンピュータの動きに喩えられる。知能は、コンピュータの処理能力や、どれほど複雑な問題をフリーズしたりダウンしたりせずに解けるのかに喩えられる。[*13]

　つまり知能とは抽象的に思考して、高速に学ぶ能力であり、それは特に、問題が以前に経験されたものに似ている場合には、素早い問題解決能力になる。知能は、知能テストによって計測される。知能テストは実際の知能を測っているのではなく、単に知能テストをうまく解けるかということを測っているだけだと主張する人もいる。これは単なる誤謬である。幼児期の知能と成人知能には０・７から０・８５の相関がある。[*14]幼児期の知能テストは、成人後の多くの重要な変数を予見する。高い知能が関連するのは、高い教育水準、高い社会経済的な地位、高所得、健康、市民としての政治参加、低い衝動性、長寿である。[*15]低い知能が予測するのは、高い犯罪率、未来に対する短絡性である。[*16][*17]

　言い換えるなら、高知能の人々は未来を生きるのに対して、低知能は今を生きる。未来への指向性のテストは、幼児の前にチョコレート・バーを置き、食べるのを一時間待てれば、二個にしてあげるというものだ。子供の知能が高いほど、待つことができる。高い知能の人々は、より信頼できる。知能と信頼の関係は、あるいは低知能の人はだれが信頼できるのかを見抜く力が低いために、誰も信頼しないことが有利になるからかもしれない。[*18]一般的には、知能テストによって計測される知能が高いほど、社会的に望ましい結果をもたらす。こうして計測される〝一般〟知能と関連する

【表1】一般知能と相関する変数*19

正相関	逆相関
移民（自発的な）	アルコール依存
運動神経	遅い反応速度
音楽の嗜好や能力	喫煙
会話の速度	教条主義
学課外の活動	虚言（“嘘つき”尺度による）
学校活動への参加	結婚していない片親からの出生
感情的な感性	結婚しない、若年での出産
記憶力	権威主義
教育水準	事故のあいやすさ
興味の広さや深さ	自尊心
近視	宗教性
軍での階級	衝動性
芸術的な嗜好や能力	人種的な偏見
健康、運動、寿命	信頼の欠如
言語能力（スペル能力）、論理能力	ずる休み
顕著な業績と天才性	高い乳幼児死亡率
高身長	高い BMI
実際的な知識	早い老化
社会経済的な地位の達成度	犯罪率
社会経済的な地位への志向	非行率
社会的なスキル	ヒステリー（その他のノイローゼに比べて）
手工芸	肥満
食事（健康的な）	不本意な同意
所得	保守主義（社会的な視点での）
職業的な成功	
職業的な地位	
自律性	
信頼できる性格	
スーパーマーケットでの買い物の能力	
精神療法への反応	
創造性	
大学でのスポーツへの参加	
達成へのモチベーション	
抽象的な思考	
道徳的な理由付けと能力	
読解能力	
認識能力	
配偶者選択	
ピアジェ型能力	
分析的な思考様式	
民主的な政治参加（投票、請願）	
無神論	
メディアの嗜好	
ユーモアのセンス	
リーダーシップ	
利他性	

性質についての網羅的なリストは、表1にまとめてある。

知能については、〝複数の知能〟[20]などと言った、より広い定義が必要だと主張する人もいる。例えば、研究者の中には、〝心の知能〟について語る者もいる。それは、人々と共感し、何をいつ言うべきなのかを理解するような、周りとうまくやっていくための能力である。こうした能力は、知能テストで測られる知能とは異なると言われることがある。この〝心の知能〟が重要であり、それに長じている人々が社会的な変わり者や、周囲の人を怒らせるような人よりも友人が多いことは疑いない。

しかし、厳密な実証研究を見れば、社会的な問題を解く能力は知能と弱く相関しており、またすべての認知的な能力は相互に相関している。[21]聡明でない人にとって気休めになるのは、現実とは、アメリカのコメディ『ビッグバン☆セオリー／ギークなボクらの恋愛法則』のようなものであると信じることだ。ペニーは、彼女の科学者である友人ほどには頭が良くないが、はるかに〝心の知能〟は高い。しかし現実には、平均すれば、レナードのような人物はペニーよりも知能が高いだけでなく、社会的なスキルも高い。これはシェルドンには当てはまらないかもしれないが、彼のような特殊な人物については第6章で検討しよう。

異なる種類の知能

このことは、現実に〝異なる種類の知能〟へとつながる。一般的に、ある人々が別の人々よりも知的に優れていることは理解できるだろう。誰かと話せば、特に長時間話すなら、その人がどれほど〝知的〟であり、〝頭が良い〟かについて直感的に分かる。とはいえ、こうした直感が間違っている場合もある。

例えば、言語的に優れていて、小難しい表現を使うような人がいる。それによって表面的にはとても知的に見えるが、実際にはそうではないというケースだ。そういう人にコンピュータを直してもらったり、病気の診断をしてもらいたいとは思わないだろう。これは大学で人文科学を研究している多くの人に当てはまる。一般的に、文化人類学を専攻するような学生は、言語知能はとても高いが、一般知能については、典型的に寡黙でシャイな物理学の学生よりも低いだろう。[*22] これは文化人類学の学生には、本当に知的で探究心を持つ人がいないということではなくて、単に平均的な知能が物理学の学生よりも低いということである。知能テストは、主に三種類の知能を測る。言語的、数値的（数学的）、空間的（幾何的）な能力である。例えば、WAIS IV（ウェクスラー式知能検査　第四版）の言語理解のテストは、〝類似〟として知られている。典型的なものは、「りんごとオレンジの関係は何か？」というもので、正答は「二つともがフルーツである」というものだ。これによって二点が得られるが、より明快ではない答え「二つともが食べ物である」には、一点が与えられる。[*23]

これらの三つの種類で、特定の分野に秀でている人もいるが、一つの分野では平均以上だが、別の分野では平均以下だというようなことは稀である。例えば、アインシュタインは数学的に秀でていたため、一二歳の時にピタゴラスの定理をもっとも古い方法で証明している。それでも彼の言語的な能力はとても低かったために、チューリッヒ工科大学の入学試験に失敗している。[*24] とはいえ、アインシュタインは極端な例外である。全体としては、集団としてみると、異なる種類の認知能力テストは互いに正の相関を持っている。一つのテストの値は、別のテストの値を一貫して予測するのである。

このことは、なぜ知能がコンピュータに喩えられるのかを説明している。処理スピードが速いコンピュータは、どういった課題でも素早く行う。効率も高く、遅いコンピュータならストップするようなタスクを簡単に実行する。こうして異なる認知能力間には正の相関が存在するため、それらに通底する〝一般知能〟を想定することができる。それはチャールズ・スピアマン（一八六三―一九四五）によって、初めて統計的に記述された。イギリス人であったスピアマンは心理学の開拓者であり、並外れた能力の持ち主だった。軍隊に入って将校になった後、一八九七年、突然に学者の道へと転身した。[*25] ロンドン大学で学位を取る間に、一九〇四年には影響力のある論文を書いたが、その中で各種の科目の成績は相互に相関していることを示した。[*26] 表２は、この相関表を示している。[*27]

こうしてスピアマンは、これらの多様な科目すべてに通底する

［表２］ スピアマン（1904）の相関行列は、すべての学業適性が相互に正の相関を持っていることを示している。数学の好成績は、古典やフランス語、英語などを予測する。

	古典	フランス語	英語	数学	音程	音楽
古典	1					
フランス語	0.83	1				
英語	0.78	0.67	1			
数学	0.7	0.67	0.64	1		
音程	0.66	0.65	0.54	0.45	1	
音楽	0.63	0.57	0.51	0.51	0.4	1

〝ｇ因子〟、つまり一般因子が存在すると主張した。しかし、ここでは、これ以上スピアマンの〝相関行列〟を検討することはやめておく。イギリス人集団におけるフランス語の能力は古典と強く相関しているが、フランス語とラテン語、そして弱い程度では古代ギリシャ語が外国語学習であることを考えれば当然である。古典と英語の相関はこれより少し弱いが、さらに弱い数学との相関でも０・７もある。音程の識別もまた、学業成績と相関している。

これは後述する、フランシス・ゴールトン（一八二二―一九一一）の主張と整合的である。ゴールトンは、（音程や色彩などの）感覚器官からの入力の微小な差を見出すことが、知能の意味の一つであると主張した。知能の高い脳はより広い〝帯域幅〟を持っており、より多くの情報を得て、問題の効果的な解決に役立てる。例えば、もし問題が耐水性のある屋根を作ることであれば、知的な人物は、ある種の材料はわずかに異なった性質を持っていることを見抜き、より良い材料を得ることができるだろう。こうした小さな差異を理解できることは、各種の問題をより効果的に解くことにつながる。

知能（ＩＱ）とは、スピアマンのｇ因子を計測するための統計的な構築物である。よって知能テストは、ｇ因子を測っている。しかし知能テストは完全ではない。これはちょうど、学校の数学テストが数学能力の完全なテストではなく、部分的には言語能力のテストになっているのに似ている。知能テストは、例えば動物を正しいカテゴリーに分類することで、ｇ因子を測っている。ｇ因子とは、そうした能力だからである。しかし、こうしたテストには、他の知的能力も使われる。よって知能テストは、個別的な知的領域に影響を与えるような能力もまた測ることになる。スピアマンは、こうした特殊な（specialized）能力をｓ因子と名付けた。数学や言語学習などにだけ影響を与える、多くのｓ因子がある。こうして知能テストは一連の認知能力を計測する。これらの能力はｇ因子と、ｇ因子とは独立したｓ因子によって予測されるのである。

こうしたスピアマンの粗い2因子モデル、ｇとｓという知能モデルは、現在までに変化してきた。現代の典型的な研究者たちは、知能をピラミッドのようなモデルで理解している。頂上にはスピアマンのｇ因子がある。その下には、グループ因子、あるいは主要知的能力と呼ばれるものが位置する。これらはいくつかの認知能力に共通するが、ｇ因子とは独立した能力である。こうしたミニｇ因子の例としては、〝言語的・認知的・空間的〟な主要因子が挙げられる。[*28] これらの能力群はそれぞれ強く相関しているが、一つのグループの能力は、特殊な能力にも依存している。さらにその下には特殊な技術因子があるが、これは多様なｓ因子であり、それぞれの主要知的能力のグループ内の違いを予測する。こうした能力もまたｇ因子と相関しているが、その他のひじょうに特殊な認知プロセスに特化した能力を測っている。このため、主要認知能力には特に秀でていない人が、ダーツや絵画には抜きん出ていることがある。それはとても特殊な認知能力なのである。最後に、ピラミッドの底部には、特殊なテストに対してのみ影響を与え、他のテストには関係がないような個別のテスト要因がある。例えば、パターン認知だけに秀でていれば、それが役立つような問題には対処できるが、語彙力のテストのようなものには役立たないだろう。

ここで重要なことは、すべてのテストにおいてｇ負荷が同じではないことである。つまり、個別のテストにおいて測られるｇ因子の程度は異なっている。[*29] 例をあげるなら、国語と数学の両方がｇ

因子を測っているために、どちらも知能と相関しているが、国語よりも数学のほうがg因子に関係が深いため、代理変数としてはより優れている。そして国語は美術よりも、一般知能の代理変数として優れている。もし大学の入学希望者が大量にいて、もっとも知的な学生を入学させたいとしよう。この場合、現代史を専攻する学生に関しても、単純に共通入試テストの数学の成績を見るのが効率的なのである。もちろん、こうした扱いは極端であり、単純主義的だ。[30] しかし、どうやらほとんどの大学では学生の専攻が現代史であっても、論理的な思考能力を見るために数学の成績に配慮しているようである。

知能と知能テスト

知能は年齢にも関係しており、大人になるまで上昇する。大人であれば、どんなに優秀な三歳児でも解けない問題を解いている。とはいえ、三歳で読み書きを始める子供は知能が高いだろう。大人と比較すれば、三歳児は特に知的だとは言えないかもしれないが、彼らの知能は中年期まで上昇し、その後は低下する。[31] つまり知能は相対的な尺度であり、同じ年齢の集団に対する個人の位置づけである。

〝知能指数（IQ: Intelligence Quotient）〟という言葉は、知能テストで測られた個人の集団内での位置を数値で表す方法である。平均知能指数は100に設定される。より大きな数値は平均よりも高いこと、小さな値は低いことを表す。知能指数はベルカーブと呼ばれる正規分布をしており、その点では身長に似ている。知能分布は伝統的に〝標準偏差〟が15ポイントになる。ほとんどの人の知能指数は、平均である100の周辺にまとまっているが、それは身長でも平均的な人が多く、わずかな人がひじょうに高い身長、低い身長であるのと同じだ。実際には、六八パーセントの人々の知能指数が、85から115の間にある。115から130の間、また85から70の間にはわずか一四パーセントしかいない。つまり人口の九五パーセントが70から130の間に位置しており、これが〝ノーマル〟な知能であると想定される。70よりも低ければ学習障害を引き起こすと分類される。55から70、あるいは130から145には二パーセントがいる。彼らはとても低い、あるいは高い知能の持ち主である。ここにも入らないベルカーブの両端の人は人口のわずか〇・一パーセントである。図1はこれを表している。

［図1］　知能のベルカーブ＊32

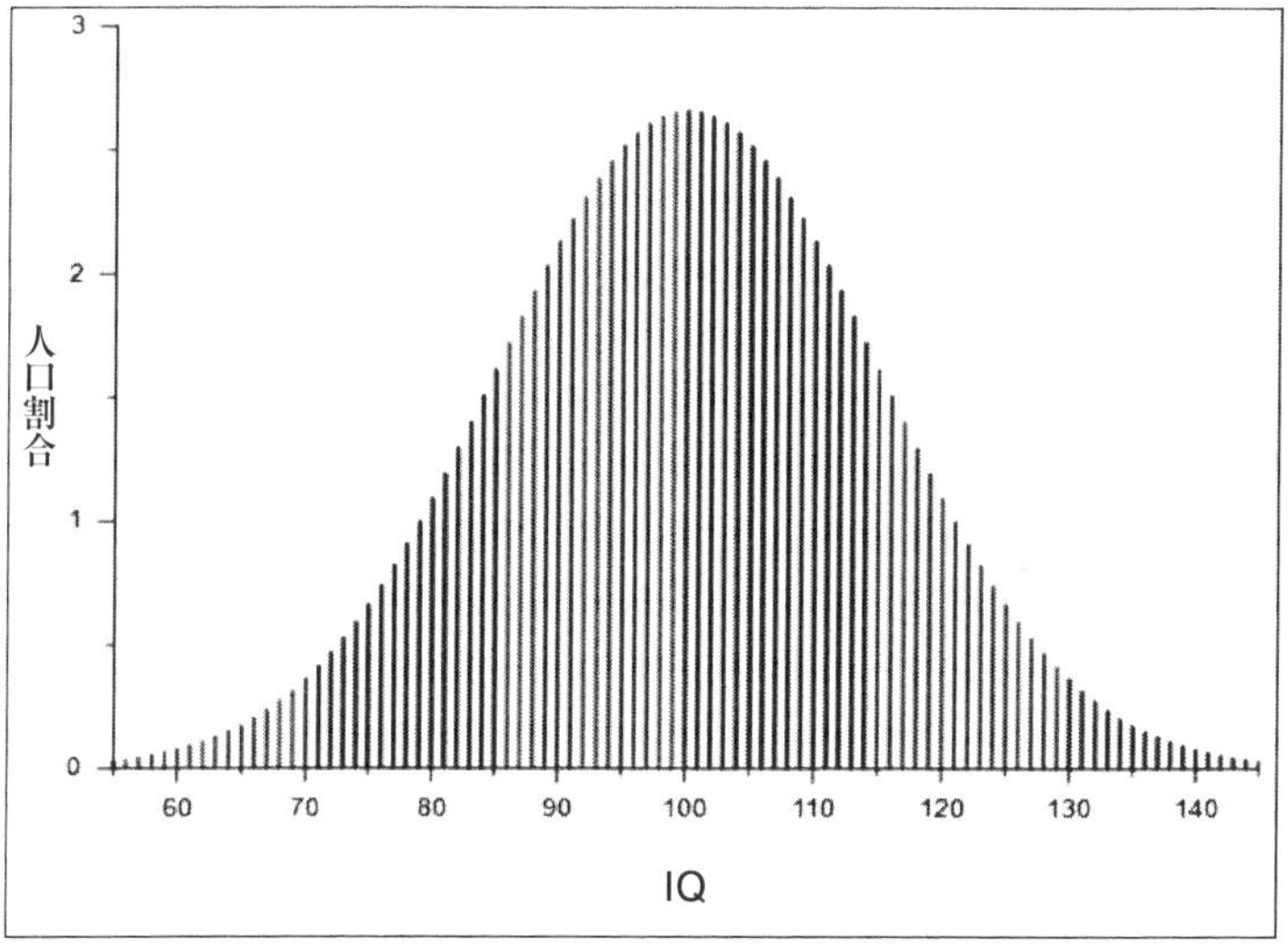

体重は体重計で測り、身長は身長計で測る。知能テストは、知能を測るための道具であるが、完璧な道具は存在しない。体重計には正確さにバラツキがあるが、知能テストも同じだ。[33] ある尺度の正確さというのは、同じもの、あるいは極めて似たものを測っている別の尺度との相関によって表される。例えば、体重の測り方の一つには、物理的に人間を持ち上げることで推定するというものがある。こうした計測が、体重計のものと同じであるなら、体重計を信頼することができる。知能テストの結果は、（学校の試験の成績のような）直感的に得られる思考力と強く相関しており、それは単なる文化的な影響というものではない。知能テストが有効で、一貫したものであることは、〝文化的な影響を受けない（culture-fair）〟知能テストが、どの文化圏においても整合的であることに明らかだ。[34] これがもし文化的なバイアスによって大きな影響を受けるとすれば、そうした整合性・一貫性は存在しないはずである。

また知能テストの結果は、さらに客観的な指標とも相関する。それは反応速度の違いである。[35] 知能テストが客観的な神経科学的な尺度と相関することは、アーサー・ジェンセン[36]やハンス・アイゼンク[37]、イアン・ディアリー[38]のような指導的な精神測定学者たちによって、広く受け入れられてきた。

反応速度には、いくつかの計測方法がある。もっとも広く使われているものは、アメリカのカリフォルニア大学バークレー校の心理学教授であったアーサー・ジェンセン（一九二三－二〇一二）によって開発された。彼は最初、ソーシャル・ワーカーだったが、その後の研究キャリアのすべてを知能研究に捧げた。ジェンセンは、いわゆる〝仲間はずれ〟テストをつくった。それはライトの前に座って、最初に〝ホーム〟ボタンを押しつつ、どれか他のライトが点《つ》いたら、できるだけ早くそのボタンを押すというものだ。研究によれば、知能とこの反応速度の間には０・３から０・４の相関がある。平均すれば、反応が早いほど、頭も良い。つまり再び知能をコンピュータに喩えるなら、部分的には〝処理速度〟を計測しているのである。反応速度との相関は、知能が単純に神経機能の優劣によるものであることを示す。こうして知能テストの妥当性は証明される。

知能テストの客観性に対しては、他にも多くの批判がなされてきた。今流行《はや》りのものは、いわゆる〝ステレオタイプからの脅威（stereo-type threat）〟である。これはある種のグループには、知能テストの結果が悪いというステレオタイプがあり、それによって心配をしすぎてしまい、実際に悪い結果を残すというものだ。おそらくストレスが高まって、こうしたステレオタイプが強化されるのだろう。しかし大規模な研究を見ると、こうした影響はまったく認められない。反対の結果が見出されることさえある。悪い結果になるだろうと言われることでかえって奮起して、予測よりも良い結果を残すのである。さらに、このステレオタイプによる脅威については、明らかな出版バイアス（publication bias）が存在している。肯定的な結果は出版されるが、否定的な結果は出版されない論文として埃を被るか、引き出しの奥で眠ることになるのである。[*39]

知能テストへのまた別の批判は、テストスコアにはモチベーションが関係しているというものだ。これは明らかに正しい。もし複雑な問題を理解するように言われたとしても、この本の残りを理解するためには、それが不可欠だとでも言わない限りは、誰もそんなことをしようとしないだろう。（我々は、そんな無茶なことは言わないので、安心してもらいたい！）　モチベーションは、テストの日にインフルエンザにかかることと同じように、知能テストだけでなく、多くのことで重要である。

しかし、もし誰もテストの結果で表彰されることもないのなら、誰もが同じように低いモチベーションしかもたないということである。こうした要素が、結果に影響を与えないようにするためには、サンプル数を増やすしかない。例えば、アメリカ青年縦断調査（the US National Longitudinal Study of Youth: NLSY）では、一万二千人以上がサンプルとなっているが、これはアメリカ国民をかなりの程度で代表している。〝縦断〟というのは、同じ個人をサンプルとして、経時的に追いかけるものである。参加者の人生がどうなったのかを長期間にわたって追跡される。

前述したように、知能は人生のさまざまな結末を、良く予測する。学業は0・7、大学の成績は0・5、卒業後のパフォーマンスとは0・4、給与とは0・3の相関があり、職業的な地位もまた予測される[*40]。看護師のようにやや就きやすい職業では平均知能は110だが、医師や弁護士では120、さらにこうした職業の頂点に立つような人々ではさらに高いということも判明している[*41]。平均的な教育学の博士学生は117であるが、物理学の博士学生は130である[*42]。知能が高いほど、投票などの市民活動にも参加し、極端な政党や意見を持たなくなる。極端な活動のもたらす否定的な結果を予見し、またさまざまな政治的なニュアンスを理解できるからであろう。市民生活への参加は、より協力的で信頼できることから生じる。そうした活動のもたらす、より良い環境や政治的な自由さなどの肯定的な結果を理解できるためである[*43]。

知能差の原因

なぜ知能には違いがあるのだろうか？　遺伝的に一〇〇パーセント同じである一卵性双生児の研究を見ると、知能の遺伝率はとても高い。遺伝率とはつまり、集団において、親が子どもに類似している程度を表す尺度である。数値によって、親の知能による子供の知能の予測度が表される。遺伝率が1であれば、子どもの知能はすべて親の知能によって決定される。遺伝率が0であれば、親と子どもの知能にはランダムな関係しかない。一卵性双生児研究では、彼らを違った個人へと成長させる要因としての環境がある。知能の遺伝率は八〇パーセントのようである。つまり個人間の違いの八〇パーセントは遺伝的な要因によるものであるため、知能においても親と子はかなり似ていることになる。[*44]

環境要因として重要なのは、栄養価の高い食べ物の摂取であったり、幼年期における知的に十分な刺激などである。しかし、知的に刺激的な幼児期だけが重要なわけではない。成人後の環境も、知能に影響を与える。例えば、知的な個人は自分自身で知的な環境を作り出し、周りにも知的な人間が集まる。こうした理由から、子どもは自分の環境を作り出せないため、子ども時代の知能の遺伝率はあまり高くない。成人に近づくにつれて、自分の知能が環境に反映され始める。そして最後には八〇パーセントの遺伝率に達するのだ。[*45]

ロアルド・ダールによる児童書『マチルダは小さな大天才』に出てくる、主人公のマチルダについて考えてみよう。両親はまったく知的なことに興味がないため、家にはほとんど本がない。この種の環境はマチルダではなくて、親の知能を反映したものであるため、マチルダの知能は低くなってしまう。マチルダがミス・ハニーと暮らすようになり、最後には独立して暮らすようになると、その内的な知能を十分に反映した環境を作り出す。こうしてマチルダの知識は急速に拡大し（これは必ずしも彼女の抽象的な思考力には及ばないが）、彼女の計測される知能も上昇する。[*46]

1　加法性

知能の遺伝率のほとんどは、加法性として知られる遺伝によるものである。加法的な効果を持つ遺伝子は、典型的な場合、表現型に対してひじょうに小さな個別効果しか持っていない。表現型とは、遺伝子が特定の環境において発現したもののことだ。知能のような複雑な特性はとても多因子遺伝的であり、何千もの、あるいは一万にも及ぶ遺伝子がわずかずつ加法的な影響を与えている。[*47]言い換えるなら、知能は大量の遺伝子によって少しずつ決定されており、それは各個人の行動がほんの少しずつ影響を与える社会のようなものだ。加法性によって、子どもの知能などは、典型的には両親の中間に位置するようになる。子どもをつくる遺伝子は、両親から混ぜ合わさって受け継がれるからである。

さらに、人が性的に惹かれるのは、遺伝的にある程度自分に似た相手に対してである。[*48]これは〝アソータティブ・メイティング〟として知られている。普通、夫婦はランダムに選ばれた二人の人よりも遺伝的に似通っている。これは特に、手首の太さのように、遺伝性の高い形質に現れる。こうして遺伝的な類似性を求める配偶によって、子どもは親により似通ったものになる。両親が互いに似ているのなら、その子どもも似てくるからだ。人間がアソータティブ・メイティングを行うのは、そうすることで間接的に自分の遺伝子をより多く残すためである。もし遺伝的にあまりに近い配偶者を選ぶなら、子どもが二つの有害な遺伝子を受け継ぐことで、遺伝的な病気が生じるリスクが高まる（近交弱勢）。もしあまりに遺伝的に離れた配偶をするなら、次世代に残せる遺伝子は減ってしまう。また離れた遺伝子が重なることで、子どもに有害であることもある（異系交配弱勢）。アイスランドでの研究によると、受胎能力、つまりもっとも多くの子どもを残せる〝スイートスポット〟は、三従兄弟（父母のまたいとこの子ども）である！[*49] とすると、親戚ではない人に対しても、偶然に三従兄弟の量と同じだけの共通遺伝子を持つのが望ましいと考えられる。自分の遺伝子を残すためのまた別の間接的な方法については、後に第６章で議論しよう。

2　顕性（優性）

多くの形質は遺伝子の持つ加法的な効果によって大きな影響を受けるが、子どもは精神的にも肉体的にも親にかなり似ている。しかし、これには例外もある。目の色のような形質は、小さな効果を持つ多数の遺伝子によってではなく、大きな効果を持つ少しの遺伝子によって決定される（これは顕性と呼ばれる）。よって子どもは目の色については、どちらが顕性の遺伝子を与えたかによって、片方の親に似ることになる。こうした顕性の形質については、少数の遺伝子が大きな効果を与える。

3　エピスタシス

遺伝子の発現の第三番目の様式は、〝エピスタシス〟である。遺伝子間には、一つの遺伝子の発現のためにはもう一つの遺伝子の存在が必要になり、つまり加法性と顕性とが発生する。こうしたプロセスは、エピスタシスと呼ばれる。この場合、遺伝子はちょうどジャック・スプラト〔『マザー・グース』に出てくるキャラクター〕と彼の妻のようなものだ。一人では何もできないが、一緒にいれば助け合って〝お皿をきれいに舐める〟ことができる。顕性の効果やその交互作用が知能に与える影響は、純粋な加法性に比べるとはるかに小さい。*50 それでも顕性やエピスタシスが与える影響があるため、子どもが両親や兄弟とはかなり違っている場合がある。

4　遺伝的効果とエピスタシス

同じことは、もっと広い意味での知能でも生じる。交互作用を持つ遺伝子が組み合わさることで、平均的な両親からとても知能の高い子どもが生まれることがある。この場合、子どもの知能は、親の与える（知的でない）環境によって下がることになるかもしれない。子どもの知能は、親の影響から離れる青年期になると、自分の遺伝的な知能を反映した環境を作ることで上がり始める。

まれな遺伝子の交互作用や、大きな効果を持つ単一の遺伝子は、天才の遺伝において大きな役割を果たしているのかもしれない。天才は、どこからともなく〝発生する〟からだ。*51 こうしたことは、ある種の才能、例えば数学のようなものにも当てはまる。そこには、両親の数学能力の平均を受け継ぐのではなくて、兄弟にも見られないような特別な資質が存在する。それは平等には遺伝しないような、顕性効果を持つ稀な遺伝子を示唆する。[*52] 例えば、アインシュタインは明らかに超越的な知性だが、彼の父親はエンジニアであって、おそらく知的ではあったが、まったくアインシュタインのレベルではなかった。

もちろん、反対のことも生じる。非常に知能の高い両親から、かなり平均的な子どもが生まれることがある。大きな効果のある遺伝子は、（目の色や数学的な資質のように）一人の子どもには受け継がれても、全員の子どもには伝わらないのである。ある親が持っている、知能を上げる稀な遺伝子の交互作用もまた子どもには引き継がれないために、子どもの知能は大きく下がることがある。親がつくり出す知的に刺激的な環境は、子どもの幼児期の知能を上げるかもしれない。しかし、子どもが親の環境から脱すると、自分の遺伝子に合った環境をつくるため、知能は下がり始める。しかし、ほとんどの知能の遺伝的な分散は、加法的な性質を持っている。（第６章で検討する天才のような）例外的なケースを除けば、一般的には、大多数の人々は、その能力において親に似ている。加法的、あるいはほとんど加法的な遺伝が、成人知能の分散の八〇パーセントを占めているからである。

〝知能という言葉は何を意味するのか〟

前に、〝正しく考える〟人たち、あるいはもっと普通には〝政治的に正しい〟人について検討した。これまでは、彼らの論理的な批判に対して答えてきた。知能は知能テストによって測られ、（教育程度や業務成果などの）現実に発生する結果を予測する。テストは大体において文化的にバイアスがなく、その他の認知能力とも相関している。中枢神経系の効率に関係するような、反応速度などの客観的な生物学的尺度とも相関している。それに加えて、心の知能や音楽知能などと言った〝異なる種類の知能〟の考えは、それらがｇ因子を通して相関しているため、ほとんど無意味である。知能はどの文化においても重要な事柄を予測するし、知能そのものがどの文化でも重要である。例えば、知能は犯罪率と負の相関があり、当然ながら、どの文化においてもルール違反者は好かれない。

こうして批判者たちは、もっと感情的な批判に訴えることになる。最初のものは、「とはいえ、知能という言葉は何を意味するのか？」というようなものだ。その後、知能を定義することは難しいと主張する。どこに知能の高さの境界があり、どこで知能が高い低いと言えるのかを問う。こうした疑問はどの分野でも当てはまり、そうした主張はおかしいという。

しかし、こうした批判は的外れだ。現実とは無限の情報であり、我々はそれを取り扱える塊に分けてしか理解できない。これがカテゴリー化である。有用なカテゴリーとは、有効な予測をするものであり、それによって生活の障害を取り除き、生き残ることが可能になる。もしカテゴリー化ができないなら、〝危険〟から〝安全〟を見分けることができなくなって殺されるだろう。もし誰かが純粋に、我々はカテゴリーを使うべきではないと考えるなら、彼らは高いビルから飛び降りることもいとわないだろう。〝高い〟と〝低い〟という知的な分類ができないからだ。もちろん、定義は重要だが、それは有用性とバランスが取られるべき事柄であり、そうしなければ何も実現できない。「リーはマイクよりも頭が良い」というなら、我々の意味することは明らかだ。二人のパイロットが死んでしまい、墜落するボーイング747に乗っているとしよう。頭が良い誰が次に機体を操縦するべきかについて決めなければならないなら、頭が良い人の意味についてあれこれと時間をつぶす人はいないだろう。

〝異なる文化では知能には異なる意味がある〟

違う、そうではない。抽象的に考える能力、複雑で新奇な社会的・環境的な問題を解く能力は文化を問わず普遍的である。例えば、西洋社会と同じように、部族社会でも直感的に知能は測られるし、社会的地位の獲得やリーダーシップを予測する。[*53] さらに、多くの文化を通じて、配偶関係において知能は高く評価されていることからは、それが望ましいと考えられていることが分かる。[*54] こうしたことは、我々が定義したような〝知能〟の概念と整合している。もし批判者たちが異なった定義を使っているなら、我々は同じことについての議論をしていない。

〝知能の遺伝子はわかっていないから、それは単なる憶測である〟

数多くのことについて、それが存在することはわかっているが、その構造は十分には理解されていない。例えば、水疱瘡《みずぼうそう》についての詳細を知る前でも、それについて話すことはできる。〝水疱瘡〟は、かつてはそれが子どもたちにもたらされる一連の症状によって理解されていた。同じように、我々は知能を定義するには、その背後にある遺伝子について十分に理解しなくても、それがもたらす事柄をまとめることが可能だ。もしそれが不可能だというのなら、科学とは常に進歩するものであるため、我々は何事も十分には知っていないことになり、よって何についても議論することができないことになる。

ともかく、実際には、知能に関する遺伝学の急速な発展によって、反論には根拠がなくなっている。最近の研究では、多くの特定の対立遺伝子（異なった遺伝子の組み合わせ）が同定され、知能の個人差を説明している。[*55] 現時点でも、（ひじょうに不正確ではあるが）遺伝子配列だけからでも、個人の知能を予測できるのである。

〝異なる多様な知能が存在する〟

前述したように、もっとも良く知られている知能概念の代わりは〝心の知能〟である。人間には多様な知性があるというのは、感情的には多くの人に訴えかける。知性＝知能は社会的に重要な価値であり、みんなが何らかの意味での〝知性〟を持っているのである。しかし、多様な知能の背後にある感情的な理由付けとは、遊び場を支配する悪ガキに対して早熟な子どもが、「どうして全員がリーダーになったらダメなの？」と問いかけているようなものだ。「もしみんなが誰かなら、誰も何にもなれないのだ[56]」

もし誰もが知能が高いのなら、それは誰もが〝背が高い〟のと同じであり、意味がなくなってしまう。もっと重要なのは、先述したように、異なる多様な知能は、すべて一般知能と相関していることだ。その例外は、例えば〝身体的な動かし方の知能〟であり、それは全身の協調的な運動能力である。それは低いレベルの運動神経であって、抽象的な問題解決能力として定義される知能ではない。

〝知能は西洋的な概念である〟

このことは、西洋以外で起こっていることを理解することと無関係だとは言えない。知能が現代的に定義されたのは一九一二年頃のことだが、それ以前に生きていた人にとって知能が無関係であったとは言えない。それは、相対性理論やニュートン力学は物理法則を理解していなかった遠い過去に起こったこととは関係がないと言うようなものだ。

神官でもあり、あるいはある種の部族にとってはヒーラーとしてのシャーマンという人類学的な概念は、シベリアで生まれた[57]。しかし、それ以外の文化に、その概念を当てはめられないということではない。結局は、どの言葉も特定の文化に属している。フランス語について、他の言語で話すことはできないのか？　前述したように、知能は遵法性から協力的な態度、優れた弓矢の製造から、他人を活用するリーダーシップに至るまでのすべてについて、西洋以外の文化でも高く評価されているのである。

〝知能や知能指数によって人にランク付けをすることは、道徳的に不愉快だ。また危険でもある〟

これは〝道徳性への訴え〟として知られている誤謬であり、非論理的な議論である。科学は、道徳とは関係がない。知能テストを使って知能を測ることが望ましくない結果をもたらす可能性があるということは、知能が有意味な概念であり、知能テストがそれを計測することとまったく無関係だ。もし科学的なデータが、ヒトがチンパンジーと同じ祖先から進化したことを示していて、そのことをあなたが〝危険〟で〝不愉快〟に感じたとしても、それが真実であることとは何の関係もない。

ともかく、そうした議論は、まったく異なった結論にも至ってしまう。もし知能が測れないというなら、ランダムに各人の職業を決めてもかまわないことになる。すると、例えば、飛行機の設計ができない人に、そうした仕事をさせることになるだろう。飛行機は墜落して、人が死ぬことになる。このことは不愉快に感じられることだから、かえって危険なことだと言えるだろう。

こうして、知能はとても重要なものであると結論づけられる。知能の高い人は、より複雑な作業を素早くこなすことができる。多様な知能の尺度は互いに相関しており、それはコアとなる知的能力であるg因子を生み出す。そしてg因子は知能テストで正確・公平に測ることができ、人間が効率的に知的な問題を解く程度を予測する。さらに、教育から長期的な健康に至るまでの、人生の重要な結果をも予測する。こうして知能概念を十分に理解できたところで、次はどのように人間の知能が進化してきたのかを検討しよう。

第3章　知能が進化してきた理由

なぜある種の動物は、別の種よりも知能が高いのだろうか？　知能はどこから生じたのか？　このことを理解するためには、チャールズ・ダーウィンによって定式化された自然選択の一般原理を理解しなければならない。

動物の集団が健全な状態を維持し、その環境に適応することには、二つのプロセスがある。特定の環境に直面したときに生き残れるような遺伝的な特性を持つ個体、つまりは健康な個体が、より長く生きて、より多くの子どもを残す。このプロセスはすべての世代で起こる自然選択である。そこでは、遺伝的な欠陥や免疫不全などを持つ個体は、その遺伝子とともに、恒常的に集団から排除されていく。成熟するまで生き残れないからであり、成熟しても子どもの数が少なかったり、子どもを残せなかったりするからである。さらには、明らかに健康ではない子どもは、母親から栄養をもらえなかったり、殺されたりすることもある。いわゆる子殺しである。こうして生き残る可能性の低い子どもには資源が与えられないことで、もっとも〝適応した〟、つまり生殖能力の高いもののが生き残る。

適応度とは、個体が健康で、環境に適応している程度のことである。繁殖によって遺伝子がコピーされるが、時には間違ってコピーされることで変異が起こる。この変異遺伝子によって、例えば、身体の強さや免疫力の高さのような、何らかの有利さが得られるなら、集団に広がっていく。しかし一般的には、動物はその環境に対してとても精巧に適応しているために、変異遺伝子は悪影響を与える。個体は、うまく機能しなくなるのである。よって、健康な個体では変異遺伝子の割合が低い。これは〝遺伝的荷重（負荷）〟が低いと表現される。

性選択

自然選択には、多くの種類がある。ダーウィンによる最初の著作である『種の起源』は一八五八年に出版され、進化の考えを広め、〝自然淘汰〟の概念を定式化した。一八七一年の著作は『人間の由来と性選択』と銘打たれ、同じように重要な〝性選択〟の概念を与えた。

ほとんどの動物種では、オスはできるだけ多くのメスと配偶するために競争する、つまり戦い合う。この戦いを勝ち残るために、誰がもっとも強く、健康で、遺伝的な変異が少ないかを競い合う。メスは、こうした戦いに勝つようなオスを求める。そうしたオスは、より生き残る可能性の高い子どもを与えてくれるからだ。こうした望ましい資質を持たないオスは、メスに配偶相手として選ばれないために、個体群は健康で強い状態であり続ける。メスは、不健康なオスからの求愛を強く拒絶する。同じように、人間でも女は、（どういった意味でも良いが）望ましくない男からの求愛を断っている。無理な求愛とはレイプのことだが、ほとんどの人間社会において、この行為は重大な犯罪行為とされている。[*58]

ダーウィン自身の観察は、「すべての動物において、オスがメスをめぐって争っていることは間違いない」というものだった。[*59] 動物種では、オスは縄張りをめぐって争い、あるいはもっと社会的な種では、グループ間に縄張り争いが存在して、オスはグループ内の順位をめぐって争う。縄張りを獲得したものだけが、あるいは地位を得たものだけが、メスにとって魅力的な個体になる。さらにメスは、オスの地位を高めるような資質に対して特に魅力を感じる。それは戦いによって地位が得られる社会では肉体的な強さであったり、あるいは遺伝的な健全性であったりする。オスはそうした資質を、戦いを通じてメスの前で示すか、あるいは遺伝的な資質を見せびらかす。この問題は、進化心理学者（広範に見られる心理特性の進化を説明しようとする心理学者）を魅了してきた。[*60]

クジャクの羽根は、オスが肉体的な資質を見せつけようとすることの好例である。アメリカの進化心理学者ジェフリー・ミラーは、これについて検討している。オスの羽根にはどれだけかの自然淘汰的な利点があるかもしれない。なぜなら、目のような大きな斑点のある大きな羽根は、天敵を脅かすことができるからである。しかし、それはまた適応度の指標でもある。変異遺伝子をたくさん持つような適応度の低いオスは、そうでないオスよりも神経的・肉体的な機能が劣るために、生存のためだけにより多くの資源を割かなくてはならない。だから、大きな羽根を作り、維持することができない。適応度の低いオスの羽根は小さく、地味で、飾りも少なく、非対称的になる。（これは動物は対称的に成長するように進化してきたため、対称性が変異遺伝子を持たないことと相関しているからである。変異遺伝子は、正常な胚発生を妨げる。）

こうして羽根は、個体が病気や栄養不足を乗り越えて、健康で対称的な表現型を得てきたことを示している。こうしたことを考えれば、オスの羽根はメスに対してオスの適応度を教えている。メスは飾りが多く、もっとも大きくて派手なオスを好むだろうと予測される。[*61] クジャクの羽根はまた、適応度についての高いシグナルでもある。それはつまり、「僕の遺伝子は優れているから、この素晴らしい羽根を作ることができたんだよ。それから、天敵から逃れる時にも重いっていうような問題にも対処できているんだ！」と言っているのである。

社会選択

ダーウィン的な選択のまた別のものは社会選択であるが、これはダーウィンの一八七一年の著作で明確に記述されている（が、命名されてはいない）。これは個人が、社会的な資源や地位をめぐって社会的な同盟関係を結び、戦争を行うときに生じる。[*62] それは自分の社会や、あるいは別の社会のメンバーと争う場合である。明らかに、豊かな人々はより多くの子どもを残すため、そこには社会選択が生じていることになる。

人間はとても社会的な種であるため、社会選択が人間集団に与えてきた影響は多様である。利他性や美徳のような特性は、おそらく社会選択によって形成されてきたのだろう。仲間の利益のために行動することは、特に仲間同士が希少資源を共有したり、暴力から守り合ったり、協力的な同盟関係を形成したりする場合には、その子どもが生き残る可能性に大きな影響を与える。

ここで重要なことは、自然選択、社会選択、性選択は互いに排他的ではないことだ。実際に、互いに後遺症的に、あるいは因果関係を通じて関連しているのである。例えば、社会的な種において、突然に集団が病気に感染したとしよう。即座に自然選択によって、その病気に抵抗力のない個体は死ぬだろう。しかし集団はとても社会的であるため、利他的な個体は、自分のリスクもいとわず、病気の個体を助けるかもしれない。こうした救助活動は生き残る個体の割合を高め、社会選択によって助けられた個体の適応度を高める。

利他主義者はまた、自分の利他性についてのコストの高い社会シグナルを発している。病気の個体を助ける努力をして、自分自身をリスクにさらしているからである。これは性選択によって選ばれる確率を上げる。利他的な特性は、強い免疫システムを生み出す遺伝子の代理変数となるからだ。よって自然選択は社会選択を誘発し、さらには性選択を誘発する。感染症は免疫系の劣った個体を取り除き、中間的な個体には利他主義者の助けを受ける機会を与える。そして優れた個体に対しては、その適応度を誇示するための機会を与えるのである。

群選択

群選択（集団選択）は、社会選択の重要な一形態である。集団のために命を投げ出すのは、群選択の戦略を実行しているのである。群選択というのは、ある種の特性をもつ個体からなる集団に対する選択を意味する。これは特性群と呼ばれる。各種の特性には集団平均の間に差があるため、ある集団は子孫を残すことに有利になる。古典的な群選択モデルとは異なり、特質群に属する個体数は変化し、その構成も経時的に変化する。集団の適応度は、構成状況に応じて上下する。なぜなら集団の構成は、個体選択と群選択の相対的な強度を変化させるからだ。ある種の特性を持つ個体が増加することで、例えば、集団の利他性などの平均的なレベルが上下するのである。

より広く言えば、これはマルチレベル選択の一部である。マルチレベル選択とは、自然選択が個体、血縁、部族、種といった多くのレベルで起こっていることである[63]。後述するように、集団が生き残ることで、間接的に自分の遺伝子を残すのである。同じように、集団が繁栄して拡大するような素晴らしい発明をする人は、無意識的にかもしれないが、群選択の戦略をとっている。自分の集団の生き残りを助けているのだ。群選択は、二つの集団に紛争が起こり、希少資源をめぐって戦う必要があるときに生じる。集団に対する自己犠牲的な忠誠心、より優れた組織、優れた兵器の生産能力のような特性によって、ある集団は他集団に勝利する。後述するように、人間は自分の親族に対して贔屓《ひいき》する。群選択は民族にまで拡大するが、それは一般的には、拡大的な親族なのである[64]。

動物における知能の選択

こうした進化原理によって、異なる動物種でどのように最適な知能レベルが選択されるのかが理解できる。種内においても一般知能の違いがあり、複雑な問題を解くことに明らかな利益がある場合には、知能の低い個体は減ってゆく。このことは、単なる憶測ではない。特定の動物種やその亜種において、一般知能には違いがあることがわかっている。マウス、アライグマ、ハト、カラス、チンパンジーだけでなく、最近ではボーダーコリーという犬種で包括的に検証されている。[*65]

イギリスの王立大学の精神医学研究所の心理学者ロザリンド・アーデンとそのチームは、ウェールズで一歳から一二歳までの六八匹のボーダーコリーを調べた。この種の動物実験では、かなりの数である。テストは、特別に作られた小屋で行われ、犬には一連の課題が与えられた。課題を解けば、食べ物がもらえる。第一の空間知能テストでは、スクリーンを迂回して食べ物を得なければならない。第二の行動推論テストでは、人間が指示するビーカーに行かなければならない。第三の量的認知テストでは、量の多いほうの食べ物に行かなければならない。アーデンのチームは、犬における明確なg因子を見出した。一般的に、一つの課題を早く正確に行う個体は、他の二つの課題でも成績が良かった。

これはボーダーコリーにとって重要なことである。知能の高い犬は牧羊犬として使われるのに対して、そうでない犬はペットになるからだ。このことは、同じ血統においても知能の個体差が明らかに存在することを示している。こうした差は、野生での生存に重要な効果を持つ。知能の高い犬は、縄張りを獲得して生き残る確率が高い。

これに関連する研究は、九九匹のチンパンジーの一般知能を再調査したものだ。チンパンジーに与えられた課題のなかでもg因子を測るのにもっとも適したもの、つまりg負荷の高い課題は、同じチンパンジー集団から推定された遺伝率がもっとも高いものだった。[*66] よって、人間以外にも一般知能の差は存在しているだけでなく、それはある程度遺伝的であり、つまり選択の対象なのである。

こうした研究に基づくなら、極端に衝動的だったり、とても知能の低い動物個体は、愚かな行為によって死んでしまいがちであり、次世代にその遺伝子を残さないことになる。知能はまた、進歩した動物ほどに、集団内の地位を獲得するときにも重要である。チンパンジーの群れは二〇から五〇ほどの個体で構成されるが、別のオスの挑戦によってその座を奪われるまで、特定の支配的なオス（アルファ・オス）が君臨し続ける。若い挑戦者は、このアルファ・オスに対して、どの時点で挑戦するのが最適であるのかを注意深く判断しなければならない。あまりに若い時点や、さらに下位のオスからのサポートを受けていない時点で挑戦すれば、戦いの結果として死んだり、重傷を負ったりするかもしれない。あまりに遅ければ、年を取りすぎて肉体的に弱くなって負けてしまうかもしれない。正確に適切なときに攻撃するためには、予見力や衝動の抑制、他のチンパンジーとの同盟関係を構築する社会的なスキル、さらには蓋然的な結果の周到な計算が必要とされる。[*67]

これらの活動はすべて知的なものだから、チンパンジーではある程度の平均的な知能が維持されていると考えられる。知能の低いオスは子どもを残せないか、あるいは少ない子どもしか残せない。アルファ・オスはメスにとってもっとも魅力的な存在であり、下位のオスがメスと交尾しようとすれば攻撃する。とはいえ、アルファ・オスに隠れて交尾をするオスもいるし、あるいは同盟関係を維持するために交尾が許されることもある。

もちろん、このことは「猿の惑星」のように、チンパンジーが最終的には我々と同じように知的になるということではない。知能と関連する大きな大脳は、例えば、筋肉を成長させるためにも使えるエネルギーを奪う。チンパンジーの環境は不安定で危険だが、暖かく食べ物が豊富であり、それほど高い知能が要求されない。よって知能が超越的に高いチンパンジーは選択されず、彼らに最適なレベルの知能が維持されるだろう。

狩猟採集民

チンパンジーから話をすすめるなら、もっとも原始的な人間社会である狩猟採集民においては、知能と健康に対する社会的、性的、自然的な選択が組み合わさっていることは明らかである。彼らは環境から食料を採集することで生きており、男はときおり肉を持ってくる。ときには、自分の土地で園芸のような原始的な農業を行っていることもある。しかし一般的に、縄張りは集団によって共有されている。[*68]

集団は不安定であり、小さな争いから頻繁に異なった集団へと分裂する。乳幼児死亡率はとても高い。およそ五〇パーセントの子どもが、事故や病気のために死亡する。加えて、こうした部族の多くでは、ベネズエラのヤノマモ族のように、不健康、あるいは単に望まれていない乳児は母親によって殺されるか、餓死させられる。戦いによって殺された男の妻は、殺した男の妻になり、その子どもは殺される傾向さえある。[*69] こうした理由から、現代人が進化してきた集団では、適切なレベルの強さ、攻撃性と遺伝的な健全さが選択されてきた。

しかし、知能に対する選択も存在した。短期的な性関係においては、知能は重要だとは考えられていないようである。この場合、遺伝的な健康を証明する肉体的な資質がもっとも重視される。しかし、例えば子どもを育てるような長期的な関係については、女は男の（知性に裏付けられる）社会的地位に、より大きな関心を持つ。一般的に、社会的な地位の高い男は、より有能であり、妻と子どもにより大きな資源を投資してくれることからは、このことは当然である。[*70]

女はそうした投資から、生存可能性の高い子どもの妊娠と出産という利益を得る。こうして、女（とその子ども）は遺伝子を残す可能性を高めるのである。こうした理由から、配偶者としての魅力をもたらす資質には性差が生じる。その強弱にはいろいろと違いはあるだろうが、全体として男は外見を求め、女は地位と金、あるいはその可能性を求める。[*71] 男が外見に惹かれるのは、彼らが配偶によって失うものが少ないからだ。家族に投資をしないというのであれば、男のベストな戦略は、できるだけ多くの健康で妊娠できる、つまり美しく若い女とセックスをすることになる。

知能に対する選択についてさらに理解するために、他の部族から〝獰猛な人々〟と呼ばれるヤノマモ族を見てみよう。彼らはブラジルとベネズエラの国境に住む三万五千人ほどの部族であり、二五〇ほどの村に分かれている。彼らはひじょうに好戦的で、男同士が言い争いに決着をつけるために、互いの頭をこん棒で殴り合い、どちらかを気絶させるか、死亡させる。このため男の頭は傷あとだらけになるが、それを自らの屈強さとして見せびらかす。ヒエラルキーは、明らかに女へのアクセスをめぐって生じる。村長には三人ほどの妻と、およそ八人の子どもがいるが、低い地位の男は一人の妻がいるか、いないかのどちらかで、子供の数も少ない。[*72] もっとも強く、健康で、知能の

高い男だけが、遺伝子プールに大きな足跡を残す。ダーウィンが言うように、こうした部族を記述するには、

自分の家族を守り、狩りをしてくる、そして将来は族長や村長になるような、もっとも強く活気のある男は、部族内のもっと弱く、貧しく地位の低いメンバーに比べて、より多くの子孫を残してきただろう。世界のほとんどすべての部族において、族長は複数の妻を得ることに成功してきた。[*73]

これはまた、カラハリ砂漠のブッシュマンにも当てはまる。彼らは小さな集団に分かれて、水の湧く井戸を求めて移動する。ある研究では、彼らの乳幼児死亡率は四五パーセントであり、六二パーセントの男は子どもを残さない。男は狩猟の旅で死亡してしまうため、女のほうが多く、村長には複数の妻がいる。[*74] 狩猟採集民の研究はすべて、彼らが地位に応じた多妻制をとっていることを報告している。[*75]

村長のほうがその部下よりも頭が良いということを示した知能テストの結果はないが、そうだと推論する状況証拠はある。こうした部族において男が女を惹きつける手段の一つは、狩りがうまいことである。彼らは狩りで得られた貴重な肉を、気に入った女への贈り物や子どもの食べ物にする。人類学者ジャネット・シスキンドは、ペルーのシャラナワ族の記録において、「名誉は、気前の良いハンターに与えられる。マルコスでは、名誉は曖昧な目的ではなくて、女を妻や愛人にする可能

性が得られるという明確な報酬をもたらす。通常、有能なハンターは、女をめぐる競争に勝つ[*76]」と記している。

そうした能力はまた、他の男をも圧倒するだろう。しかし明らかに、狩りは単なる肉体的な健康さだけではなく、知能も要求する。獲物を仕留めたり、最高の道具を作る能力は、空間的知能と光への反応速度と相関しているだろう。道具を作り、手入れするためには、衝動性の抑制と未来への計画性が必要だろう。ヒエラルキーの頂点に立つためには、同盟をつくったり、適切な時期をうかがったりする社会的なスキルが必要となる。同時に、ライバルを説得したり、ウィットに飛んだ会話で出し抜くためには、高い言語的知能も欠かせないだろう。とするなら、部族の中では村長の知能は比較的に高いと予想される。そして彼らが、不釣り合いに多くの遺伝子を残すのである。

こうした見方は、狩猟採集民とともに暮らした人類学者による、状況記述的な証拠によっても裏付けられる。アメリカ人人類学者ナポレオン・チャグノンは、一九六〇年代に長期間にわたってヤノマモ族とともに生活して、その民族誌的な研究を行った。彼は、「カオバワは、その一方で、村長としての特別な地位にあった。……カオバワは、状況からの意味をそれほどはっきりと理解できないような、そうした村の仲間のことを考えてやっていた。政治的な問題では、彼は集団でもっとも鋭い人物であったが、自らの影響を行使する際には、他のメンバーが不愉快にならないように配慮していた[*77]」と記している。カオバワは、村でもっとも知的な人物として描かれている。アメリカ人の進化心理学者デヴィッド・バスは、「部族社会では、必ず村長やリーダーは集団内でもっとも知性のある一人である」とまとめている[*78]。

群選択についても考える必要がある。つまり集団の単位が選択される場合である。チャグノンが見出したのは、ヤノマモやそれに似たような狩猟採集民では、特定の集団がライバル関係にある周囲の村々と常に戦争状態にあるということである。そのため、攻撃性の程度がだいたい同じである場合には、より健康的で知能の高い村は、そうでない村に勝利し、男を皆殺しにするだろう。これは明らかな群選択の例である。知能の高い集団はより優れた戦略を生み出し、優れた武器をつくり、より機能的な計画を実行するからだ。

遊牧民

遊牧民は、定住をせずに、ヤギやニワトリなど各種の家畜を育てている。彼らは牧草を求めて、頻繁に移動する。彼らの社会は、狩猟採集民よりも複雑である。それは職業的な専門化がもっと進んでいるためであり、各職業の社会的な地位には明らかな違いがある。こうした違いは、個人が子どもを残せるかどうかに大きな影響を与えている。前述したように、社会的地位は、部分的には知能によって予測されるのである。

最初の遊牧社会は、およそ一万年前の新石器時代に、地中海沿岸のいわゆる「肥沃な三日月地帯」で発生した。彼らの人口が狩猟採集民よりも大きかったのは、それだけを養うことのできる食べ物の余剰を作り出せたからだ。そうした民族の現代的な例としては、ケニア北部でラクダを飼っているレンディーレがある。彼らの社会では、肉体的な武勇と知能の両方が選択の対象となる。およそ一一歳頃、少年たちは皆の前で、少年から戦士になるための血に染まった通過儀礼を体験する。割礼される際に、じっと動かずに座り続けるのである。もしわずかでも表情をくずせば、家族と自分を辱《はずかし》めることになる。最善の場合でも、のけもの扱いを受けて結婚できず、最悪の場合には、辱めを受けて怒りに燃えた親戚に殺されるのである。

明らかに、これは肉体的な武勇と健康を選び出しているだろう。少年が戦士になると、結婚することが許されるが、それにはラクダで支払われる婚姻料が必要である。レンディーレの男のうち五〇パーセントだけが、その人生で婚姻料を支払うことができるだけのラクダを手に入れる。*79 こうして、一般的に、社会経済的に成功した男だけが子どもを残せる。

こうした遊牧民の多くは、農耕民へと変化してきた。それによって余剰が大きくなり、人口も増える。ほとんどの場合、多妻制がとられ、裕福な男ほど多くの子どもを残す。加えて、不健康な男を取り除くために、過酷な通過儀礼がある。こうして肉体的な健康と知能が選択される。狩猟採集民の場合よりも、農耕民においてのほうが、知能への淘汰圧は高いと考えられる。農業をうまく行うには、はるかにうまく衝動を抑制して、遠くの未来を志向する必要がある。それによって余剰が生まれ、飢饉に備えることができる。定住して季節ごとの移動をやめれば、暖かさを維持するために適切な衣服や、より複雑で多目的な住居をつくる必要がある。結婚するためには、農業で成功して婚姻費をかせぐ必要があるが、それには高い知能が要求される。それはまた、狩りに比べると、より大きな自制心や計画能力に反映されるだろう。*80

農業が進むと生産余剰が高まって、全員が農業に従事する必要がなくなる。農業とは直接的に関係のない特殊な職業に従事する人、あるいは他人に働かせることで自分は働かない人が増える。こうして約五千年前には、肥沃な三日月地帯を中心として、都市国家が生まれた。そこでは、明確な社会階層が発展した。頂点には王、貴族、司祭、軍人がおり、ついで裕福な農民、商人、職人、その下には労働者や貧農がいた。最下層には、上位階層に所有される存在として奴隷がいた。こうした社会は一般に多妻制であり、上層階級は多くの妻と子どもを持っていたことには、多くの証拠がある。*81

旧約聖書には、このことの好例が記されている。ソロモン王（およそ紀元前九九〇—九三一）は、約千人ほどの妻からなるハーレムを持っていた。

しかしソロモン王は、ファラオの娘だけでなく、多くの外国人女性をかわいがった。モアブ人、アンモン人、エドム人、シドン人、ヒッタイト人である。彼女たちがやってきた国は、神がイスラエル人に対して、『彼らは自らの神への信仰へと導くため、彼らと交わってはならない』と命じたものである。しかしながら、ソロモンは彼らを愛した。彼は七〇〇人の高貴な生まれの妻と三〇〇人の愛妾がいたが、妻たちは彼を惑わせることになった。（列王記第一、11章）

旧約聖書に出てくるその他の王も、ソロモンほどではないが、多くの妻を持っていた。例えば、ユダのレホボアム王には一八人の妻と六〇人の愛妾がいた。ペルーのインカ帝国では、多妻制を規定する法が存在した。皇帝は何人の妻や妾を持ってもよいが、軍人はその地位に応じて一五から三〇人に制限されていた。[*82] 中国では、何百人もの女性が後宮に集められ、生理周期に従って順番に割り当てが実行されていた。そして何百人もの子どもが生まれていた。[*83] 血に飢えた王として知られるモロッコ皇帝のムーレイ・イスマイル（一六三四―一七二七）には、八八八人の子どもがいたと記録されている。彼には何百人もの愛妾と九人の妻がいたが、その一人はアイルランド人であるミセス・ショーである。彼女は、バルバリア海賊がアイルランドを略奪した際に奴隷にされたのである。[*84]

社会が複雑になるにつれて社会的な差は大きくなるが、それによって知能や健康に対する選択の形も変化する。上層階級は栄養のある食べ物を得ることができるが、下層階級は栄養価が低いものしか得られず、ほとんど飢餓の状態で不健康な環境に生きなければならない。これらの階層の墓から出土した骨格を調べた研究からの証拠では、上位階層の栄養状態は良いため、遺伝型の上限に達することができるので背も高い。中央アメリカのマヤ文明では、上層階級は下層階級よりも、平均して七センチ背が高かった。[*85] 社会階層と身長の関連は、近代初期のイギリスにも存在した。一五四五年に沈んだイギリス船メアリーローズの乗組員の平均身長は、一七〇センチだった。[*86] しかしヘンリー八世は一九〇センチ、[*87] 彼の祖父であるエドワード四世は一九二センチ、[*88] スコットランドの女王であったメアリーはおよそ一八三センチであった。[*89]

こうした栄養状態の著しい違いは思考力に大きな影響を与えただけでなく、乳幼児の死亡率や平均寿命にも違いをもたらしただろう。これは豊かさ、そして知能に対する社会選択が存在したということだが、それは上層階級の男はより多くの女を獲得するという性選択に加えて起こっていた。こうして、初期国家では社会階層が発達し、生活水準に大きな差が生まれたため、狩猟採集民や遊牧民よりも知能への淘汰圧は高かったと考えられる。

キリスト教世界

ある意味では、ローマ帝国におけるキリスト教の公認は、知能に対する選択圧をなくしてしまったと考えられる。これがローマ帝国崩壊の理由でありえることは、第11章で検討しよう。キリスト教は貧しい人々の宗教として生まれたため、そうした人々に有利な一夫一婦制を推奨したのは当然だった。これまで見たように、一夫多妻制では、豊かな男が女を独占し、地位の低い男は遺伝子を残せない。ローマ・カトリック教会が一夫一婦制を採用したことは、知能への選択を弱めたのである。

次に、紀元四〇〇年頃のカルタゴ教会会議では、司祭の妻帯が禁止された。それまでも、少なくとも三〇六年の時点から、すでにそうした行為はとても許されないと考えられていた。司祭になっている者は結婚することを禁止され、すでに結婚している者には性行為が禁止された。[*90] 司祭はもっとも高い教育を受けた人たちであり、その当時でももっとも知能が高かったはずである。彼らが妻帯を禁止されれば、知能への選択は弱まっただろう。次に見るように、司祭の中には隠し子をもうけるものもいた。

第三に、教会は中絶を禁止したため、不倫関係から生じるような望まない妊娠から生まれた子どもを増やした。[*91] 彼らは、比較的低い知能から、未来を予見せずに衝動的に行動した人の子どもであっただろう。しかしこの反対に、教会は避妊も禁止した。ヨーロッパでは避妊法の知識が忘れ去られたほどである。知能が高いほうが避妊を実行するのは容易である。医学の文献においては、知能が低いほうが避妊をうまく実行できないことが広く認められている。[*92] 知能が高い人々が避妊をするのは、裕福であるために乳幼児死亡率が低いからだろう。[*93]

しかし、こうした事実にもかかわらず、富への選択圧は事実上の多妻制という形で継続し続けた。法的な一夫一婦制に反して、一般に貴族たちは妻だけではなく、多くの場合、使用人として家庭で働く少女を愛人として囲った。一〇六六年にイギリスを侵略したウィリアム征服王はノルマンディー公ロベールの非嫡出の息子だったが、彼は公爵家を継いだのである。宗教改革の時代までは、上流階級では愛人から生まれる非嫡出子は、あまりに普通であった。彼ら王・貴族の庶子たちは父親から認知されて、父親の姓を名乗り、多くの場合、同じ場所での裕福な生活が許されていた。歴史家キャサリン・カールトンとティム・ソーントンは、一四五〇年から一六四〇年にかけて北部イングランドで残された八七六の遺書を調べた。そのうち、一一パーセントが、庶子に遺産を与えていた。その九六の遺書のうち、八つは貴族、二七は騎士、二三は地主、三八は郷紳である。騎士、地主、郷紳はジェントリー階級に属し、その順番でイギリスの下級貴族を構成した。[*94] 歴史家スティーブン・ステイブスは、近代初期のイギリスの上層階級には「およそ同数の嫡出、非嫡出の子ども」がいたと言う。[*95]

独身が原則の修道会でさえも、社会的な地位が比較的高かったため、司祭たちが父親となることは頻繁に起こった。一五三五年の報告では、チェシャー州のノートンの大修道院長はノートンの修道院に住んでおらず、愛人と子どもたちと一緒に住んでいた。大司教エドムンド・ボナー（一五〇〇—一五六九頃）は、女王メアリーの血なまぐさい統治時代にプロテスタントの大弾圧を行ったことで有名である。彼はチェシャー州ダベンハムの教区牧師の庶子であったが、父の教区牧師もまた騎士の庶子であった。[*96] ボナー自身は、二人の庶子をもうけた。[*97]

ウォルセー枢機卿はヘンリー八世の治世の前半の首席大臣であったが、彼にも庶子があった。[*98] 教皇アレクサンデル六世（一四三一—一五〇三）には四人の男の非嫡出子がいたが、悪名高いルクレツィア・ボルジア（一四八〇—一五一九）は彼の非嫡出の娘であった。[*99] こうして近代以前のキリスト教世界では事実上の多妻制が継続し、上層階級は下層階級よりも多産であったという証拠がある。しかし近代初期に入ると、残された記録の量が増えるため、このことの直接的な証拠が得られるのである。

近代初期の出生率

一七世紀の初め頃から、ほとんどのイギリスの教会では、洗礼、結婚、葬儀についての系統だった教区記録が残されるようになった。教会の中には当初からひじょうに詳細な記録を残したものもあり、子どもの洗礼時の親の名前や、幼児の埋葬時の父親の名前などが記されている。遺書は教会の裁判所で検認されたが、一六世紀には雑であった記録は、一七世紀までにはかなり網羅的になっていた。このようなことから、近代初期のイギリスやその他のヨーロッパ諸国で、裕福な家庭がより多くの子どもを残したのかが実際に確認できるのである。

こうした研究の中でももっとも詳細なものは、カリフォルニア大学デーヴィス校のイギリス人経済学者グレゴリー・クラークによるものである。研究は、彼の著書『10万年の世界経済史』に報告されている。イギリス西部のサフォークとエセックスで一五八五年から一六三八年に作成された一九七八通の遺書のうち、裕福な五〇パーセントの遺書作成者は、貧しい五〇パーセントに比べてほとんど二倍の子どもを残していた。*100 そして全体としての裕福な五〇パーセントは、貧しい五〇パーセントに比べて四〇パーセント多くの子どもを残していた。遺書は社会的なヒエラルキーと一致している。サフォークは、一六二〇年代に一六歳以上で死んだ者のうち、三九パーセントが遺書を残しており、彼らの多くは当時は下層と呼ばれていた労働者、小規模農民、非熟練職人、召使いであった。クラークは彼らの遺書を教区記録と比べ、遺書作成者を裕福な半分（平均一〇〇ポンド以上の遺産）と貧しい半分に分けた。「裕福な男は、一〇年以上結婚して9・2人の子どもをもうけているが、貧しい男は6・4人の子どもをもうけていた。これは四〇パーセントの違いになる。*101」

九ポンド以下の遺産保有者の子どもは二人以下であったのに対して、一〇〇〇ポンド以上の子どもは、少なくとも四人であった。一〇〇〇ポンド以上の遺産保有者のうち、わずか二パーセントだけが、それを親族以外に与えている。クラークによると、富める個人が友人に遺産を渡さないのは、貧しい人々には子どもだけでなく、親族さえも生き残っていないからだという。これほどの関係は見られないものの、富はまた遺産を与えられる孫の数とも関係している。

そして貧しいほうの遺書作成者たちもまた、遺書を残していない者よりも六〇パーセント多くの子どもを残している。一六五〇年まで、遺書作成者には平均して1・5人の子どもがいたが、遺書を作成していない者には一人しかいない。よって遺書を残していない、とても貧しい人々は、貧しいほうの遺書作成者よりもさらに子どもが少なかっただろう。

こうしたパターンを見出したのはクラークだけではないが、彼の研究はもっとも包括的なものである。一九七八年には、歴史家ヴィクター・スキップ（一九二五―二〇一〇）が、一五六〇年から一六七〇年におけるウォリックシャー教区記録を調べて次のように報告している。（豊かな半分である）中産階級には平均して四人の子どもがいたが、（貧しい半分である）労働者階級は三人だった。[*102]これは洗礼された子供の数であって、成人した数ではない。乳幼児死亡率が四五パーセントである時代には、貧しい家庭では子どもが生き残らなかったことも多かっただろう。実際、一九七二年には、歴史家ジョン・パウンドはノーフォークの記録を調べて、一五〇〇年から一六三〇年まで、成人した子どもは中産階級では四人、労働者階級では二人であることを見出した。この違いは、一〇〇パーセントにもなる。[*103]類似したパターンは、その他の産業革命以前のヨーロッパ社会でも見られる。例えば、ドイツの歴史家・心理学者のフォルクマー・ヴァイスの研究によると、一五四七年から一六七一年のサキソニーにおいて、中産階級には平均して三・四人の結婚した子どもがいたが、労働者では一・六人であった。*104 表3を見よ。

クラークは死亡率も調べている。洗礼記録と、遺書に記されている子どもを比較したのである。貧しい遺書作成者では、六三パーセントの子どもが父親の遺書に言及されており、豊かな場合には六九パーセントであった。貧しい家庭では、子供の数が少なく、成人する割合も低い。

こうして遊牧民族に見られたパターンは、一七世紀にも続いた。クラークはこのことを〝もっとも豊かな者が生き残る〟と表現した。豊かな階層では出生率が高く、彼らはより多くの子どもを残す。さらに豊かな階層の中でも、より豊かな人々は有利である。さらに、富者は寿命も長い。例えば、一七世紀のジュネーブでは、上流階層は平均して35・9歳生きたが、中産階級では、24・7歳、労働者階級では18・3歳だった。これは表4に表れて

［表3］ 1560年から1674年までの、ヨーロッパにおける出生率の社会経済的な違い

期間	地域	中産階級	労働者階級	基準	文献
1560-1599	イギリス	4.1	3.0	出生	Skipp, 1978
1620-1624	イギリス	4.4	2.1	出生	Skipp, 1978
1625-1649	イギリス	4.0	3.4	出生	Skipp, 1978
1650-1674	イギリス	3.4	3.4	出生	Skipp, 1978
1547-1671	サキソニー	3.4	1.6	結婚した子ども	Weiss, 1990
1500-1630	イギリス	4.2	2.2	結婚した子ども	Pound, 1972

［表4］ 死亡年齢と社会階層（Lynn, 2011, p.46）

都市	期間	上流	中産	労働者
ベルリン	1710-1799	29.8	24.3	20.3
ジュネーブ	17世紀	35.9	24.7	18.3
ルーアン	18世紀	32.5	33.0	24.5
ノイルーピン	1732-1830	33.2	28.6	28.9

いる。

貧者には子どもを持つために十分な時間がなく、そうした状況が重なり続けたために近代初期では、西ヨーロッパの婚姻年齢は男がおよそ二七歳、女が二六歳とかなり上昇していた。[*105] 男の二五パーセントは生涯結婚しなかったが、彼らは社会経済的にうまくいかなかった者が多かっただろう。[*106]

幼児死亡率は四五パーセントと高く、人口はゆっくりとしか増加しなかった。実際、土地からの生産性よりも急速に人口が増加しても、飢饉が発生して人口は減少した。この結果、イギリスやその他のヨーロッパ諸国では、常に社会的な降下現象が生じていた。毎世代ごとに、ヒエラルキーの一番下は子どもを残さずに死に絶え、その上の階層がそれに代わって最下層になる。一般的に、上流階級の次男は、ヨーマンなどの富裕な農民である中産階級になった。彼らは親の世代ほどには豊かではなく、自分自身で農業労働を行った。[*107] あるいは次男が商人になったケースもあるが、どちらにしても自分で働かなければならなかった。商人の次男は職人になり、ヨーマンの次男は小農になり、自分で土地を耕した。職人や農民の次男は、他人の農地で日雇い労働をすることで生きる貧農になる。貧農の次男は単純労働者になり、その下の階層は貧困と飢餓に苦しむ。

こうして、社会経済的に成功を導くような資質の中でも遺伝性の高い者は、世代を経るに従って社会に広がる。知能は富を予測するが、それは前述したように遺伝率が高く、産業革命以前の過酷な社会では強く選択されていた。世代を経るごとに人々の知能は高まり、社会の平均的な知能も上昇したと考えられる。

インターネットの発達で、人々は自分の家系図を調べるようになった。インターネット以前は、そうした活動は、何度もロンドンその他の地域の公文書館に行くような、時間とお金がかかる趣味だった。今では多くの記録はオンラインで探すことができるし、熱心なアマチュアの歴史家たちがきれいに整理してくれている。多くの場合、それはBBCテレビの番組『あなたは自分を誰だと思っているのか？』に触発されて始まったような、自分の興味深い祖先を探しての活動である。番組では、有名人の家系図をたどるが、必ず何らかの素敵な話などが見つかる。とはいえ、全員の祖先の人生が興味深いものであったという幻想は、もっともドラマティックな例だけを放送するというやり方や[*108]、面白い話にたどり着くまで祖先を遡るというやり方自体によるものだ。実際には、ほとんどの人は自分の父方を遡るが、その結果は幻滅するくらいにいつも同じである。イギリス人の場合、一六世紀よりも遡ることはできないだろう。そこから教区記録が始まったからだ。ほとんどの場合、一六世紀のヨーマン、貴族、あるいは裕福な農民が自分の祖先であることがわかる。理由は単純だ。彼らの子どもたちが生き残った人々だからである。

低知能者の処刑

明らかに、産業革命以前の社会では、より知能の高い人間が生き残った。知能が低ければ、貧しい生活によって少ない子どもしか残せなかった。しかし、知能の低さに対しては、中世以来、もっと直接的な淘汰圧が存在した。処刑である。当然ながら大きな論争を呼んだ論文において、カナダ人人類学者のピーター・フロストとアメリカ人人類学者のヘンリー・ハーペンディング（一九四四一二〇―一六〇〇）は、産業革命以前のヨーロッパにおいて法執行機関による暴力が、どのような選択圧となっていたのかを検証した。[*109] 彼らによると、一一世紀まで処刑はあまり広く実施されていなかった。教会が反対していたこと、法執行機関が未熟だったこと、そしてまた私的な紛争については、自分たちで解決すべきだと考えられていたためである。中世が進むにつれて、教会は、人々が平穏に暮らすために〝変な〟人間を殺すことを認めるようになった。近代初期までに、すべての重罪には死刑が課せられ、各世代の一パーセントの男は処刑され、一パーセントは犯罪によって死ぬか、あるいは裁判のために投獄された。こうした重犯罪者のほとんどは、若い男である。

フロストとハーペンディングは、このプロセスによって西洋社会の性質が変化したと言う。犯罪を誘発するような精神病理的な性格は、次世代に生き残ることが許されなかった。これはありそうなシナリオである。彼らは、殺人率の低下はその証拠だと主張した。しかしエドワード・ダットンとスウェーデン人心理学者ガイ・マディソンが指摘するように、それは知能にも影響を与えただろう。[*110] 処刑されたり、獄死した者のほとんどは貧しく、教育も受けていなかった。

イギリスでは、社会的な地位の高い人々は獄中でも比較的に優雅にすごすことができたし、反逆や異端以外の場合には、〝聖職者の特権〟に訴えることで処刑を逃れることができた。つまり、もし彼らがラテン語を読めれば、処刑を免れたのである。それはまた、絞首刑を受けたのは不釣り合いに知能の低い人々であったことも意味している。さらに前述したように、一般的に、知能と犯罪率には負の相関があり、重罪に対する処罰が死刑である場合には、こうした相関はさらに強いだろうと考えられる。死刑の執行は、各世代のもっとも知能の低い若い男を間引くことによって、ヨーロッパ人の知能を上昇させてきたに違いない。

近代初期における人々の社会階層の上昇

産業革命以前のイギリスでは、裕福な階層は出生率が高く、知能がその主な理由であることを見た。このことは、中世から近代初期までの人々の社会的な階層の移動を見れば、よく理解できる。多くの人は、社会階層の移動は近代的な現象であると思っており、昔は生まれた地位によって子どもの人生が決まっていたと考えている。しかし、これは事実ではない。グレゴリー・クラークは変わった姓を持つ家系を追跡することで、こうした家系の経時的な盛衰を記録した。クラークは『格差の世界経済史』において、イギリス、日本、アメリカ、中国、スウェーデン、インドからのデータを記している。彼が言うには、近代社会での社会階層の移動はかなり高いと考えられている。親と子の所得の相関は、0・3ほどしかないからである。しかしここには問題がある。社会的な地位には、例えば、富、教育、職業的な地位など異なったものがあるからだ。こうした尺度には、トレードオフの関係がある。教師の社会的な地位は配管工よりも高いが、所得は低いかもしれない。さらに、社会的な地位に影響を与える要素は遺伝的である可能性が高いため、父と子を比べる際にはランダムな変動が生まれる。よって、特別な姓を持つ家系の変化を比べるほうが良い[*三]。

クラークは、例えばイギリスでは、家系の歴史的な社会的地位を姓によって知ることできると言う。(~ビルで終わるような)ノルマン系の姓や、地域の名前を表す姓は高い地位を占めてきた。ノルマン系の子孫である彼らは、荘園の名前も名乗ってきた。職業に起源を持つ姓、ベイリー、クーパー、サッチャーなどは中間層であり、下層の名前は父親の名前に～ソンをつけたものや、肉体的な容姿にかかわるもの（例えばブラウン）、あるいは住んでいた村の一部分であるもの（例えばヒル）などである。中世から二〇一二年までのデータを分析したクラークは、現在までの歴史を通じて、ノルマン系と地域名を表す姓は、社会的な最高位のカテゴリーに出現する頻度が通常よりも高いことを見出した。オックスフォード大学、ケンブリッジ大学の卒業生、法廷弁護士、医師などである。地位の低い姓は、現れる頻度が低かった。クラークは、歴史的には、次第に「平均値への回帰」が起こってきたと言う。つまり、極端に大量に見出される名前は、時間が経つにつれてだんだんと平均的になる。アングロ・サクソン人の名前は、昔よりもその頻度が上がっているのだ。

クラークは、このことについて多くの理由をあげている。遺伝学における、平均への回帰のようなことが起こる。あるいは、社会的地位には多くの遺伝子が関係するため、ときには子どもが親よりもはるかに「社会的に優れている」場合があり（クラークは、この言葉を社会経済的な地位を獲得する能力を表すために使っている）、その場合には同じほどの能力を持つ人と結婚して、社会のヒエラルキーをのぼる。あるいは、遺伝型において高い能力を示す者が、表現型において高い能力の者と結婚する。最後に、前近代社会での出生率は高い地位と相関しているため、ノルマン系の姓は次第に人口に広がっていく。

全体として、クラークが見出したのは、歴史を通じて社会的地位はおよそ０・７５が遺伝的であり、その遺伝率は中世のイギリスと現代では同じということだ。社会的地位を急に変化させるような要因、例えばクジに当たるようなことは、二、三代のうちに効果がなくなってしまう。この意味するところは、富を維持するには能力が必要であり、裕福な家に生まれた能力の低い子どもは、その財産を使い果たしてしまうということだ。姓や地位についての平均への回帰は、すべての階層で選択されているのが知能であることを意味している。とはいえ、クラークはそれが知能であるとは言っていない。

興味深いことに、クラークは同じ結果をイギリスよりもはるかに平等主義的な国、例えばスウェーデンでも見出している。スウェーデン人の姓を、高い貴族、低い貴族、ラテン語姓（歴史的に高い教養を持つ平民が名乗った）、地理的な姓（例えばベルク）、低い地位の姓（例えば〜ソンで終わる名前）に分けると、イギリスと同じパターンがあるのだ。貴族やラテン語の名前は、今でも大学や、もっとも裕福な家族、地位の高い職業により高い頻度で存在する。社会的地位の遺伝率は、およそ0・75である。

よって、中世のイギリスでさえも社会的地位の遺伝率は0・75であり、それは知能の遺伝率とほとんど同じである。遺伝的なランダム性によって、貧しい階層の子どもが親よりもはるかに知的である場合、彼はヒエラルキーをのぼり、豊かになって多くの子どもを残す。知能の遺伝率は高いが、それは社会経済的な成功を予測するからである。別の要素は、「真面目さ」だろう。第5章で見るように、性格としての真面目さの遺伝率も高い。中世の社会では、豊かでない者は子どもを残すことができない状況にあった。エリート階層に生まれなければ、遺伝的な偶然によって、必要な知能と性格的な真面目さを持たなければ豊かになることはできなかったのである。

すべての社会、たとえかつての厳格なカースト制をとるインドであっても、社会階層の移動の可能性が存在する。[*112] 貧しい家庭に生まれたとても知的な子どもは、何世代かかかったとしても、次第に社会の頂点へと上る。近親びいきのために、こうした移動は遅々としたものであるかもしれない。しかし社会的危機、例えば多くの貴族が黒死病やバラ戦争によって死んだときや、修道院解散令が発せられて権力が消滅したときなどには、社会階層の移動は著しいものになる。実際、中世社会は実力主義によるものではなかったため、知能や勤勉さはすべての社会階層に均等に分布していたと考えられる。つまり、下層に生まれながら、社会的に成功する資質を持った者が多かったということだ。極端な実力主義においては、知能は上流階級に集中し、その遺伝性も高いために社会階層間の移動も起こらなくなる。[*113] 貧しい少年が、例えば学校で勉強ができるなど、その能力を示せば、社会のヒエラルキーを上ることを止めるものは存在しない。

イギリス人心理学者リチャード・リンは、こうした例をさらにあげている。[*114] 中世を通じての、商人、法律家、修道士（彼らの多くが子どもを残した）、官吏（封建領主の使用人）、兵士などがそうである。[*115] こうした富への道は、すべて高い知能を要求する。リンは、同じように、有能な女性もまた有利な婚姻を通じて社会階層をのぼっただろうと言う。確かに（地位の低い女を求める場合にはまた違うだろうが）、地位の高い男が求愛するのは知能の高い女性であるだろうからである。また稀な例ではあっても、夫を失った後でも財産を作った者もあった。さらには、地位の高い男の愛人になって社会的地位を得るという方法もある。前述したように、その子どもは一般に、父親の家庭で比較的裕福に育てられた。一七世紀には、一一パーセントの男が父親よりも高い地位を得た。[*116] 当時のイギリス社会は、富と生活様式の組み合わせによって規定される、一連の社会的地位によって構成されていたのである。

社会階層の移動性はとても重要であり、それは法律や、行政など高い知能を要求される分野を通じて起こってきた。近代初期のイギリス史は、普通の社会階層に生まれながら大きく出世した人であふれている。前述したように、これは特にバラ戦争のような、社会危機の際に著しい。[*117] ヘンリー八世の治世の前半にはトマス・ウォルセーが首席宰相を務めたが、彼はイプスウィッチの肉屋の息子だった。ウォルセーは学業に秀でており、オックスフォード大学で司教になる教育を受けた。最終的にはカンタベリー大主教の聖職者になったが、その際にヘンリー七世の目に留まり、宮仕えをするようになった。ヘンリー八世にも重用されて、一五一五年にはウォルセーは首相になったのである。[*118] ウォルセーが可愛がり、彼を実質的に継いだのはトマス・クロムウェル（一四八五—一五四〇頃）であるが、彼は鍛冶屋とビール業者の息子である。出身地のロンドン郊外のパトニーヒースは、当時、追い剥ぎが多いことで知られた場所である。彼は大陸に向い、傭兵・行政官になって数ヶ国語に通じることになった。一五一二年までには、彼はロンドンで弁護士になり、一五一六年にはウォルセーの下で働くようになる。一五三四年には、首席宰相になったのである。[*119]

貧しい階層から上流階層への上昇はすべての社会で起こっているが、その背景として重要なのは高い知能である。一八二五年のイギリスでは、労働者階級に生まれた子供の二〇パーセントが中産階級の職業に就いている。[*120] 中国の科挙官僚は試験での知能と勤勉さによって任命された役人であったが、一三七一年から一九〇四年にかけて、その三一パーセントは一般家庭の出身であった。[*121]

こうして近代以前のイギリスでは、富は出生率と相関し、富を得て維持するには高い知能が必要であった。リンが報告するところでは、その反対に、特に低い知能しか持たなかった場合には、子どもは残らなかったことが多いと言う。一般に、母親だけしかいない非嫡出子は社会的な地位や、知能が低いことが多かった、アメリカのデータでは、未婚の母の平均知能は92であるが、子どもがいない、あるいは結婚して子供のある女性は105であった。教育レベルは、知能の代理変数である。アメリカでの研究では、高校を卒業していない女性は、卒業している女性に比べて、二〇倍の頻度で未婚の母親になっている。[*122]

父親のいない子ども

近代以前のヨーロッパでは、福祉国家は存在していなかった。実際のところ、二〇世紀の後半になるまで、福祉というものはほとんどなかった。だから未婚の母親は、望まない子どもを遺棄することも多かった。古代ローマでは、誰か「良きサマリア人」に拾われることを願って、乳児は下水に捨てられた。[*123]一九世紀初頭のロンドンでは、道端やゴミ捨て場で、死んだ乳児を見ることは稀ではなかった。一七四一年には、ロンドンに捨て子のためのトマス・コラム病院が設けられた。しかし乳母が不足しており、七一パーセントの捨て子は一五歳まで生きられなかった。一般の人口では、この乳幼児死亡率は四〇パーセントほどであった。乳母が不足していたため、捨て子は栄養失調状態に陥り、感染症に極めて弱かったのである。[*124]こうしてリンによると、近代以前の社会では、おそらくは知能の低かっただろう未婚の母の子どもは、高い死亡率に苦しんだ。こうして、世代ごとに、低い知能の遺伝子が人口に広がることは防がれていただろう。

第4章　産業革命　知能上昇の頂点

近代以前のイギリスに知能テストは存在していなかったことは当然だが、第8章で見るように、もし存在していたとしても、それほど助けにならなかったかもしれない。グレゴリー・クラークは知能については語っていないものの、『10万年の社会経済史』[*125]において、知能が上昇し続けたことを示す多くの証拠をあげている。彼は知能の代理変数を集めたが、歴史を通じて、知能が上昇した際に予測される方向に、それらの変数も変化している。それらの変数とは、利子率、識字率、計算能力、暴力的な刑の執行である。

利子率

利子率は時間選好を表しているため、知能のマーカーであると見なすことができる。前述したように、時間選好と知能は相関している。知能が高い人は、未来を志向する。よって知能が高い人は、比較的に遠い未来の小さな報酬に納得して、現在の楽しみを先送りにする。知能の低い人がお金を貸す場合には、現在の小さな消費の減少に大きな抵抗を示すだろう。彼らがお金を貸す場合には、大きな利子率がなければならない。彼らの視点からは、低い利子率では、その待ち時間の割にはわずかな報酬しか得られないため、満足できないのである。小さな報酬よりは、待つことのほうが重大なのだ。つまり、知能の高い人ほど、未来への投資から得られる見返りは少なくても良い。

これは、自分がどのようにお金を使うかという簡単なことにも見ることができる。ビブ・ニコルソン（一九三六―二〇一五）はイギリスではそれなりに有名な人で、ミュージカル『スペンド、スペンド、スペンド！』で知られている。芸術的ではあったものの、彼女があまり知的ではなかった事実は、そこかしこに見出される。彼女はヨークシャーで、失業した炭鉱夫の家に生まれ、とても貧しく育った。一六歳で妊娠し、五人の子どもを生んだが、四人は幼児期に死んでいる。しかし一九六一年に、一五万二三一九ポンド、つまり現在の三〇〇万ポンド（四億円ほど）のサッカークジを引き当てた。タブロイド紙の記者に何をするか聞かれて、彼女は「スペンド、スペンド、スペンド（使って使って使いまくるわ）」と答えた。[*126] 一九六五年までに、彼女は破産している。現在の楽しみを先送りして、将来のためにとっておくという能力がなかったのだ。

こうして利子率は知能のマーカーとなる。クラークの研究では、イギリスでは一二〇〇年から一八〇〇年までに利子率が大きく下がった。一二〇〇年時の土地や家賃の還元率は一〇パーセントを超えており、実際に、一一五〇年時点では約一五パーセントであった。一八〇〇年までには、五パーセントにまで低下した。もちろん、この時期にこれほど利子率が低下したことには、各種の理由が考えられる。ここでは、人々の知能が次第に上がってきて、未来に楽しみを先送りできるようになったという我々の仮説は、この事実と整合的だということを指摘したい。図2には、利子率の低下が示されている。

識字率と計算能力

識字や計算が知能の重要な要素であることは、明らかだ。〝言語的な適性〟は知能の重要な要素であり、知能が高いほどに文字を読むことは簡単になる。知能は、第5章で論じるように、多様な考えに興味を持つという〝知性〟と相関している。知能が高いほど、知性も高くなり、読書から得られるインセンティブも大きくなる。文字を書く能力については、口座の記録を残すという利益があり、人口の平均知能が上がって社会が複雑化・専門化するにつれて、それは不可欠な能力になる。

［図2］ イギリスにおける10年刻みでの地代と家賃の還元率、1170年－2003年＊127

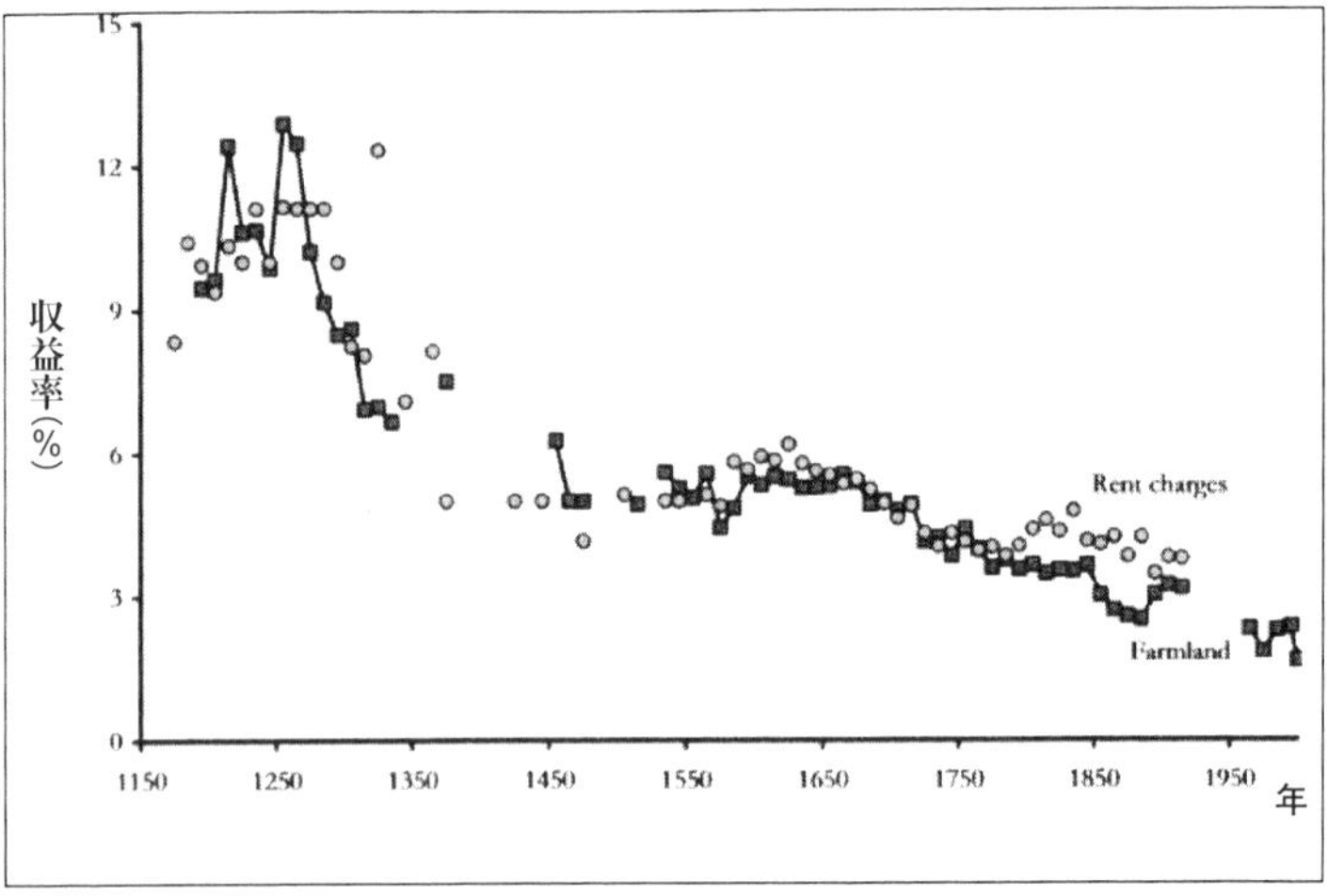

加えて、文字を書くこと、特に羽根ペンで書くことは、運動神経や忍耐力を必要とするかなり複雑な技能である。さらに、裕福な家族では子どもに教育を与えるが、教育によってさらに裕福になることができる。よってクラークが発見したように、遺書を書いた人々の間で、識字率と社会的地位が相関しているのは驚きではない。ジェントリーの九四パーセントが自分の遺書にサインをしているが、商人は八八パーセント、ヨーマンでは五三パーセント、農民は二三パーセント、労働者ではわずか一七パーセントである。識字率は、知能の代理変数だと考えられる。

計算にも同じことが言える。知能の高い人ほど算数が得意であり、彼らが従事するビジネスなどの仕事では、数学能力は必要不可欠である。未開社会では、数学は役に立たない。クラークが言うには、算数の能力のマーカーは、年齢の理解である。一八〇〇年までに、西ヨーロッパのほとんどの人々は、自分の年齢が何歳であるかをかなり正確に知っていた。しかしこれは、文字と計算のない社会には当てはまらない。四世紀頃、八〇パーセントのローマ帝国の官吏（彼らは重要な役割を果たしていた）が自分の年齢を知っていた。一八世紀のパリでは、年齢がわからない人は一五パーセントしかいなかった。一五世紀の富裕な都市国家フィレンツェでは、三二パーセントが自分の年齢を知らなかった。一七九〇年に、イギリスのコーフェ・キャッスルにある小さな町では、労働者がほとんどであったが、わずか八パーセントが自分の年齢を知らなかった。つまり一八〇〇年頃のイギリスの労働者は、ローマ帝国末期の官吏と同じだけの計算能力があったのである。

クラークは識字についていては、結婚式でサインをした花婿の比率と、裁判所で証言する際の、宣誓書へのサインをした証人の比率とを組み合わせて使っている。イギリスで一五八〇年から一九二〇年まで追跡した結果、それは次第に上昇している。例えば、一七四〇年には六〇パーセントの男が自分の名前をサインできたが、一七八〇年以降、一貫して上昇し続け、一九二〇年にはほとんど一〇〇パーセントになった。女性の識字率についても、もっと狭い教区についての識字率にも同じプロセスが見出される。例えば、イギリスの市民革命時の戦争のような破壊的な要素は、教育にも影響を与えて、こうした傾向を中断させるが、上昇傾向そのものは継続している。中世のイギリスの識字率は低く、裁判所においては聖書の一節を読める能力によって重罪を犯した際に死刑を逃れることができた。前述したように、これは聖職者の特権と呼ばれたが、それは聖職者だけが文字を読めたからである。一八〇〇年時点において識字や計算の能力がもたらす報酬が、一五〇〇年時点よりもはるかに大きいということを示す証拠はない。単に我々の知能が上がったのだろう。識字率の上昇は、図3に示されている。

［図3］　イギリスの識字率、1580年から1920年＊128

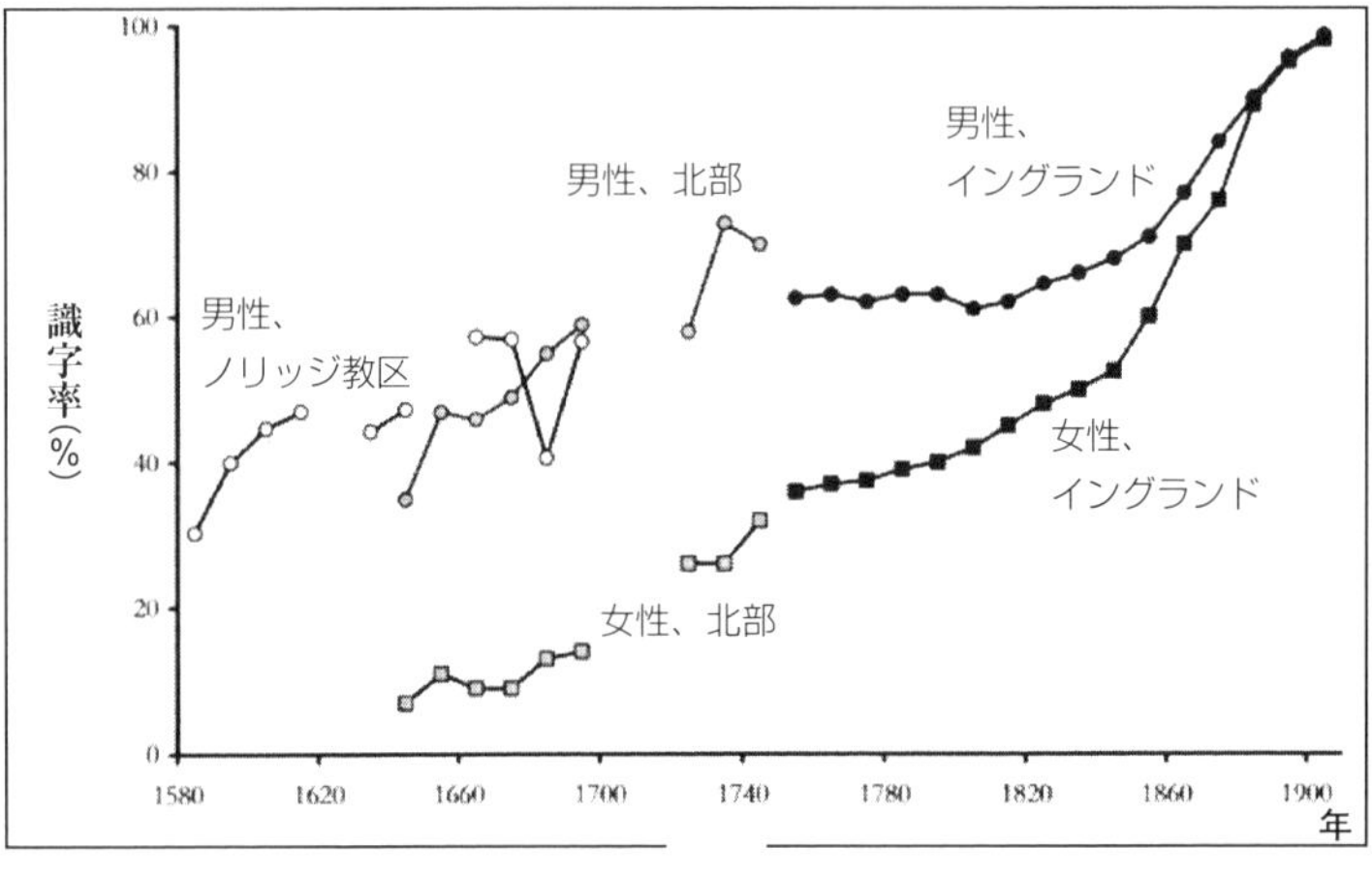

暴力的な刑の執行と流血の催し物

暴力や残虐への渇望は、低い知能を表していることが多い。前述したように、知能が低ければ、他人に対して共感する能力も低い。よって知能が上がれば、粗暴な行為は減少するだろうと考えられる。これは測ることが難しいが、いくつかの例では、まさに実際に起ってきた。その好例は、犯罪者に課された残虐な刑罰である。テューダー朝のイギリスでは、すべての重罪に対する刑罰は絞首刑であった。一七世紀にロンドンでは、こうした絞首刑はタイバーンで行われていた。それは高いところから落として首の骨を折るというものではなくて、ゆっくりと犯罪者の首を絞めることで実行された。罪人が絞首台に連れて行かれる沿道はパーティ気分で盛り上がり、そうした出来事はある種の祭りであり、家族で見物するようなものだったのである。

近代初期のイギリスでは、異端や反逆に対する処罰は、女性の場合には火炙《ひあぶ》りであった。重度の反逆罪に対しては、男であれば、絞首刑、水責め、八つ裂きであった。道路を引き回され、絞首刑に処され、生きているうちに切り刻まれた。（実際には、絞首刑で死ぬことが許されていた。）去勢され、腸を引き裂かれ、首を落とされ、八つ裂きにされたのである。首や肢体は、腐り果てるまで、公然とさらされた。もちろん、すべての処刑は公開で行われた。一五三六年に、反乱軍のリーダーであったロバート・アスク（「恩寵の巡礼」という、ヘンリー八世に対する大規模でかなりの影響を与えた一揆の指導者）は、こうした方法での処刑を止めてくれるように嘆願した。その代わりに、彼は死体が腐り果てるまで鎖に吊るされることになった。[*129]

こうした処罰でさえも、その五〇〇年前には王が所有する森で密漁をした場合には目つぶしと去勢の刑が課されたことに比べると、緩やかだと感じられる。[*130] こうした陰惨な刑罰を科していた社会では、闘鶏から熊いじめにいたる多様な血なまぐさい催し物が楽しまれていた。[*131]

脳容量

高い知能には、大きな大脳が必要である。実際に、頭の大きさが知能指数と0・2から0・3の相関を持っていることは、知能テストの客観性に関するさらなる証拠である。[*132] 平均して、大きな頭は高い知能を意味する。大きな大脳には大きな頭蓋がいるため、人々の平均的な頭蓋骨は中世以来大きくなってきたと予想される。W・P・ロックと彼の同僚たちは、実際にそうであることを見出した。一三世紀のロンドンの三一体の頭蓋骨と、現代の三〇人のイギリス人を比較したところ、大脳を格納する上方口蓋弓は10立法ミリメートル拡大していた。[*133]

民主主義と政治的な安定性

前に、民主主義は、個人レベルでの比較的高い知能と関連していることを見た。知能の低い人々は、民主主義的な政党には投票しない傾向があり、あるいは民主主義を維持しようともしない。なぜなら民主主義には、協調的な態度や政治の清廉さ、信頼や未来への志向などが必要であるが、これらはすべてある程度の知能と関連しているからだ。よって、一八世紀に向かうにつれて、民主主義が広がり、政治的な安定が実現してきたと予想される。

またしても、事実はその証拠となっている。中世のイギリスは、現代的な意味では、国としてほとんど機能していなかった。王が絶対的に統治していたが、ロンドン以外にはほとんど統治は及んでいなかった。地方は、封建貴族である地域の領袖によって治められており、王権は彼らによって支持される必要があった。王がそうした支持を失えば、王位を失う可能性があり、そうでなくても反対派の豪族の起こす反乱に対処する必要が生まれた。エドワード二世は一三二七年に殺され、リチャード二世は一四〇〇年に殺された。ヘンリー六世は一四六一年に廃位され、一四七一年に復位したが、殺された。エドワード五世は叔父のリチャード三世によって廃位され、一四八三年に殺されたようである。リチャード三世はボズワースの戦いで死に、以前から王位継承権を主張していたヘンリー七世に王位は簒奪されたが、彼もまた多くの反乱に直面した。ヘンリー八世は一五三六年に廃位されそうになった。その後継者は九歳のエドワード六世と護国卿であったエドワード・シーモアであったが、シーモアは一五五二年に処刑された。エドワード六世の後継者であったジェーン・グレイは王位について九日で廃位され、後継者であったメアリー一世によって斬首された。その後継者であるエリザベス一世はスペインのフェリペ二世によって一五八八年に廃位されそうになり、また暗殺の企てもギリギリのところで生き延びた。彼女の後継者であったジェームズ一世の暗殺未遂は、一六〇五年の「火薬陰謀事件」としてよく知られている。[*134]

しかし、こうした事件の後も政治が安定することはなかった。チャールズ一世は内乱で一六四九年に処刑されたが、空位期間もまた一六六〇年に暴力的に終わり、指導者たちは首をつられ、溺させられ、八つ裂きにされた。ジェームズ二世は一六八八年に議会により廃位され、追放されて死んだ。その後はしかし、物事は変わり始めた。最後の大規模な反乱は一七四五年であったが、一八世紀を通じて、イギリスは次第に王に代わって議会が権力を握る国家となっていった。庶民院は、ある程度の財産権を持つエリートの投票によって選ばれた。一八三二年以降、有権者集団は拡大し、一九一七年には二一歳以上の男性の全員に投票権が与えられた。一九二八年には二一歳以上の女性にも選挙権が与えられた。イギリスははるかに民主的になり、政治的に安定するようになった。[*135]

政治的な腐敗

このマーカーの変化もまた正確に測ることが難しいが、歴史家の間では、イギリスの腐敗は、特に一八世紀以降、減少してきたと考えられている。実際、イギリスのかつての政治システムは「昔からの腐敗」と呼ばれている。[*136]このシステムでは、イギリスでは実力主義がほとんど発揮されていなかった。政府の高官の任用には近親びいきが支配し、あるいは官位で一儲けを企むものからの賄賂がものを言った。軍隊の官位だけでなく、教会や世俗の職位も売買されていた。これらの職位は実入りの良い閑職であり、ほとんど働かなくても大きな利益を生み出す。有権者は公開投票をし、イギリスはまた公然と賄賂を受け取って、ときにはゆすりをしていた。つまり現代的な基準では、イギリスは極度に腐敗していたのである。

こうした状況は、一八世紀後半頃から次第に変化した。歴史家の中には、そうした変化は一七三〇年頃から始まったとする者もいる。政治においては、一八三二年の「改革法」によって、わずかな有権者しかいないにもかかわらず、大都市と同じような影響力を持つ「腐敗選挙区」が廃止された。「ポケット選挙区」とは、裕福な貴族が、その家臣を国会議員として擁立して支配する地区のことであった。彼はまた、地主として有権者の投票を支配することもできた。当時は公開投票であったため、そうした支配は賄賂を通じて行われた。国会議員もまた、議会でパトロンが望むような投票をした。腐敗選挙区の廃止によって、これらのポケット選挙区は廃止された。一八六七年には秘密投票が導入された[*137]。

地方政府もまた腐敗していた。選挙権は、地方政府が信頼できると考える者にだけ与えられた。投票するためには「町の自由人」である必要があり、その地位は地方政府によって、多くの場合に金銭の支払いによって与えられていた[*138]。この状況は一八三五年に変化してすべての納税者が投票できるようになった。軍隊の官位売買は一八七一年に廃止され、そのときまでには、ほとんどの腐敗が収まっていた。

殺人率

犯罪率を時代によって比べることには、多くの変数が関連するために極端な困難が伴う。特定の犯罪の定義は変化し、それに伴って報告のされやすさも変わる。貧困のように、犯罪率を上昇させる社会的な要因があり、それは大きく変動する。よって、そうした比較をすることには、十分な注意が必要である。とはいえ、数量的な研究を志向する歴史学者は、こうした研究をしてきた。

彼らによると、ロンドンでは一二七八年の殺人率は一〇万人あたり一三人であった。[*139] イギリスでは一九六〇年まで殺人に対する処罰は絞首刑であったにもかかわらず、そして一二〇〇年代から一八世紀まで生活水準はそれほど変わらなかったにもかかわらず、証拠は我々の知能が上昇してきたことを示している。[*140] 多くの都市における記録を見るなら、殺人の傾向は減少している。一三〇〇年のイギリスでは一〇万人あたり二三件の殺人があったが、これは二〇一二年のブラジルに近い。一五〇〇年までには一五件に減少しているが、これは二〇一四年のメキシコに近い。一六〇〇年までには七件、一七〇〇年までには五件、一八〇〇年には三件、一九〇〇年には二件以下に減少してきた。一九五〇年頃には、一件以下になっている。二〇一四年のイギリスでは、一〇万に当たり一件の殺人率である。[*141] 図4にはヨーロッパの殺人率の低下が記されている。

歴史的な殺人率の変化に対しては、批判的な歴史家も多い。例えば、彼らが疑問視するのは、報告のされやすさには文化的な違いがあるというのである。しかし、もしそうだとしても、中世から近代初期にかけての殺人件数ははるかに少ないはずである。例えば、決闘などは当時のイギリスでは殺人ではなかったし[*142]、社会全体が腐敗しており、国家権力が小さかったために、報告はむしろ少なかったはずだからだ。

また、他の研究からも同じ現象が報告されている。ケント州では、一五六〇年から一九八五年までに、殺人による起訴数は一〇分の一に減少した。スカンジナヴィア、オランダ、ドイツ、スイス、イタリアでも同じ「文明化プロセス」が見出されている。*143 こうした文明化プロセスのもっとも単純な説明は、特に生活水準がほとんど変わっていないことを考えれば、ヨーロッパ社会の知能が次第に向上してきたというものである。イギリス、オランダ、ベルギー。スカンジナヴィア諸国、ドイツ、スイス、イタリアからのデータで、殺人率が低下していることは図４に示されている。

全体として、これらのデータに対するもっとも単純な説明とは、社会全体の知能が高くなったというものだ。これはまさに第３章で強調した

［図４］　14世紀から20世紀のヨーロッパ諸国10万人あたりの殺人率（３次関数で近似）*144

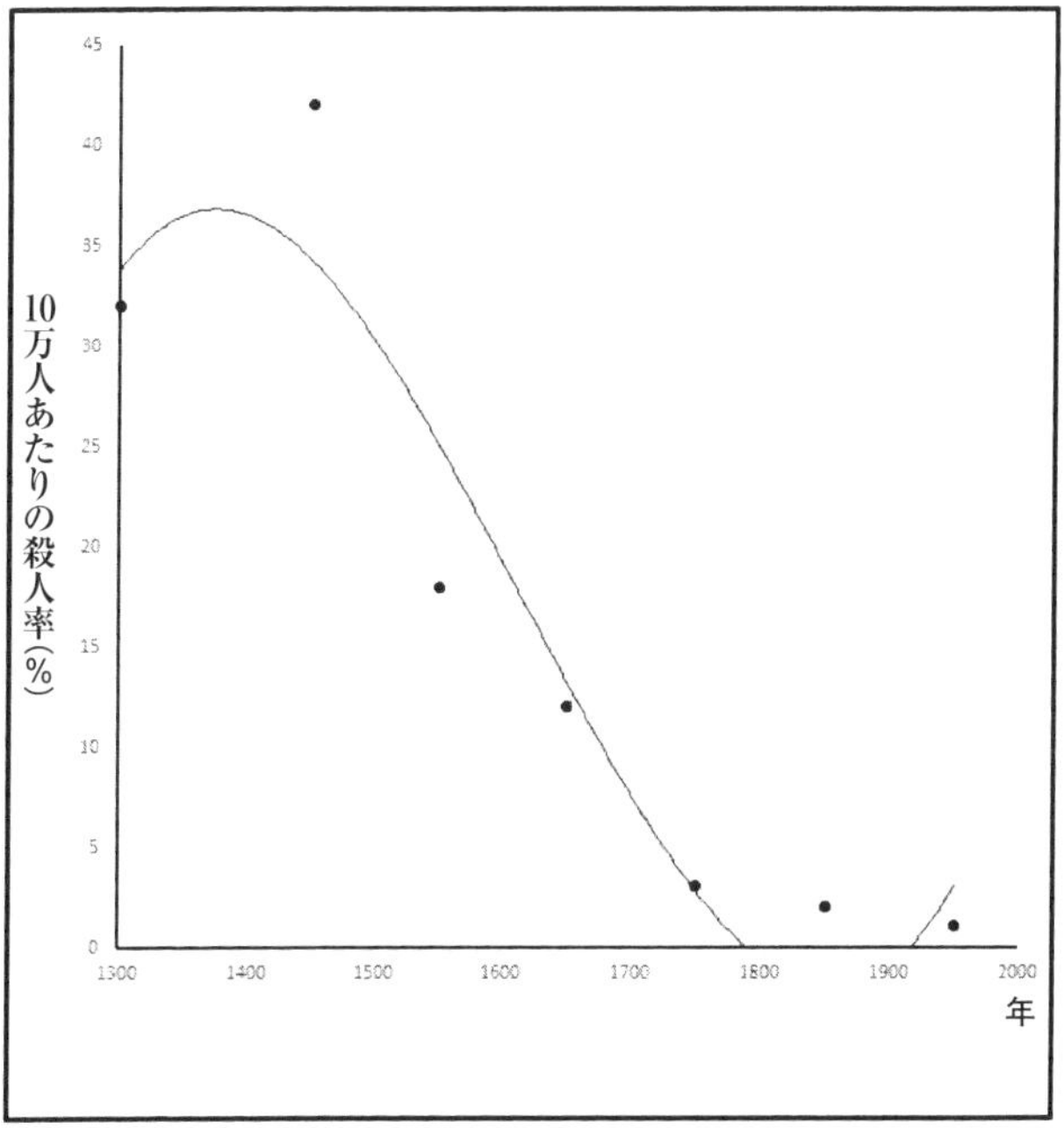

生殖パターン、つまり平均的に知能が高い人々がより高い出生率を実現し続けたということから予測されるものである。

青銅器時代から現在までの遺伝的な変化

究極的に言えば、もしg因子が本当に歴史的に上がってきたのであれば、教育レベルやg因子を高める遺伝変異の頻度は上がってきたはずである。これはまさに、二〇一七年の論文において報告されたことだ。研究者たちがPOLYCOGと名付けた三つの異なる遺伝子スコア（polygenic score）は、歴史的に上がってきているのである。遺伝子スコアとは、特定の表現形質を予測する、多数の対立遺伝子によって示される指標のことである。ほとんどが青銅器時代（四五六〇年前から一一二〇年前まで）のユーラシア大陸の遺伝子が、彼らの子孫である現代の「一〇〇〇人ゲノムプロジェクト」のヨーロッパ人遺伝子と比較された結果、現代のサンプルからはるかに高いPOLYCOG指標が得られた。さらに、古代遺伝子の年代とPOLYCOGレベルには、統計的に有意な相関が見つかった。つまり三三五〇年を通じて、これらの遺伝子頻度は上昇してきた。図5には、このことが示されている。

統計的に有意であるというのは、サンプルの大きさと相関の強さからして、少なくとも九五パーセントの確率でその関係は偶然ではなく、本当に存在するということを意味している。科学での九五パーセント有意性というのは、ある事実の妥当性を証明するために必要とされる、一般的な数値指標なのである。

一九世紀までｇ因子が上昇してきたということを示す明確なデータは、遺伝的なものだけではない。西洋では抜きん出た業績を排出した科学的・数学的な天才もまた、一九世紀まで増加してきた。しかし天才を作り出す要素について適切に理解するためには、性格というものの本質を見極める必要がある。

［図５］ POLYCOG スコアが3350年間に上昇してきたプロット（線形近似）＊145

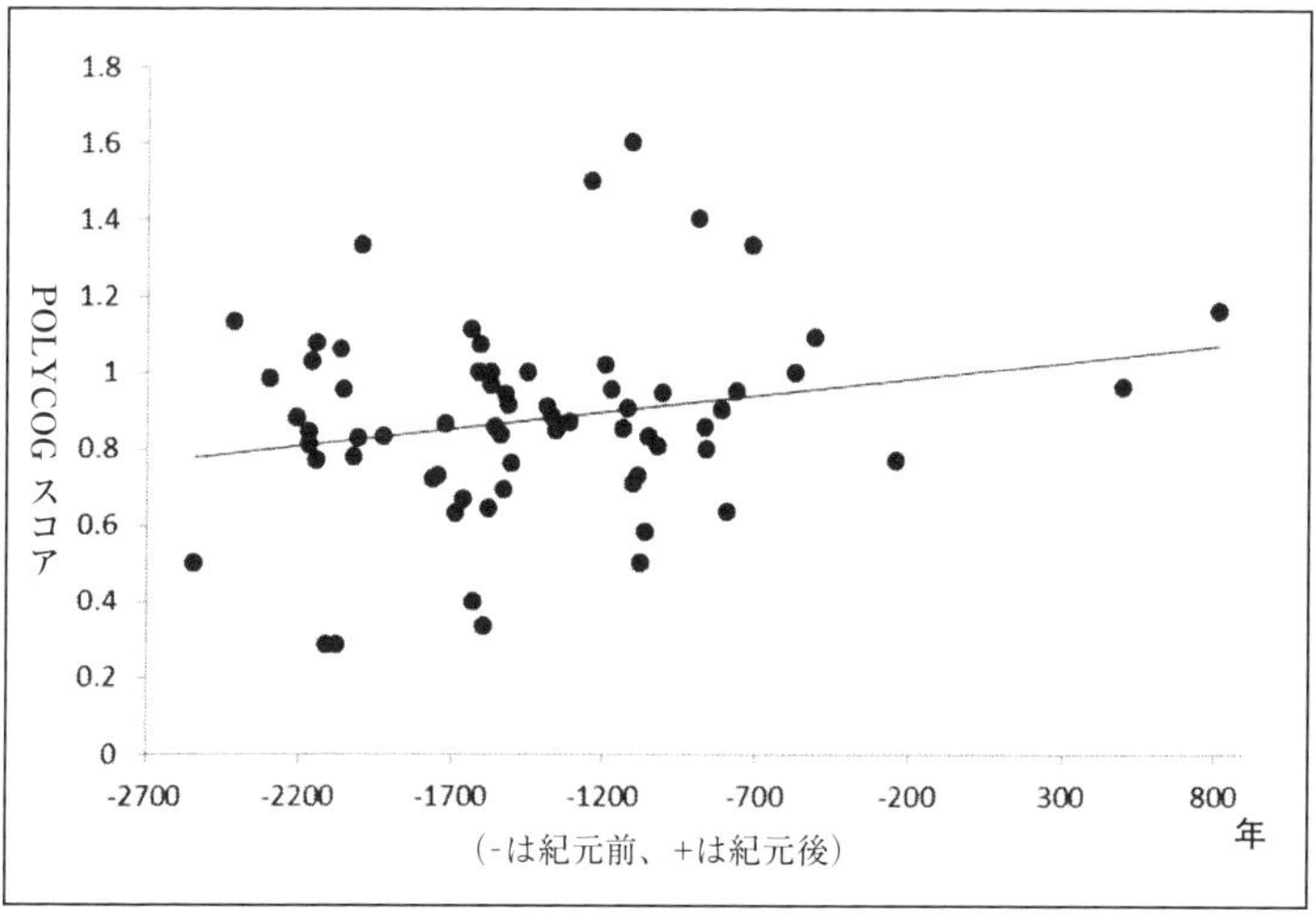

第5章　性格とは何か

第6章で見るように、天才というのは極端に高い知能と、ある種の性格の組み合わせのようである。よって天才の本質について理解するには、性格を理解するという回り道が必要になる。どういった性格の違いが存在し、健康から学校での得意科目にいたるまでのすべてが性格から影響を受けていることを検討する。

コンピュータのたとえ話に戻るなら、知能はコンピュータの処理効率に対応しているが、性格はそこにインストールされているソフトフェアを反映している。[*146] さらなる違いは、これまで見てきたように、知能は知能テストによって計測されるが、性格はもっと主観的に評価されるということだ。自己評価尺度が使われることもあるし、他人（同僚）による評価が使われることもある。知能が高い、あるいは誠実な人は、他人に比べてそうした性質が高いのである。知能と同じように性格も年齢とともに変化する。[*147]

ビッグ・ファイブ

性格の違いは、さまざまな状況における人々の反応を予測する。速い車が走っている道路で、どのくらい車が近づけば危なすぎて渡れないと判断するだろうか？　一日にどれくらいのイヤなことが起これば、腹が立って叫びだすのか？　他人から感じることから、どれだけ強く影響を受けるか？

人々はこうした問いに異なった答えをするが、それは性格が違うからだ。性格テストでは、ある種の行動や好き嫌いがあるかないか、あるいはそれらの強さが聞かれる。例えば、ニューキャッスル人格評定尺度では、「見知らぬ他人と話し始める」「人を侮辱する」「ストレスを感じ、不安になる」というような質問が使われる。どの質問に対しても、「自分にとても似ている」から「自分にはまったく似ていない」までの尺度で答える。[*148] こうした種類の質問が分析され平均化されて、いくつかのまとまった人格特性が算定される。

人格構造については、これまで多くのモデルが提案されてきた。現在もっとも広く受け入れられているモデルでは、人格には五つの本質的な特徴によって捉えることができるというものである。それらの項目は「ビッグ・ファイブ[*149]」と呼ばれるが、性格の両極端にしたがって、それぞれ次のように命名されている。

1　**外向―内向性**　外向性とは、肯定的な感情を強く感じることであり、外交的、社交的なことである（つまり、人といることを楽しむ）。内向性は、感情の感じ方が弱いことであり、内省的な性格と関連する。

2　**感情的な安定性―神経症的**　神経症とは否定的な感情を強く感じることである。神経症的な人は、感情的に不安定で、気分の変化が激しく、不安や抑うつに悩まされる。

3　**誠実さ（真面目さ）―衝動性**　誠実さ・真面目さは衝動の抑制のことである。誠実・真面目な人物は自己規律がとれ、勤勉で、遵法的である。

4　**協調性―非協調性**　協調性とは、共感度が高く、親社会的なことである。協調的な人は、他人が感じることを気にかけ、深く共感できる。

5　**開放性・知性―閉鎖性・道具主義**　開放性（openness）・知性とは、かなり広い人格領域であり、知的な好奇心や新奇性への選好、進歩主義的な政治、創造性、芸術性や非日常的な心理体験などによって特徴づけられる。反対の極にある人格は、新しいものへの興味の欠落、保守主義的な政党の支持や、現実主義などである。開放性・知性は弱くではあるが、０・３程度で有意に知能と相関している。なぜなら、知性という人格は知能と同じものを測っているからである。

開放性・知性を除いて、これらの人格特性は知能指数とは独立したものであり、我々の活動のあり方を予測する。例えば、真面目な子どもは、教育システムや職業生活において、より大きな成功を収めると予測される。神経症的な傾向は、気分の変動、不安、抑うつと関係している。実際、この尺度は、うつ病と0・8の相関にある。[*150]

外向性の高い人物は、リスクを取ることを楽しむために、若くして死ぬことがある。ある研究によると、外向性の高さは若年死の確率を三倍に高める。[*151] 外向性はまた、変わった食べ物や喫煙などを楽しむことからの不健康も予測する。協調性の高さは友人の多さと関連するのに対して、協調性の低さは離婚や犯罪性と関連する。[*152]

人格の一般因子（GFP）

ビッグ・ファイブは、心理学者ハンス・アイゼンク（一九一六―一九九七）によって定義されたビッグ・スリーを発展させたものである。アイゼンクは一九三〇年代にドイツからイギリスに移住したが、彼が嫌っていたナチスが政権を握ると亡命した。彼は、イギリス心理学会における最重要人物にまでなった。[*153] ビッグ・スリーというのは、外向性、神経症、精神病性である。実際、ビッグ・ファイブの真面目さと協調性というのは、アイゼンクの精神病性の示す各種の性質の反対であり、開放性・知性というのは、精神病性と現代の知識人や芸術家たちの行動特性を混ぜ合わせたようなものだ。

アイゼンクと同じように、イギリス生まれのカナダ人心理学者フィリップ・J・ラシュトン（一九四三―二〇一二）はとても独創的な学者であった。実際に彼は、議論を呼ぶような考えを提案した。ラシュトンがロンドンで博士大学院生だったとき、アイゼンクの研究の「論争的な」側面に対して抗議する学生の攻撃から、アイゼンクを守ろうとして殴られている。ラシュトンはビッグ・ファイブ（とビッグ・スリー）はすべて相関しており、それらからは人格の一般因子（General Factor of Personality: GFP）という変数が抽出できると考えた。GFPは人格特性における基礎となる次元を表しており、大まかに言えば「社会的な有能さ」に対応する。それはつまり、効果的に人々の心や状況を推し量り、自分を抑制・規律する能力である。これは、各種の人格特性の基礎づけとなっており、前述したように、g因子が特殊な認知能力を基礎づけているのとちょうど同じである。

人格においては多様な側面があるが、勇気や嫉妬のように、それらのほとんどは特殊な形質である。これらの特殊な側面はビッグ・ファイブに還元することができるが、それはさらに誠実さ、協調性、感情的安定性からなる「安定性」要素と、外向性、開放性・知性からなる「可塑性」要素によって構成される。これら二つも相関している。人格のg因子が存在しており、それがGFPなのである。[154]

よってGFPは、ある性格が社会的に望ましく、社会的に有能である程度を表していると考えることができる。GFPはもっとも基礎的な人格次元であり、その程度は、人々が複雑で安定的な社会でうまくやっていくために進化してきたことが示唆される。GFPの高い人は、社会的に外交的であり、他者の感情への共感力が高く、誠実で、社会的に望ましい目的に対して自己規律的であり、感情的にも安定しており、新しい考えにも理解を示すだろう。GFPの存在はまた、人々が「彼は良い性格を持っている」とか、「彼は軽薄だ」とか、ということの説明にもなる。人々は直感的に、人間にはコアとなる人格特性があり、その特性には望ましい極と望ましくない極があることを理解している。配偶者や仲間として、この特性に注目することは、大きな進化的利益を生み出したはずである。当然ながら、ＧＦＰは、他人からの好感度、就職可能性だけでなく、「心の知能」とも（これらは同じものであるため）強く相関している。[*155]

それは自分のことを知る能力であり、感情をコントロールする能力である。それは前述したように、ときに「第二の」知能であると言われるが、実際には一般知能と、それとは別の人格領域におけるＧＦＰを合わせたもののことなのである。

性格の発達、性格の違い

性格は、人生を通じて発達する。[*156] 四歳児を育てたことがあるなら、一〇歳時に比べると、うまく衝動をコントロールできず、癇癪を起こしがちであり、友だちを思いやることができず、やたらと何かを怖がったり、なだめられないくらいに怒ったりすることがわかる。高齢者はまたあまり攻撃的ではなく、変化への耐性が乏しく、自分のやり方を守ろうとする。一九世紀の風刺小説『ガリバー旅行記』では、ガリバーはラグナグの国に行って、ストラルドブラグと呼ばれる人々に出会う。彼らは不死ではあるが、永遠の若さという性質は持っていない。その結果、老人たちは若者と同じ言葉を話さない。言葉は変化しても、彼らはその変化に適応できないのである。これは我々の知っている、人生を通しての人格発達のあり方と一致している。

GFPの変化についてはよくわかっていないので、ここでは良く研究されたビッグ・ファイブについて検討しよう。誠実さは思春期まで年齢に伴って上昇し、思春期には一時的に減少するが、その後は再び上昇する。協調性もまったく同じである。男性では、神経症性は年齢に伴って減少する。女性でも思春期までは減少するが、思春期に上昇し、成人後は再び減少する。こうした理由から、同性内においても大きなバラつきが見られるとはいえ、女性のほうが神経症的、不安症的な傾向がある。

真面目さの上昇には、思春期に一時的な落ち込みがあることは興味深い。このことについては、進化的な利点があったのかもしれない。例えば、若い時期は移住を繰り返し、より創造的であり、配偶相手の気を惹きつけたり、社会全体に有用な技術の発明をしたりするといったことである。そうした活動パターンは親との関係を切ったり、弱めたりすることで、自分自身の世界をつくることに役立つのかもしれない。著名な心理学者カール・グスタフ・ユング（一八七五―一九六一）はこのプロセスを「個性化」と呼んだ。[*157] 成人になると、同じ年齢の人間と比べるなら、性格は安定した状態を維持する。例えば、成人の場合には六年間を空けても、性格テストのスコアは0・85の相関をしていたという報告がある。[*158]

男と女には、明らかな性格的な違いがある。これは、女性が人の世話をする職業に就くのに対して、男はより攻撃的で、戦闘的・競争的な仕事に就くというステレオタイプと一致している。成人になるまでには、女は男よりも協調的で、誠実・真面目になる。衝動をコントロールできる、優しい性格になるのである。これによって、女は子供の世話をするのが得意になり、男は競争的な動機と攻撃性を持つ。大きな影響や金銭的な報酬があるような仕事、例えば金融や政治でも、男が支配的であり、あるいは看護や教育では女が支配的である。人々はこのことを嘆くが、これは性格の男女差が、まさに予測することである。

前述したように、女はまた男よりも神経症的であるが、これはストレスに弱いことを意味する。またいくつかの外向性スコアも高いため、例えば、より外を出歩く傾向がある。開放性・知性の違いは、個別テストのレベルでしかない。女は「美的な感性」において優れているが、男は「知性」において優れている[*159]。よって女が芸術に興味を持ち、男が科学に興味を持つと考えられる[*160]。

主に双子研究から得られたところでは、ＧＦＰを含めて人格特性は、およそ五〇パーセントほどが遺伝的である。知能と同じく、そうした遺伝的基礎のほとんどは、個別にはごく小さな、加法的な影響を与える遺伝子によるものである。しかし、知能の場合よりも大きな部分が、大きな影響を持つ遺伝子や、エピスタシス遺伝子（つまり非加法的な影響を持つ複数遺伝子）などの頻度の低い遺伝子によって支配されている[*161]。

性格の遺伝率は１より小さいので、遺伝的な偶然と環境との組み合わせによって実際に発達する性格は異なったものになる。とはいえ、そこにはある程度の遺伝的な制約がある。不安定で、危険に満ちた子供時代は、精神的な不安定につながる。そうした子供時代の経験は、世界が危険であると教えるため、個人の活動に永続的な影響をもたらすのかもしれない。例えば、子供時代の生活が予測不能で危険なものであれば、子どもは「今を生きる」ようになり、その誠実さ・真面目さは低下するだろう。また他人を疑うようになり、協調性も低くなる[*162]。

また別の例では、性的に不安定な状況で育った女性は、短期的な性戦略を採るようになるようである。彼らは、大きく異なる種類の男の子どもを生むが、そうした男たちは肉体的な望ましさによって選ばれる。つまり、夫としての関係を維持する、あるいは長期的に親としての役目を果たすといった能力で選ばれてはいないのである。俗的な言い方をするなら、不安定な家庭出身の女は、「父親 dads」というよりも「男 cads」を好むようである。*163

これまで性格と、それが人生にもたらす重要な側面について見てきた。このことは、天才を理解するためには不可欠である。なぜなら、天才とは特異な人格と知能の組み合わせによって生まれるからである。このことを心に留めつつ、天才の出現頻度が上昇してきたことに目を向ける。それは、産業革命まで人類の知能が上昇してきたことの証なのである。

アメリカのドラマ『ビッグバン☆セオリー／ギークなボクらの恋愛法則』に出てくるキャラクターの、シェルドン・クーパーについては前述した。このキャラクターは、ある程度は、天才のイメージに沿って作られたものだろう。彼の友人たちは、ときには社会的に少しおかしいが、典型的な「普通の」科学者である。とても知能が高く、真面目で協調的であるが、こうした特性は典型的な科学者のものだ。[*164] こうした理由から、彼らの社会生活は、スタートレックのような「ガリ勉」的な興味を中心にしたものになり、生活も規則正しいものになる。

シェルドン・クーパーはこうしたパターンに当てはまらないが、それでも天才の原型と呼べるほどではない。彼は友人たちに比べても超越的な知性をもっており、知能指数もはるかに高い。比較的に協調性は低く、人に対して冷たく、他人の心に対して鈍い。自分勝手で社会にも無関心であり、他人の心が理解できるときでさえ、あまり気にかけない。そして彼の知性は、とても狭い関心しか示さない。クルマの運転のような単純な作業をこなすことができず、彼の友人のレナードに仕事の送り迎えをしてもらう。彼はまた、極端に世間知らずでもある。人気ドラマであった『フレンズ』代わりに放送された初期のシーズンでは、彼は女性やセックス、金銭にさえ興味がなかった。「僕が買おうと思っているもののほとんどは、まだ発明されていないんだ」と言って、給料の小切手は引き出しの奥にしまっていたのである。

いくつかの点において、シェルドンは天才に似ている。では天才とは、どのように定義されるのか？　通常、少なくとも科学における天才とは、ニュートンが物理学や光学の法則を見つけたり、あるいはダーウィンが自然選択の洞察を得たように、世界認識に大変革を与える顕著なブレイクスルーを成し遂げる人物のことだ。同じようにして、ジェニー紡績機などの、極めて重要な発明は天才の証明であると考えられる。こうしたことから、天才とは、例えば他の科学者たちからも、天才だと認められる人物のことである。この方法は「書誌収束法」として知られるが、アメリカの心理学者ディーン・K・サイモントンによって研究方法として使われた。この方法では、科学者の偉大さは、その同僚たちからの評価によって得られる。それは単純に、歴史的な著作を通じて、著名な研究者個人がどれほど有名になり、名前が拡散したかで測られるが、それは異なった時代の権威者たちが、互いに誰が重要であったかについて意見の合意（収束）を図るのである。サイモントンは、これを「歴史的計量法 Historiometrics」と呼んだ。[*165]

この方法は主観的だと批判するものもある。なぜなら、この方法は人々の評価に基づいており、例えば、潜在的な天才が見過ごされてしまうなどの偏見によって左右される可能性があるからだ。この反論は、チンパンジーが道具を使うのと同じように、天才というのは行動様式のことだというものだ。我々が、チンパンジーが道具を使うことを知っているのは、多くの観察者がそれを見ているということだ。同じように、ある人物が天才であるというのは、その周りのすべてに影響を与えたということを、多数の評価者が認めることなのである。

こうした書誌収束法に加え、天才について知られている伝記的な情報を評価することで、どういった人物であったのかについて妥当な推測をすることができる。ディーン・K・サイモントンやハンス・アイゼンクのような数多くの素晴らしい研究者たちが、この方法を採用してきた。そして、このアプローチは、その他の多くの重要な考えと同じように、フランシス・ゴールトン卿によって開始されたものだ。[*166]

一般的に受け入れられている結論というのは、もし天才に会ったなら、「狂人」として一蹴してしまう可能性があるということである。おそらく彼らの好感度は特に高くはないし、友好的でもない。特異な性癖を持っており、多分、服装や話し方は普通ではないだろう。また、偏執的でもある。こうした特徴はアスペルガー症候群として知られているものであるが、他人の感情を理解するのに困難を伴う弱度の自閉症である。

天才の本質、ニュートンの場合

人格の議論に話を戻すなら、エドワード・ダットンとオランダ人心理学者ディミトリ・ヴァン＝デル＝リンデンは、天才の洞察に基づいて研究を行う平均的な科学者は、知能と協調性・真面目さを兼ね備えているのに対して、天才ははるかに複雑な心理特性を持っていると主張した。[*167] サイモントンやアイゼンクのような天才の専門家たちは、高い知能は天才には不可欠ではあるが、それだけではまったく十分ではないことに同意している。天才とは、環境、人格、能力の稀な結合によって、たまたま出現する特性なのである。

天才は極めて知能が高いが、真面目さ・誠実さや協調性はかなり低い。それが高い創造性と結びついたときには、精神病的という人格特性と関連する。これは天才にとって不可欠である。なぜなら、天才とはまったく新しい、極めてオリジナリティの高い考えを生み出して、人々に提示するからである。多くの場合には、それは難問であるため、何年も他のことをすべて止めて、それに取り組むことになる。本当の独創性は、既得権を持つ人々を不愉快にさせる。少なくとも当初は、嘲笑を買うだけで済めば良いが、公然と敵意を受けることさえある。本当の独創性というのはまた、掟破りでもある。考えられないことを考えたり、常識人には馬鹿げているような、「自明な」ことについて考えたりする。

これが、天才にはそうした人格を必要とする理由である。彼らは誠実さが比較的に低いため、一般的なルールを無視することができるし、そうした枠の外で考える能力を持つ。極めて高い知能と一緒になれば、彼らは極めて独創的に考えることができ、それによって信じられない難問を解くことができる。協調性の低さは、二つの結果を生み出す。一つ目は、それによって他人との付き合いがとても難しく退屈なものになるため、自分の研究に没頭することが可能になることだ。協調性の低さは自尊心の高さと相関しているので、彼らは自分の取り組んでいる問題が難しくとも、それをやり抜くことができる。一度問題が解けると、そのことを周りの世界に発表することにも困難を覚えない。協調性がかなり低ければ、結論がもたらす不愉快さを気にかけることはないし、もし気にかけたとしても、そうした予想がもたらす困難にくじけることもない。

天才の人格の最後の側面は、驚くかもしれないが、少なくともある程度の外向性である。[*168] 天才たちは、リスクテイカーであり、競争心に溢れている。多くの場合、解くべき問題があるときには、多くの研究者たちがそれに挑んでいる。そこに現れる天才とは、こうした問題解きのレースに勝った者であるから、ある程度の競争心を持っている必要がある。この好例は、ダーウィンが進化理論を（子孫による変化と命名して）一八五九年に出版したことである。彼は誤って、彼とは独立にアルフレッド・ラッセル・ウォレスが、まったく同じ理論に達したと信じた。とはいえ、ダーウィンは二〇年前にこの理論に到達していたのである。

実際のところ、天才とは超高知能と、かなり高い精神病質の組み合わせであり、この組み合わせには多様なスペクトラムが存在している。例えば、ダーウィンのような天才は、高い協調性は持っていたが、真面目さは極めて低かった。彼の息子フランシスによれば、チャールズ・ダーウィンの研究習慣は極めて場当たり的で、研究は常にカオス状態にあった。[*169] 全体としての心理特性のバランスが最適である限り、天才はいろいろな組み合わせから生まれる。

天才がどのような人物であるのかを知るために、その一例を検討しよう。アイザック・ニュートン卿の知能の驚異的な高さは疑うことができないが、他にはどのような人物であったのだろうか？エドワード・ダットンとブルース・チャールトンは、その著書『天才の枯渇――なぜ天才が必要なのに、彼らは死に絶えつつあり、彼らを救わなければならないのか』において、以下のように記している。

ニュートンは幼少期をほとんど一人で過ごし、人といるときも黙っていた。実質的に友人はおらず、女性との関係を持ったこともないし、他人に合わせるという努力をほとんどしなかった。少年時の周囲の少年たちとの関係は、敵対的なものであったし、彼は実際に好人物ではなかった。彼は学校でラテン語を学んだが、それ以外はほとんど学んでいない。数学や科学については、自分で学習した。自分から好んで学習したのであるが、それらの学問に夢中になり、素晴らしい成績を収めた。一年かそこらで、ほとんど数学について何も知らなかった状態から完全にマスターし、世界で一番のレベルに達した。彼は即座に、もっとも重要な数学的発見にいたる。ニュートン自身による彼の業績に対する説明は、「常に問題について考える」ことで問題を解決したというものだった。また、「問題を常に目の前に置いておいた」とも語っている。その後、彼は数学をほとんど放棄して、その代わりに次々と物理学の異なる領域を研究して、重要な発見を成し遂げていった。ニュートンは何時間も深い思考を続け、ときには立ったまま思考に陥って、階段を半分滑り落ちるほどだった。何年もの間、彼は大学を離れず、生涯ほとんどケンブリッジから離れなかった[*170]。

ニュートンには、もう一つ別のとても興味深い側面がある。アインシュタインその他の天才とも共通するが、それはニュートンの学業成績は優秀ではあったが、飛び抜けたものではなかったということだ。実際、成績はとても不安定なものだった。ある科目では飛び抜けていたが、別の科目ではごく普通だった。例えば、彼は口頭試験ではあまり成績が良くなかったため、一回目の試験では合格せず、二回目の試験を受けなければならなかった。[*171] ダットンとチャールトンによれば、これは他の多くの天才たちにも当てはまる。DNAを発見したフランシス・クリックはケンブリッジ大学に不合格になり、ロンドン大学に進学したが、そこでも最高の成績は収めていない。[*172] その後も彼は多くの博士課程を中退している。[*173]

ニュートンの研究方法は、極めて直感的なものだった。これはひじょうに知的で真面目だが創造的ではない人々に典型的に見られるやり方とは対照的である。彼らは、広くたくさんのことを学び、他の人々のやり方を問題解決のために利用するのである。この事実は、また別の重要な点を示唆している。つまり、知能指数が高くなるにつれて、異なる認知能力間の相関は減少することがわかっているのだ。これは、「スピアマンの収益逓減の法則」と呼ばれており、一九二七年にスピアマンによって初めて報告された。[*174] つまり、知能が高くなるにつれて、その知能は本質的に専門化したものになる。よって、ごく平均的な知能の人では言語的、空間的、数学的な能力はすべて普通だが、それらは同じように普通だと言える。

これに対して、はるかに知能の高い人はこれらのすべてにおいてずっと優れているが、それらは同じ程度ではない。例えば、数学においては遥かに優れているが、言語的には優れているという程度であったりする。しかし全体としては、本人が物理学の学生だろうと何だろうと、平均的には高い知能を持つのである。[*175] スピアマンの収益低減法則は、g因子の概念を反証するものではない。g因子は、もっとも高い知能指数においても存在している。しかしそうした人々では、専門化した能力が独自性を持ち、認知プロセスにより大きな影響を与えるために、g因子は弱まるのである。

極端に高い知能を持つ天才では、多くの異なる認知能力間の関係はさらに弱くなる。現実的にこのことが意味するのは、彼らは極めて知能が高いが、g因子とあまり関係のない、知能ピラミッドの底辺をなすような特殊な作業においては、平均以下かもしれないということだ。これが彼らの精神病質と相まって、彼らが大学で飛び切りの成績を残さないことや、実際、彼らの「変わりもの教授」としての行動パターンの理由なのだ。アインシュタインは、ニュージャージー州のプリンストンにある自宅近くで道に迷ってしまい、近くの店に入って言った。「こんにちは。私はアインシュタインですが、私の家に連れて行ってくれますか？」彼は車の運転ができなかったし、普通の人が日常的にしていることの多くに困難を抱えていた。[*176] これは多分、極端な知性の持ち主が、ある一面においてではあっても愚かであるという事実の、もっとも良い例だろう。シェルドン・クーパーは、当然ながら、仕事の送り迎えをレナードに頼らなければならなかった。

天才の進化

では、どのようにして天才たちは選択されてきたのか？　天才たちが多くの子どもを残したという証拠はない。実際、その反対が正しいようである。彼らの多くは性に興味がなく、多くの場合、子どもを残していない。[*177] とすれば、彼らはなぜ存在するのか？　部族社会では、非協力的で危険な人物として忌避され、子どもを残せなかったのではないのだろうか？

このことについては、前述したような集団選択の問題に立ち戻る必要がある。遺伝子を残すには、いくつもの方法がある。第一に、直接に残すという方法がある。子どもは五〇パーセントの遺伝子を受け継いでいるため、自分の遺伝子を残すために子どもの世話をすることは理にかなっている。しかし、同じように間接的に遺伝子を残す方法もある。この間接的繁殖モデルは、イギリスの生物学者ウィリアム・ハミルトン（一九三六―二〇〇〇）によって提唱された。[*178] ハミルトンはニュージーランド人の両親のもとにエジプトで生まれた。父はエンジニアであり、母は医師であった。第二次世界大戦時にエジンバラに避難していた際に、ウィリアムは自然史に魅せられ、ケンブリッジ大学では自然選択説にのめり込みすぎて、学位取得の単位を落とすほどであった。彼の考えは、進化心理学に大きな影響を与えている。常に先駆者魂を発揮していた彼は、エイズ・ウイルスの起源を探しにコンゴにまで旅した。帰国後、すぐに亡くなったのは、この旅行のために服薬した抗マラリア薬で胃潰瘍を患ったことに起因している。[*179]

ハミルトンは、包括適応度の概念を定式化した。これは、直接の子ども以外を通じて、遺伝子を残す方法である。血縁選択とは、甥や姪（二五パーセントが自分と同じ遺伝子）、いとこ（一二・五パーセント）などに対して投資する方法のことだ。これは、多くの独身の叔母さんが、兄弟の子どもを甘やかす理由である。彼女は親戚を助けているのであり、それによって自分の遺伝子を広めている。この理由から、ある種の状況では、包括適応度から見ると、たくさんのいとこの命を救うために、自らを犠牲にすることは道理にかなっている。特に自分の子どもがいる場合には、そう言えるだろう。ハミルトンによれば、行動のコストに比べて、包括適応に利益があるなら、個体は利他的に振る舞うだろう。よって、閉経後の女性が、一人息子を救うために命を投げ出すことも不思議ではない。しかし、もし母親が二一歳であるなら、これから多くの子どもを産めることを考えれば、一人の子どもの命と自分の命を引き換えにすることは割に合わないだろう。

　血縁選択の考えは、論理的に考えれば、集団選択に拡張することができる。民族集団は遺伝的なかたまりでもあるため、遺伝子解析の結果から見ると、平均的なイギリス人は、平均的なデンマーク人に比べれば、隣に住む平均的なイギリス人と遺伝的に類似している。オーストラリアの政治心理学者フランク・サルターの計算では、もし世界がイギリス人とデンマーク人であるなら、二人の平均的なイギリス人の近縁係数は０・００２１であるが、イギリス人とデンマーク人では０である。この係数は、六代前の曽祖父を共有していること、つまり七単位離れた親戚であることを意味している。よって遺伝的な視点から見ると、イギリス人が自民族をデンマーク人から守るために戦うことは、もしそれによって子どもを残せない危険性があったとしても適応的である。そうした行為が十分な数の仲間を守ることになれば、直接的な繁殖を犠牲にしても割に合う。[*180] こうして命を落とした戦士は、集団選択のレベルで機能しているのである。実際に、コンピュータ・モデルでは、集団が自民族中心主義であるほど、つまり自分の集団のために犠牲になって、よそ者を追い払うほどに、民族間の戦いでは最終的に支配的な集団になる。[*181] よって、成功する集団では、それほどの数ではないものの、個人や近親での繁殖よりも、集団選択での繁殖を有利にする戦略を採るものが現れるだろう。

　ウィリアム・ハミルトンによって提唱された考えに従って、[*182] 天才とはまさにこうした戦略をとっている人間だと考えることができるのである。[*183] 彼らの発明は、自分自身や、その家族にさえも利益をもたらしていない。（グレゴリー・クラークは、多くの天才たちがその業績を盗まれながらも、世界を変えていったことを報告している。）しかし、天才の集団は発明から利益を得た。例えば、産業革命を巻き起こした発明は、イギリスの人口を増やし、彼らを豊かにして、世界各地へと拡散させた。明らかに、成功する社会には、少数ではあっても適切な数の天才が必要である。彼らがあまりに多いということはありえない。天才は非協力的であり、非現実的な夢想家であるため、彼らが多すぎる集団は、もっと協力的で現実的な集団に負けてしまうからである。また、あまりに少なすぎることもできない。天才が多い集団に対して、イノベーションのレベルで対抗できないからだ。

天才は遺伝的なものであるため、集団の遺伝子から偶然の組み合わせによって（多くの場合、特定の家系に集中して）発生する。なぜなら、集団の遺伝子はときに天才を生み出し、その利益は、わずかに異なった組み合わせの場合に生じるマイナス要素を上回るからである。このマイナス要素とは、知能が低く、精神病的な人が生まれることだ。言い換えれば、彼らは犯罪を起こしがちなのだ。ここで、思い出してもらいたい。知能を構成する遺伝子のほとんどは加法的であり、個々にはとても小さな影響しかもっていない。大きな効果を持つ遺伝子や、遺伝子間の交互作用を伴うエピスタシスは稀である。このことは知能だけでなく、性格その他の性質についても当てはまる。極端な才能の持ち主や天才については、こうした稀な遺伝子の発現こそが重要な役割を果たす。[*184] 天才は犯罪者と同じように、反社会的なリスクテイカーであり、その違いは天才における高い知能なのである。[*185]

天才が生まれるためには、利用可能な遺伝子プールは過小であってはならない。なぜなら、それでは天才が生まれにくくなってしまうからだ（完璧な遺伝子の交互作用が生まれる可能性が下がってしまう）。よって天才は、通常の範囲内の知性や人格を持つ両親の許に生まれる傾向にあり、その兄弟も両親に近いだろう。前述したように、天才は知能において変わり者なだけでなく、創造性や人格においても人とは異なっている。

天才の増加

天才は、特定の社会においてもっとも重要な人たちである。彼らは高い知能と最適な程度の精神病質を持ち合わせ、特定の社会の文脈において、科学的・技術的なブレイクスルーを実現する。車輪や船の発明者の名前は歴史の中に埋もれてしまったが、彼らの社会においては、発明者たちは天才であっただろう。社会の知能が上がるにつれて、天才は頻出するようになる。社会が複雑になるにつれて、そして他集団との軋轢が高まるにつれて、天才の必要性は高まる。これまでいくつかの代理変数を検討することで、ヨーロッパ社会の知能が一八世紀まで上昇してきたことを見た。それはまた天才が増えるにつれて、数多くの重要な技術革新が起こったことである。前述したように、科学的・技術的なイノベーションは個人レベルの知能と相関している。

多くの研究から、一八世紀にいたるまでイノベーションの発生率が上昇してきたことがわかっている。アメリカの物理学者ジョナサン・ヒューブナーは、科学雑誌『技術的な予測と社会の変化 *Technological Forecasting and Social Change*』に二〇〇五年に発表した論文において、まさにこのことを示した。[*186] 彼は、科学者が一般に同意している、石器時代から二〇〇四年までの間の科学・技術史上における八五八三の重大事件を列挙した。そして彼は、一四五〇年以降に起こった七一九八の事件に注目した。それらが起こった年号を記録し、当時の世界人口と比較することで、一人当たりのイノベーションを追跡することができる。一四五〇年から一八七〇年の間に、一人あたりの年間イノベーション率は四倍になっていた。図6はこのことを示している。

アメリカの政治学者チャールズ・マレーは二〇〇三年の著作『人類の成し遂げてきたこと *Human Accomplishment*』において、中世から一九世紀中盤まで増えてきたのは、重要なイノベーションだけでなく、（当然のことだが）それらを生み出した顕著な人物、つまり天才もまた増加してきたからだと記している。[*187] もちろん、イノベーションは、例えば戦争や飢饉の時期には減少したり、常に変動してきてはいる。しかし、一八七三年まで劇的に上昇した後に、低下している。

マイケル・A・ウドリー・オブ・メニーはヒューブナーのモデルをさらに発展させた。[*189] ヒューブナーは二人の科学者に

［図6］　1450年から2004年までの一人あたりの重要なイノベーション数（3次関数近似）＊188

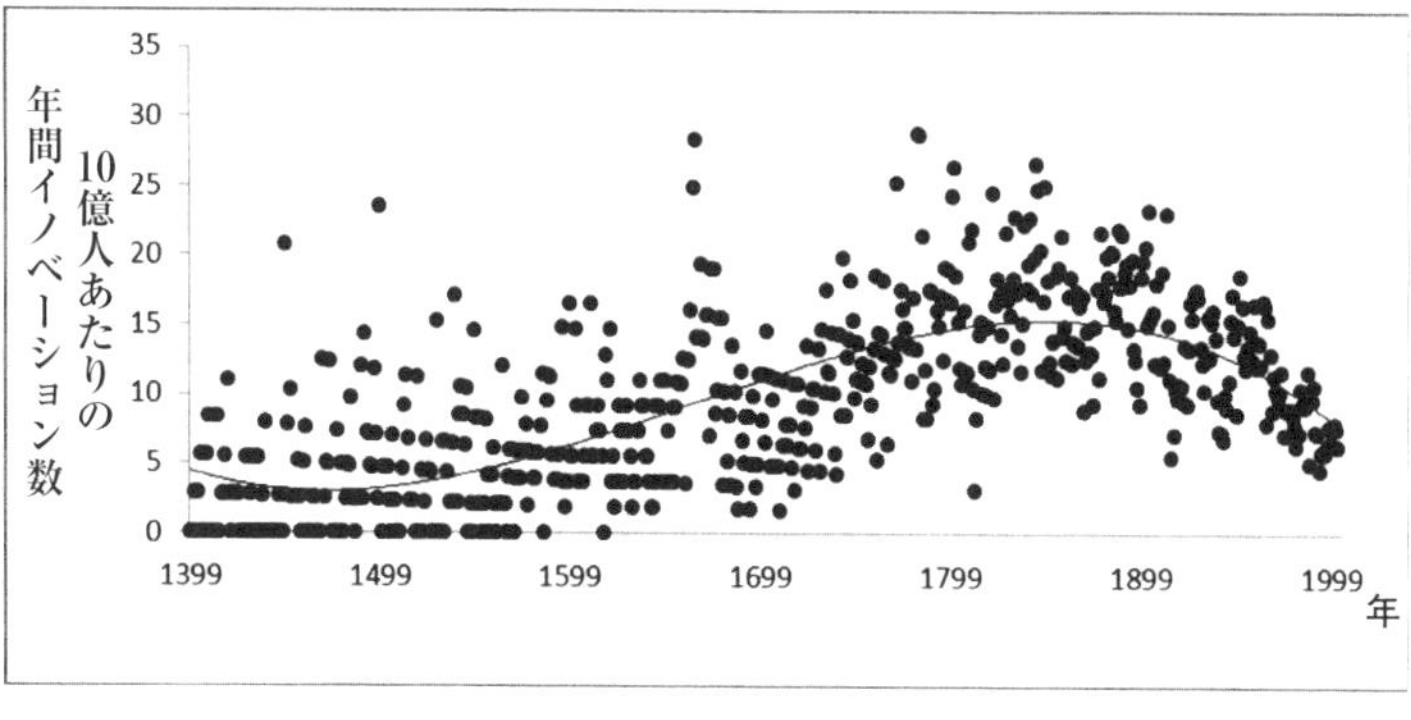

よって作られた特定の発明リストを使ったが、そこで生じるバイアスを除くために、ウドリーはそれらのリストが他の似たようなリストとどれだけ相関しているかをテストした。例えば、マレーによって作成された一四〇〇年から一九五〇年までの重要な科学的な発見のリストと比較した。[*190] どの場合においても相関係数は0・8を越えており、それらの発明・発見リストが単なる主観的なものではないことを示している。ウドリー・オブ・メニーは多くの資料から、ヒューブナーの年表の各年における平均知能を計算している。その結果、ヒューブナーの発見のもっとも単純な説明は、一四五五年から一八五〇年にかけて知能が上昇し、その後は低下したというものだった。その説明が、もっともデータに適合的なのである。

第7章 知能の進化の逆転現象

産業革命の夜明けまで、知能は自然選択によって上昇した。これは「富者の生存」というプロセスがあり、その結果、世代ごとに知能の高い個体が選択されてきたことを意味する。このプロセスは集団選択や、天才の業績によって実現した植民地の拡大と一緒になって、産業革命を引き起こした。それは技術の爆発的進歩であり、世界がそれまでに経験したことのないものであり、同時に二度と起こらないものでもあった。

産業革命時の変化はあまりに劇的なものであったため、それについていくのは大変なことだったろう。一七七〇年生まれの人間は、一四七〇年生まれの人とほとんど同じ世界に生きていた。馬を使って荷物は運ばれ、すべてを人力で行う必要があった。一七六四年にはヘンリー・ハーグリーブスによってジェニー紡績機が発明され、生産の機械化はすでに始まっていた。[*191] 初期の蒸気機関が造られていたが、それほど普及していなかった。しかし一八〇四年まで生きていたなら、電信、蒸気船、潜水艦、チェーンソー、蒸気ローラー、正確な時計、自転車、電池、蒸気機関車などの発明を目にしたはずだ。一八〇四年の世界は、一七七〇年や一四七〇年の世界とは劇的に異なったものになっていたのである。

さらに一〇〇歳になって一八七〇年まで生きたなら、電灯（一八〇九年）、蒸気機関車とカメラ（一八二七年）、電磁気とタイプライター（一八二九年）、ミシン、発電機、計算機、プロペラ、リボルバー拳銃、電信網、ゴムのタイヤ、洗濯機が、そして一八五八年には内燃機関を見ることになっただろう。一〇〇年前に比べて、人生でこれだけのスピードで変化が起これば、本当に驚いたことだろう。

こうした新しい技術は、特に公衆衛生や医学における無数の科学的なブレイクスルーの実現を手助けした。産業革命以前の社会では病気の原因はほとんど理解されておらず、健康でない者は淘汰されていた。こうした状況は一変した。例えば、一七九六年にエドワード・ジェンナーは天然痘のワクチンを開発した。[*192] その他にも公衆衛生の分野では、殺菌などのような大きな改善がなされた。これらが実現したことのもっとも単純な説明は、我々が知能において自然的、性的、社会的に選択されてきたというものである。

知能の低下を予見した科学者たち

しかし、一八六〇年代までには、問題が生じていると考え始めた人たちがいた。少なくとも彼らだけが問題視したのであるが、それは部分的には、こうした公衆衛生における技術革新の結果についてであった。[193] 最初の人物はフランスの医師であり、初期の精神科医であったベネディクト・モレル（一八〇九－一八六三）である。一八五七年に、モレルはフランスの乳幼児死亡率が明らかに低下していることを指摘する著作を発表した。[194] 彼の議論では、死亡率の低下は、過去五〇年間の各種の公衆衛生の改善によって実現したが、それによって以前なら死んでいるはずの子どもが成人している。冷酷に聞こえるかもしれないが、そうした議論は明確な論理に裏付けられていた。生存率が高まり、その結果として繁殖が起こるなら、公衆衛生の改善以前には生き残れない遺伝的な資質を持つ個体が、集団内でより多くの割合を占めるようになる。モレルは、もっとも重要な資質は健康、道徳性（モレルのこの言葉は、真面目で協調的な人格である）、そして知性であると考えた。彼はこうした資質が、（後にそう呼ばれるように）遺伝および、それと組み合せられた環境的なプロセスによって親から子へと家系を通じて遺伝するという考えを持っていた。彼の議論では、彼が呼ぶところの「下層階級」、つまり売春婦、犯罪者、極貧者たちでは（彼の個人的な医師、精神科医としての体験からではあったが）、特に出生率が高い。よってモレルの結論では、下層階級の増加の歯止めとなる乳幼児死亡率の低下と、下層階級の明らかな出生率の高さによって、フランス人は次第に知能が低くなりつつある。さらに、遺伝的にもっと病気に耐性がなくなるというのである。

一〇年後、イギリスのフランシス・ゴールトン卿（一八二二－一九一一）はこれにひじょうに似通った結論にいたった。前述したように、ゴールトンはルネサンス的な万能人であった。統計学者、社会科学者、最初期の遺伝学者、発明家、気象学者、地理学者、熱帯探検家として活躍し、その業績は当時としては本当に驚くべきものであった。ゴールトンは一八五九年にダーウィンの『種の起源』を読み、一八六五年に以下のように記している。

文明の持つ効果の一つは、自然選択法則の厳格な適用を減少させるというものだ。それは野蛮な国であれば滅びただろう、か弱い命を維持させてしまう。豊かな家庭の病弱な子どもは、貧しい家庭の元気な子どもよりも、生き残って子どもを残す可能性が高い[*195]。

ゴールトンの言葉は荒っぽいが、しかし知能の遺伝性がとても強いことを考えれば、彼の論理が誤っているとは言えない。彼の議論では、「文明化された社会の病弱なメンバーが繁殖する」ことは、必然的に「退化」へとつながる。もちろん、ゴールトンが「下層階級の出生率が高い」ことを特に問題視しなかったことは注目に値する。選択圧の低下が特に問題であるのは、それがまさに、近代的な医療を受けられる裕福な人々は病弱な子どもを救えるが、貧しい人々は劣悪な生活環境から、もっと健康な子どもでも育てないからである。この問題は、科学的な医療が登場するまでは顕在化しなかった。一般的に、強い者だけが生き残ったのだ。ゴールトンが総括しているように、「昔の文明では、有能な階層の出生は常にチェックされていた。先見性がなく、覇気がない者たちが主に繁殖する。こうして人種は次第に劣化し、世代を経るごとに高度の文明に適応しなくなる」[*196]。

チャールズ・ダーウィン（一八〇九―一八九二）はその第二の主要著作『人間の由来』において、「社会的に価値のある」資質に対する選択圧の逆転について論じている。つまるところ、ダーウィンの議論では、社会が進歩するにつれて、人々は弱者に同情するようになる。前述したように、社会的な問題を解決する能力は、かなり知能と相関している。さらに知能の高さによって、他人の立場に立ってものを考えることができる。もちろん、ダーウィンはとても尊敬されているので、なかには彼の名前を利用して自分の意見を強めようとする者もあるし、そうした人々への批判者たちは、それはダーウィンに対する誤解や、文脈を離れた引用であると反論する。ここでは、ダーウィンが一八七一年に書いたことを、そのまま引用しよう。

未開の世界では、肉体や精神における弱者はすぐに淘汰されてしまう。そして生き残る者は、通常、健康状態に優れている。その一方、我々のように文明化された人間は、こうした淘汰プロセスをできるだけチェックしようとする。愚鈍なもの、障害者、病人の収容所をつくる。救貧法を施行する。医師たちは、全員を救うために最後の瞬間まで全力を尽くす。ワクチンによって、以前なら健康ではないために天然痘で病死していたはずの人間が、数千人も助かっていると考えられるのは疑いない。こうして文明化された社会の弱者たちは、社会全体へと広がる。家畜の育種に関係したことがあるなら、このことが人類にとってひじょうに危険であることは疑わないだろう。育種をしなかったり、間違った育種をすれば、家畜種が退化するのは驚くほど早い。しかし人間自身の場合だけは例外で、自分たちの最悪の個体を繁殖させるほどに、皆がこのことを認識していないのである。*197

死の直前のアルフレッド・ラッセル・ウォレス（一八二三—一九一三）との会話において、ダーウィンは人類の未来に対して極端に悲観主義的な発言をしている。「各世代において、我々の集団は、上層・中層階級からよりも下層階級からの出身者によって置き換わっている。」ダーウィンはまた、彼が「(料理の) あく」と呼んだ人々が子どもを残しすぎており、それが不可避的に、文明を高めるために必要な資質を退行させると語っている。[*198]

カール・ピアソン (一八五七―一九三六) は指導的な数学者であり、フランシス・ゴールトン卿の後継者であり、伝記作家でもあった。ピアソンは、知能が遺伝的であることを示した最初の研究者の一人である。彼もまた、現代社会では死亡率の低下と、知能の低い人々の出生率の高さによって、高知能への選択はほとんど完全に逆転していると信じていた。彼は一九〇一年の著作『国民生活』[*199]において、「現代社会の状況では、適応的ではない人々が多くの子どもを持ちすぎることに対して、昔のような無制限な生存競争がもたらす厳しいチェックは存在しない。それと同時に、肉体的・精神的に優れた集団の出生率は低下しているが、これまでほとんどすべての分野のリーダーが生まれてきたのは、こうした人々からなのだ[*200]」。

ロナルド・フィッシャー卿 (一八九〇―一九六二) は、遺伝学者で統計学者であった。彼は現在、ロンドンの郊外にあるフィンチリーに、競売業者の息子として生まれた。フィッシャーは知能その他に対する選択圧が逆転している問題を、一九二九年の著作『自然選択の遺伝子学的理論』に記している。[*201] そこで彼は、それまでに見出されていた、社会経済的地位と出生率の負の相関についての研究を総括した。例えば、一九〇六年にヘロンは、ロンドン地区では平均的な社会経済的な地位の指標と出生率は逆の相関を持っていることを見出した。[*202] フィッシャーは、何世紀にもわたる社会階層の移動によって、高い知能の遺伝子は「専門家階級」に集中していると信じていた。よって彼らの低い出生率は、当然、知能レベルの低下につながる。実際、フィッシャーによる「法則」では、後で我々がもっとはっきりと述べるように、知能と出生率の負の関係によって文明は崩壊すると言うものであった。[*203]

レイモンド・B・キャッテル（一九〇五―一九九八）は、バーミンガムに近いウェスト・ブロムウィッチで、自動車部品を作る父親のもとに生まれた。キャッテルは、一九三〇年代に知能の低下の問題に向き合っている。それらは、一九三七年の著作『国民知能に向けての戦い』に著された。[*204]キャッテルは、社会階層において平均知能が異なることを示すデータを集めた。知能には勾配があり、より専門的な職業において平均知能がもっとも高く、非熟練労働者においてもっとも低い。キャッテルは、三七〇〇人の一〇歳児の兄弟の数を調べて、知能の低下量を推定した。平均して、知能が高いほど兄弟の数は少ない。これは知能が低下していることを意味しており、このことから彼の推定では、知能は一世代当たり約３ポイント低下していた。よって、キャッテルは教育水準や「道徳水準」、文化的、科学的、経済的な生活水準や遵法的な行動の衰退を予測した。[*205]

一九五一年に、キャッテルは再び同じほどの数の一〇歳児を使って、彼らの平均知能が低下しているかを確かめた。その驚くべき結果は、後にキャッテルのパラドクスとして知られるようになったが、それは知能が１・３ポイント上がっているというものだった。[*206]キャッテルは、[*207]その理由は各種の環境要因、特に教育の改善によって知能の低下が隠された、と主張した。彼の発見は、後にフリン効果として知られるものの、最初の報告例である。これについては、後に詳述しよう。

知能と出生率の現在の関係

こうした研究者たちは、知能と出生率の負の関係について、主観的な観察を述べるか、あるいはそれ以前になされた知能の代理変数を使った相関関係に基づいて証明するかの、どちらかだった。しかしながら、工業諸国において、出生率が知能と直接的な負の関係があることには、すでに膨大な証拠が存在している。これには多くの書き残された報告があり、このプロセスはすべての先進社会で起こっていると考えられる。簡単に言えば、知能が高い人ほど、平均的に子どもが少ないのである。

アメリカ

アメリカからも報告がある。アメリカ青年縦断調査（NLSY）は、アメリカ労働省によって一九七九年に行われた一連の調査であり、一四歳から二二歳までの国民を代表する一万二六八六人のサンプルが調べられた。彼らはテストも受けており、その人生の変化は一九九四年までは毎年、その後は二年おきに追跡された。ドイツ人生物化学者ゲルハルト・マイセンベルクは、カリブ海のドミニカにあるロス大学医学部に勤めているが、彼は、このサンプルの知能と二〇〇四年時点での子供の数の相関を調べた。サンプルの年齢は三九歳から四七歳であり、これは女性の場合、繁殖年齢の終わり頃に当たる。*208 その結果は、表5に示されている。

知能と出生率の間には、弱いながらも統計的に有意な負の相関があり、その関係は男よりも女の場合にはるかに強いことがわかる。心理学者チャールズ・リーヴェの研究チームは、二〇一三年に、三二万五二五二人の二九歳人口を調べた。彼らは、知能と子どもの数はマイナス0・18、教育レベルと子どもの数にはマイナス0・26の相関を見出した。これに基づいて、彼らはアメリカの知能は一世代あたり1ポイント下がっていると推定した。[*209] こうした発見は、アメリカの教育レベルと出生率の間の負の相関と整合しているが、それはリチャード・ハーンスタインとチャールズ・マレーの一九九四年の著作『ベル・カーブ *The Bell Curve*』によって強調されたものである。この結果は表6にある。

この関係についてのアメリカでの数多くの研究を見ると、その理由についての興味深い考察が得られるが、それは表7にある。

この表の意味は極めて明らかだ。知能が低い人々は多くの子どもを望み、望む数よりも実際に多くの子どもをもうける。この理由については、後に検討しよう。

イギリス

知能と出生率の負の相関は、他の国でも見られる。イギリスでは、スコットランドで九六一四人の一一歳児の知能を測り、四六歳から五一歳の時点での子どもの数を調べた。男性では、子どものいた人の平均知能は105・82であり、子どもがいない人の平均は107・59であった。女性では、それぞれ106・55であり、108・94であった。[*210] 日本人の進化心理学者であるサト

［表５］ NLSY サンプルにおける知能と出生率（Meisenberg, 2010）

サンプル	知能と子供の数の相関（黒人の男以外はすべて統計的に有意）
白人　男	−0.089
白人　女	−0.162
黒人　男	−0.049
黒人　女	−0.271

［表６］ 1994年のアメリカにおける教育、知能と出生率（Lynn, 2011, 127ページより）

教育年数	知能	子どもの数
16年以上	111	1.6人
13−15年	103	1.9人
12年	95	2.0人
０−11年	81	2.6人
平均	98	2.0人

［表７］ 知能と子どもの実際の数、および望む数との相関（t値は２つの相関係数の差の統計的な有意性を示す）

生年	子どもの数		差
	実際の数	望む数	t値（すべて５％レベルで有意）
1945−49	−0.27	−0.23	9.40
1950−54	−0.24	−0.18	22.00
1955−59	−0.25	−0.14	25.59
1960−64	−0.23	−0.21	3.07

シ・カナザワは、イギリスで一九五八年生まれの四六歳の九四三四人を調べたが、女性の場合、子供時代の知能は子どもの有無と有意に負の相関を持っていた。子どもがいない女性の知能は１０５・３であったが、子どもがいる女性は１０１・７であった。しかし、男性の場合には子どもがいない人の１０３・０に対して、子どもがいる人は１０２・２で有意な差はなかった。[*211]

さらに二〇一五年にメタ分析を使った研究では、イギリスとアメリカで一九二七年から二〇一〇年の間に知能と出生率の関係について調べた一二の調査が再分析された。イギリスとアメリカで、この逆相関パターンから生じた知能の低下は、二〇世紀を通じて一〇年あたり０・３９ポイントであった。[*212]

ロシア

ロシア人心理学者エカテリーナ・チミコバのチームは、ロシアでも同じプロセスが発生していることを見出した。彼らはレーヴン漸進的マトリックス検査（Standard Progressive Matrices: SPM）を使って二九のロシアの地域での標準的なサンプルを測った結果、地域の平均点と出生率にはマイナス０・５７の相関があった。四〇歳から五〇歳までの標準的なサンプルでは、子どもの数が増えれば、レーヴン漸進的マトリックスの点数は下がる。ロシア人の知能の低下は、一世代あたり０・４４ポイントであると計算された。[*213]

台湾と中国

知能と教育、出生率についての研究は、チェンたちによって報告されている。[*214] 彼らは三五歳から八四歳までの標準的なサンプルをウェクスラー成人知能検査で測った結果、女性の知能と出生率の相関はマイナス０・３５、教育レベルと出生率ではマイナス０・５９であった。男性では、知能と出生率はマイナス０・１８、教育レベルと出生率ではマイナス０・３７であった。この結果は、台湾のデータを使った最近の研究でも確認されている。[*215]

中国では、心理学者ミンルイ・ワンと彼のチームが同じパターンを見出している。彼らは中国家族調査（China Family Panel Studies）のデータを使って、一九五一年から一九七〇年に生まれたサンプルを調査したが、出生率と流動性知性（fluid intelligence）にはマイナス０・１０の相関があった。流動性知能は、累進的マトリックス検査のような推論を行うもので、前提となる知識を必要としないテストによって測られる。この研究からは、中国人の知能は一九八六年から二〇〇〇年までの間に０・７５ポイント低下したと推計された。彼らはまた、中国での教育と出生率の逆相関は、経年的に次第に強くなっていることも見出している。一九四五年にはマイナス０・１７だったが、一九九〇年にはマイナス０・４２であった。[*216]

クエート

同じ関係はクエートからも報告されている。心理学者たちが八歳から一五歳までのクエートの標準的な子どものサンプル四六四三人を調べた結果、家族の人数とレーヴン漸進的マトリックス検査の平均点にはマイナス0・05の関係があった。これはひじょうに小さな差であるが、統計的に有意な効果量である。[*217] 七七四九人を調べた別の研究でも、クエートでは出生率と知能の代理変数間には負の相関があった。代理変数には教育レベル、職業的地位、初婚年齢、社会経済的地位が用いられた。[*218]

スーダンとリビア

スーダン人の心理学者オマル・カリーファ（彼は二〇一二年に失踪している）[*219] は、二〇〇八年にハルツームの九歳から二〇歳までの標準的な学校で、五二一五人に対してレーヴン漸進的マトリックス検査を実施した。テストスコアと兄弟の数には、有意な負の相関が存在しており、カリーファはスーダン人の知能は世代当たり0・8ポイント低下していると推計した。[*220] 同じように、リビアで小学生がレーヴン漸進的マトリックス検査を受けた結果では、知能と兄弟の数にはマイナス0・14の相関があった。[*221]

頭の良い人に子どもが少ない理由

これは決定的に重要な問題である。先進国では、なぜ知能と出生率には負の相関があるのだろうか？　特に、工業化する前の社会ではそうではなかったのだ。そして女性のほうがこの傾向が強いのはなぜなのか？

これは、さらなる問題へとつながる。比較的最近まで、なぜ人はたくさんの子どもを生んでいたのか？　理由の一つは、例えば、産業革命以前の社会では子どもの多く、平均して半分ほどが成人するまでに死んでいたことにある。遺伝子を残したいという本能に従うなら、成人する子どもを残すためには、経済的にできる限り子どもを育てる必要がある。さらに福祉国家でない社会では、子どもは老年期の保険にもなる。長生きするなら、年をとって働けなくなった場合に面倒を見てくれるだろう。こうして多くの人が、たくさんの子どもを生んだ。貧しい家庭の子どもの死亡率はとても高かったため、彼らはできるだけ子供の数をコントロールしようとしただろう。多すぎれば、子どもを捨てなければ飢えに苦しむことになる。裕福な家庭では幼児死亡率は低く、もっと多くの子どもを育てることができたため、生き残ったのは裕福な人々の遺伝子だった。

産業革命はこうした状況を根本的に変えて、現在「人口転換」として知られている状態が到来した。これは、社会の特徴が多産多死から、少産少死へと変化するというものである。こうした変遷は二段階に分かれるが、西洋諸国では二〇世紀初頭までに完成した。第一段階では、乳幼児死亡率が急速に低下し、その後の年月で、次第に出生率が減っていく。この間に高い出生率と低い死亡率によって人口は大きく増加する。おそらく人々は出生率を下げて、生活水準を上げても安全であることを十分に理解していないからだろう。二〇世紀半ばまでには、西洋諸国のほとんどの家庭では子どもが二人だけになっていたが、世紀の終わりには出生率はさらに下がり、人口置換率を下回った。

この変化の理由ははっきりしている。産業革命による科学的な発見は、子どもの病気を減らし、殺菌を効率化させ、食べ物は安価になり、一般的に公衆衛生は改善した。国家は遥かに豊かになり、貧しい階層への福祉国家が生まれた。一九〇〇年までには、イギリスの乳幼児死亡率は四五パーセントではなくて、一〇パーセントに低下した。[*222] ほとんどすべての子どもが成人まで生き残り、貧困と幼児死亡率の関係はきわめて弱まった。セルビアの文化人類学者イェレナ・クヴォロヴィッチとそのチームは、セルビア人のロマ集団（ジプシー）における幼児死亡率と知能の関係は、貧困や健康などの要素を制御した場合には、マイナス０・２６であることを見出した。[*223] こうして人口は劇的に増加してきた。

教育レベル

前述したように、教育年数は知能の代理変数になる。二つの変数は六〇パーセントの遺伝性を共有しているからである。[*224] とはいえ、教育レベルというのは知能と同じような表現型というわけではない。むしろ、それは生まれ持った能力や、勤勉さや個人的な達成動機に応じて人々を分類するものであるため、環境に近いと考えられる。教育結果を予測するために性格が果たす役割が存在するため、教育水準と知能が一〇〇パーセント相関することはない。こうした分類の副次的な効果として、教育程度を高めるためには子供の出産をあきらめる必要があり、知能が高いほどそうした選択をする。二〇世紀には、約三〇年で、平均して二年間教育期間が伸びている。[*225] こうして教育年数は劇的に上昇したが、そのために多くの人が子どもを産むのを遅らせたり、産まなくなったりしたのである。

多くの国で行われた研究から、教育を受ければ受けるほど、子どもを産まないままに人生を終える確率が上がる。前述したゲルハルト・マイセンベルクは、世界価値観調査（World Values Survey）の一九九〇年、一九九五年、二〇〇〇年のサンプルを使って、教育年数と出生率の関係を調べた。これは世界七八カ国における、一八万一七二八人のサンプルである。[*226] マイセンベルクは、ほとんどすべての国において、教育レベルと最終的な出生率には有意な負の相関が存在していることを見出した。最終的な出生率とは、中年の終わり頃であり、それ以上の子どもを持つ可能性はほとんどない時期の数値である。ラテン・アメリカ諸国や中東諸国では、女性ではマイナス０・３１、男性ではマイナス０・２４、ヨーロッパのプロテスタント諸国での関係は有意ではあるがかなり弱く、女性はマイナス０・１で、男性はマイナス０・０１だった。例外は、ベルギー、フィンランド、ラトヴィア、スウェーデン、スイス、ウガンダの四五歳から七五歳の高齢男性と、エストニアの若い男性であった。それらの場合、教育レベルと出生率には弱いながらも正の相関がある。

興味深いことに、マイセンベルクはこの関係は教育年数よりも、教育レベルとのほうが強いことを発見した。つまり単に、教育のためだけに子どもを生むのを遅くするのではない。教育を受ける動機を与える何かが、低い出生率も促進している。彼はまた、そうした関係は、個人の経済的な動機だけではないことも明らかにした。経済的な成功への願望は、出生率を制限していない。豊かさだけでは、人々が子どもを持たなくなることを説明できない。

さらにもう一つの発見は、こうした普遍的な逆相関関係は、さまざまに異なった様相を呈しているということだ。低開発国でこの関係が弱いのは、そうした国ではまだ人口転換の最中だからだろう。関係がもっとも強いのは、人口転換の終わったばかりの国である。そしてヨーロッパのプロテスタント諸国のような最先進国では、関係はまた弱まる。しかしこうした国でも、若者の間では関係は強く見られる。

これまでの研究からは、ある形質についての対立遺伝子の頻度から得られる遺伝子スコア、この場合は教育水準の遺伝子スコアと、最終的な出生率についても負の相関が見出されている。経済学者ジーン・ボーチャンプによる研究では、アメリカ退職者健康調査（US Health and Retirement Study）において、一世代当たり一・五ヶ月の教育年数の低下を観察している。これは、一〇年間当たり０・３２ポイントの知能の低下に相当する。[*227] 二〇一六年の研究では、アメリカ・アッド・ヘルス（US Add Health）のサンプルからの遺伝子データを使った。その結果、この遺伝子スコアが教育年数と関係するのは知能を通じてであること、そして教育年数によって知能と出生率の逆相関が生じることも判明した。[*228]

言い換えるなら、単に頭が良くなる遺伝子を持っているだけでは、妊娠可能性は下がらない。[*229] そうではなくて、逆相関の主要な原因は、教育には時間がかかり、それが出生率を下げていることである。よって教育は、認知能力の遺伝子に対する逆選択の主要な要因であり、それによって知能は次第に低下して行くだろう。

リチャード・リンなどは、避妊がこうした変化を生み出したと主張してきた。[*230] コンドームによって、妊娠のリスクを負わずにセックスを楽しむことができるようになったからだ。リンによると、コンドームは一九世紀のエリートたちによって最初に使われたという。一九世紀に避妊の情報が普及したのは、多くの書物のおかげである。もちろん、そうすると避妊は教育があって、本を買ったり読んだりできる人々だけに広がっていた。

信頼できる避妊法の発達は、当然の結果をもたらした。(一八世紀に比べて)幼児死亡率が低くなったために、知能の高い人々は、低い人に比べてはるかに少ない子どもしか持たなくなった。ほとんどの子どもが生き残るだろうと信じていれば、子どものチャンスを高めるために子供の数を減らすことができる。子ども一人あたりの投資を増やして、遺産が拡散するのを防ぐ。教育を受けた、いわゆる「識字階級」のメンバーは、一九世紀初めに避妊について知識を得て、最初に使い始めた。こうして一九世紀の終わりには、教育を受けていない人はほとんどまったく避妊をしなかったために、教育を受けた人との間には出生率に大きな違いが生じていた。この差は二〇世紀の初めには縮まったが、それでも明らかな違いがあった。

これは知能が原因であるに違いない。いったん避妊が普及すると、望まないほどの大家族になるのは避妊が十分でないか、まったく避妊をしないかでしかない。こうした行為は、知能が低いことで起こる。知能の高い人々は、避妊を効果的に実践する。こうした事実の好例は、避妊用のピルである。知能の高い女性は処方を良く読んで、ピルは毎日同じ時間に飲む必要があることを理解し、もしそうしなければ望まない妊娠をする可能性があることを考えて、それを実際に実行する。知能が低ければ、処方を良く読まないか、読んでも十分に理解できず、あるいは、それは夕方のワインと一緒にかもしれないが、思い出したときにだけ服用する。さらに知能が低ければ、衝動性に任せて、避妊をしないセックスをするだろう。それは現在の享楽を与えてくれるし、長期的な結果については まったく考えないからだ。

こうした解釈は、前述したように、予定していなかった妊娠と低い知能には相関があるという事実に基づいている。知能と予定していない子どもの数には、負の相関がある。アメリカでは、国民家族形成調査（the National Survey of Family Growth）のサンプルで、一九八八年に子どもができた女性を分析した結果、三六パーセントが予定のない子どもであった。予定のない子供の発生は、教育レベルと強い関連がある。一二年以下の教育を受けた女性の場合、五八パーセントの出産が予定されたものではなかったが、一二年の教育では三九パーセント、大学教育では三九パーセント、大学院では二七パーセントに低下する。[*231] アメリカでの一九八八年の研究では、中流家庭の一五歳から一九歳の女性では、最初の性体験時に七二パーセントが避妊をしているが、貧しい家族では五八パーセントである。[*232]

さらに知能は、男女を問わず、最初に子どもをもうける年齢と逆相関している。知能が高い人々は、キャリアに専念するために子どもをもうけるのを遅らせ、自分の小さな家族に投資できる資源を増やす。また偶然に子どもをもうける可能性も低いからだ。知能が低い場合には、若いときから家族をもうける。これらが相まって、結果的にはさらに知能の低下が進む。知能が低いほうが子供の数が大きくなるだけでなく、世代を重ねるのも早いからだ。極端な場合には、彼らは三〇代の終わりには祖母になるが、知能が高い人はその年で初めて親になるかもしれない。

子どもを持ちたいという願望

知能と出生率の負の相関の第三の理由は、知能が低い人々は単純に子どもを欲しがるということだ。知能は、人格理論の知性と相関しているため、知能が高いほど子どもを持つことに興味がなくなり、仕事に打ち込んだり、あるいは一般的に知的に刺激的な生活を送るようになる。知能が高い場合に教育を長期間受けるのは、主にこうした理由によるのかもしれない。こうした生活は、子沢山の生活とは相容れない。

知能は、明らかに「生涯子どもを持たない」願望と相関する。二三歳で子どもを望む場合の平均知能は100だが、望まないものでは104である。女性の場合、子どもを望まない平均は105であるが、子どもを望む女性では99・94である。[*233] これは、イギリスで一九四六年に生まれ、一九七九年にインタビューされた一万三六八七

［表８］ 32歳時に子どもがいない割合（Lynn, 2011, 92ページ）

	低知能	平均的知能	高知能
女性	11%	16%	18%
男性	24%	24%	28%

人のサンプルでも、三二歳の時点での子どものあるなしに見て取れる。知能が高いほど、子どもがいない可能性は上がる。これは表８に示されている。

福祉国家

前述したように、予定されていない妊娠や、さらに（また通常予定されていないだろう）父親のいない妊娠は、低い知能と関係している。リチャード・リンは福祉国家そのものが、集団の平均知能の低下を助けていると主張する。二〇世紀の後半までは、未婚の女性には私生児を産まないという強いインセンティブがあった。未婚の母親は雇用や収入を失ったり、社会的な烙印を押されたからだ。生活保護は支払われなかったし、彼らのための住居も提供されなかった。実際、未婚の女性が妊娠した場合の社会的なスティグマが、あまりにひどかったために、多くの赤ん坊が養子に出されたほどであった。

こうした状況は二〇世紀後半には変化して、西洋諸国の政府は未婚の母親に対して生活保護を与え出し、それは急速に拡大していった。もちろん、こうしたことが可能になったのは、産業革命にまで遡る技術革新によって、社会が裕福になったからである。福祉国家によって、知能の低い女性には子どもを生むインセンティブが与えられたか、少なくとも生まないインセンティブは低下した。実際に、より多くの女性が子どもを生むようになった。未婚の母親に対する生活保護支払いは、私生児の出生を増加させたが、アメリカでこのことを調べたのは、チャールズ・マレーによる『社会

の悪化 *Losing Ground*』である。マレーは、一九六〇年代初期から、教育のない若い女性に支払われる生活保護の金額が、未熟練労働の賃金に比べて次第に上昇してきたことを示した。同時に、結婚しないで子どもを生むことへの社会的スティグマも減少した。アメリカの白人女性の間では、一九二〇年代から一九六〇年代まで私生児の出生率は二パーセントほどを維持していたが、その後は急速に上昇し、一九九一年には二二パーセントになった。生活保護を受けている未婚の母親の半分は、教育水準において最下位の二〇パーセントの集団に属していた。[*234] ハーンスタインとマレーは『ベルカーブ』において、また別のデータを分析して、生活保護を受けている未婚の母親の平均知能は92であることを見出した。[*235]

イギリスでも、同じことが起こっている。一九七〇年代以降、未婚の母親は基礎収入と住居が与えられ、固定資産税を免除されただけでなく、多くの保護を受けるようになった。イギリスの私生児の比率は、一五五〇年から一九五〇年にかけての四〇〇年間、およそ五パーセントであったが、一九七〇年代から次第に上昇し、一九九一年には三二パーセントになった。現在は、およそ五〇パーセントほどである。[*236] 一九九一年のイギリスのセンサスを分析したマレーによれば。各地の男性失業率と女性の私生児出産との相関は0・85であり、一九七四年から一九九一年までのほとんどの年で、社会の最下層の私生児の出産率は上昇した。[*237] 福祉国家によって、人々は性活動において奔放になれる経済的な余裕と、将来的に何が起きても大丈夫だという自信を得た。

これまで未婚の母親について焦点を当ててきたが、福祉国家はまた、貧しい家庭が持つ子供の数についても自由を与えてきた。福祉国家以前では、赤貧状態に陥って、救貧施設に入らなければならない恐れがあった。今よりもたくさんの子どもを持てない家庭では、こうしたことによって性活動を抑制する必要があった。二〇世紀の後半になると、貧しい家庭への生活保護の制度が充実して、予定しなかった妊娠のリスクを気にしないでもよくなった。

二〇一六年に、キングス・カレッジ・ロンドンの神経生物学者アダム・パーキンスは、『福祉的な特質――国家保護はいかにして人格に影響を与えてきたのか』という著作を出版した。*238 この本の結論は予想されたように大騒ぎを引き起こした。著名な科学雑誌『ネイチャー』のあるシニア・エディターは、長期失業者の人格を研究するのは非倫理的であるとして、この本のレビューを拒否した。*239 本の研究内容が、長期の生活保護受給者とは社会的な不平等の単なる犠牲者であるという見方に対して、直接的に挑戦的なものであったからだろう。長期間の生活保護受給者を研究対象として、パーキンスがイギリスのデータから見出したのは、生活保護費が三パーセント増加すると、一パーセント多くの子どもを持つようになるという結果だった。*240

実際、パーキンスが記しているように、生活保護受給者の事後的なインタビューからは、これが因果関係であることがわかる。彼らは、支給額の引き上げ後に、それまでの避妊を止めているからである。このことは、明らかに気前の良い福祉制度によって、知能の低い人々は出産を奨励されていることを表している。パーキンスは大規模な縦断調査を行い、イギリスでは、生活保護の金額が上がるにつれて、生活保護受給者の出生率が上がっていることを示した。彼は、国民児童発達調査（the National Childhood Development Study）を活用したが、それは一九五八年に始まり、参加者が生まれたときから五五歳の時点まで追跡されたものだ（サンプル数七二一九人）。彼はまた、サンプル数が七〇四六人のイギリス縦断調査（the British Cohort Study: BCS）も利用している。それは参加者が赤ん坊であった一九七〇年に始まり、四二歳の時点まで追跡されたものだ。

研究では、子供時代の自己抑制力の低さと、多数の子供をもつという変数との相関は、過去一二年に倍増している。パーキンスは、これは福祉支出の増加によるものだという。もちろん彼は二〇一三年のデータを証拠としてあげているが、失業中の家庭の子供の数がもっとも多く、ついで片方の親が働いている家庭の子ども、そして両親ともに働いている家庭の子どもの数がもっとも少なかった。いわゆる「問題を抱えた」家庭では、両親が失業中の家庭よりもさらに子どもが多い[*241]。二・一人以上の子どもがいる家庭は、問題家庭、両親ともに失業家庭、片親の失業家庭だけであった[*242]。とすると、知能の低下は、部分的には福祉国家に起因することになる。

とても興味深いことに、パーキンスは二〇一五年のイギリス国民統計を使って、その年の出生数が前年度よりもわずかに減少したことを報告している。彼は、これは二〇一三年に導入された福祉費が減額されたためだと言う。また統計からは、イギリスに住む外国人女性はかなり気前の良い失業手当を受けており、国別の出生率で比べてみると、母国の女性よりも〇・三四パーセント出生率が高いことがわかった。よって、貧しい国出身の失業中の女性は、おそらく無意識のうちに、福祉支払いを受けることによって出生率を調整しているのだろう。パーキンスがイギリスの福祉制度について論じているのは、二〇一三年の福祉支給額の上限は、フルタイムの最低賃金の二倍であり、それは多くの子どもを生むことで得られるということだ。さらに質的な証拠もある。福祉受給者には実際に必要な金額以上を支給されており、余った分を子供の将来に備えておくのではなくて、アルコールやタバコ、電気製品などの不必要な贅沢品に使っている。[*243] パーキンスはまた、生活保護家庭に育つ子どもは、通常家庭よりもはるかにネグレクトを受ける可能性が高いという証拠も示している。子どもたちは、両親から話しかけられる時間も少ない。

パーキンスは人格の側面に議論を集中させており、実質的に福祉国家は「失業しやすい人格」、つまり低い協調性と勤勉さに対して有利に働いており、働くことを重んじる人よりも出生率を高めているという。そして、そうした人格は遺伝するというのである。しかし彼の引用する研究からは、福祉国家が子どもを持つことを推奨しているのは、知能が低い人々であることもうかがわれる。例えば、イギリス北部の産業都市シェフィールドで、一九七〇年代に低所得の家庭を調べたところ、そのうち三三家庭が、福祉サービスや政府機関からの介入が必要な「問題家庭」であると分類された。彼らは、より衝動的で、無気力であり、偏執的、攻撃的であった。[*244] こうした特徴は、パーキンスが言うように、協調性の低さや勤勉性の低さと関連している。しかし、そうした特徴はまた、低い知能とも関連性がある。[*245] パーキンスは仕事を続けるためには知能と同じように人格が重要であることを強調するが、人格のほうが知能よりも重要であるとは言えない。彼は、知能が高い人でも出世しないのは、協調性や勤勉さが低いからだと論じる。しかし、とても勤勉で協調性が高い人でも、十分な知能がないためにある程度しか出世しない人がいることも議論するべきだろう。

またパーキンスは、一九七二年にニュージーランドで始まった、いわゆるダニーデン研究も引用している。四、五歳児にマシュマロを一つ見せて、一五分待つことができたら、もう一つのマシュマロもあげようと言う。これは標準的な「楽しみの遅延」テストだが、前述したように、これは知能と相関している。楽しみを我慢できた子どもたちは、当然ながら、親からも「学業的、社会的に有能である、言葉が流暢である、合理的、注意深い、フラストレーションやストレスをコントロールできる」と評価されていた。[*246] またしても、こうした特徴は知能と相関している。楽しみを我慢する能力の低い子どもは、大人になると失業の可能性が高く、社会経済的な地位が低い。明らかに、パーキンスの研究や彼が引用する研究からは、協調性と勤勉さが低い人格特性が失業の可能性を高め、福祉国家は彼らが子どもをもつことを援助していることが示されている。しかし、それらは知能がとても重要であることも示しており、前述したように、それはアメリカでの研究結果と合致している。

実際、協調性や勤勉さの低い人々に対して福祉国家が与える影響は、パーキンスが考えるよりも複雑であるという証拠がある。パーキンスが論じているように、勤勉さと協調性は互いに相関する特徴であり、それは「ゆっくりとした生活史」、あるいはK戦略として知られているものだ。その本質は、「今」を「素早く」生きるのではなくて、未来に向かって生きるということにある。スウェーデン（高い福祉国家）とアメリカ（低い福祉国家）で、ゆっくりとした生活史戦略は、実際に子供の数と正相関があることが示されている。[*247]

研究者たちはこの事実の理由について、「今を生きる」戦略では、殺される可能性などを含めて、環境が不安定であると認識して、できるだけ多くの子どもを早く残す。しかし、子どもにはわずかしか投資をしない、つまり、単にできだけ多くの相手と多くのセックスをするような傾向を持つことになる。しかし現代の避妊によって、多くの子どもを残すわけではない。

以前は、偶然できた子どもの親になることもあっただろう。子育ての費用やエネルギーをほとんど払わずに、多くの子どもの親になる場合である。多くの異なった相手との多くの子どもがいる場合、子どもの遺伝的な多様性が高まるため、不安定な環境に対するリスクをある程度回避することができる。つまり子どもの遺伝的資質が異なるために、少なくとも何人かは生き残る。しかし現代社会では、子どもの養育費を払わないことは犯罪になるため、無理矢理にでも支払わせられることになる。例えば、父親の居場所を探して、養育費を徴収する機関が設けられている。

対照的に、「ゆっくりとした」戦略は、数は多くないかもしれないが、子どもの養育に大きなエネルギーを投資する。よって現代のような環境では、「速い」戦略をとる人に、多くの子どもがいるのは計画されたことではない。例えば、避妊をうまく実行できないなどのように、知能が低いことから生じるのである。知能とK的（ゆっくりとした）生活史戦略には、極めて弱い相関しか存在しない。つまり、これらは認知的な能力と行動的な特性における、大きく異なった特質である。[*248] とはいえ、例えば、認知機能や時間選好、さらにある種の人格特性については、g因子とK戦略のそれぞれが独立的に作用を持って個人間の差異を作り出す。よって高い出生パターンが、明らかに高いK戦略度と同時に低い知能によって、同時に実現しているのは矛盾しているのではない。それらは、ほとんど完全に独立した遺伝子群によって制御されている異なった資質だからである。

福祉国家は、そうした人々が避妊をすることを止めさせていると、議論することができるかもしれない。子どもができた場合にも、自分の限りある資源を投資しなくても良くなるからだ。福祉制度が、その代わりをしてくれる。実際、さらに皮肉な見方を進めるなら、リチャード・リンの議論を肯定することになるだろう。つまり、比較的に知能の低い人は、結局は低賃金の仕事をするしかないため、むしろ合理的に計算して、働くことよりも多くの子どもを育てるほうを選んでいる可能性さえある。彼らは自分たちがもらう子育て費用を使って自分の楽しみに使い、できるだけ少ない量しか子どもに投資をしないこともできるのだ。

したがって、できるだけ福祉制度を利用するために、意図的に多くの（ネグレクトされた）子どもを育てる程度には頭を使っていると言えるだろう。これは、福祉国家が彼らの出生を促進して、社会の知能低下を加速しているということだ。しかし彼らには、自分たちの行動が過ぎれば、自分たちが頼っている福祉制度そのものを破壊するということを予見したり、理解したりするほどの知性はない。つまり、福祉国家は長期的には維持不可能な制度なのである。なぜなら低い知能は先見性、共感、利他性、市民感覚の低さを意味するからである。

フェミニズム

先進社会における知能と出生率の逆相関の、また別の重要な要因には、フェミニズムの高揚がある。これもリチャード・リンが指摘したことだが、特に女性に広く職業的な門戸が開かれたことである。一九世紀の前半、女性への差別によってほとんどの職業が閉ざされていた。女性はメイド、コック、洗濯屋、掃除婦、お針子、ある種の工業労働者にはなれたが、教育や看護のような熟練労働についてては結婚した後は止めなければならなかった。当然ながら、医師や弁護士にはなれなかった。こうした状況は一九世紀後半には変化が始まり、第一次世界大戦後には大きく加速した。大戦では男は兵役に就かねばならなかったために、女性が多くの仕事に割り当てられたからだ。働く女性の割合は工場労働だけでなく、教育や医学、法律などのような専門的な領域でも劇的に上昇した。

こうして現在では、母親になった際にはある程度仕事を休むこともあるが、ほとんどの女性が働くようになった。知能の高い女性は大学に行き、専門的な職業に就く。それによって母親になる時期は遅れ、少なくとも二〇代後半、あるいはキャリアに専念する場合には、三〇代後半になる。その結果、単純に生物的な理由から子どもの数は少なくなる。約三五歳を過ぎると、妊娠可能性は急速に低下するからだ。[*249]実際、遅くなりすぎて、子どもを持てないことも多い。

これとは反対に、知能の低い女性が出産を遅らせることはない。ハーンスタインとマレーはアメリカのＮＬＳＹデータを使って、三〇歳以下で結婚する割合は知能が上がるに従って低下することを示した。「鈍い dull」に属する女性では三〇歳までに八一パーセントが結婚しており、平均初婚年齢は二一・三歳であった。「とても賢い very bright」に属する女性では、三〇歳までに結婚するのは六七パーセントであり、初婚年齢は二五・四歳であった。[*250]こうした理由から、専門職業に就く女性の増加が、知能と出生率の逆相関を生み出している。知能の高い女性は大学に行くことができるし、それを望み、キャリア形成にも興味を持つ。専門家になる選択肢があれば、それが母親になることを遅らせたり、なれなくなるとしても、そうした道を選ぶだろう。実際に、多くの国の若い世代で、知能と出生率の逆相関が高まっているのは、この理由からであろう。そうした関係は、避妊の知識が社会の下層にまで届くにつれて弱まるのだが、男女の格差をなくすような能力主義が高まれば、知的な女性は教育を受けて専門職に就くために、かえって強まるからだ。加えて、ピルなどのような確実な避妊用具の普及によって、望まない妊娠は、以前に比べても、さらに低い知能と相関するようになっている。そしてこうした状況は、未婚の母親に対して気前よく福祉給付を行う社会で起こっているのである。

移民

先進国の知能が低下している最後の要因は、もっとも論争的なものである。それは低開発国からの移民である。通常これについては触れられることがないか、少なくとも不愉快に感じる人々への恐れから、誰のことを指しているのかについて、ひじょうに注意深くなる話題である。それによって、身体的な攻撃を受けることさえある。*251 科学の問題において、人々がなかなか理解できないことは、科学の目的が世界の本質を理解することであって、何が起こっているかについて証拠に基づいて、もっとも単純な説明を与えることだという点である。

科学とは、自分が安心したり、気分が良くなったり、社会の絆を強めるために存在するのではない。科学には「倫理的な」側面があると論じる研究者もおり、彼らは、人々を怒らせ、彼らの生活を困難にするような知見は抑圧されねばならないと言う。あるいは、そうした考えを発表するためには、実質的には抑制されてしまうような、特別に高いレベルの証明が必要とされると言う。こうした議論が問題なのは、そうした段階に到達するまでは、誤った仮説に基づいて政策が実行され、社会に致命的な結果をもたらすかもしれないという点だ。知識を抑圧すべきだと考えている人々は、実質的には、科学的な探求は、彼らが感情的な理由から好む世界観に挑戦してはならないと論じているのだ。そうなると、それは「悪い科学」であり、「より高い基準の証明が要求される」。あるいは「非倫理的」であったり、「人種差別的」、「性差別的」である。他にも数多くの、曖昧で、よく定義されない、感情的な用語が使われることで、非正統的な科学研究を非難し、研究者を脅してイデオロギー的な囲いに閉じ込める。

しかしこの問題を検閲することは、許すことができない知的に不誠実な態度である。特に、すでに膨大な学術研究の結果が存在しているからだ。さらに我々は、本書のような書籍を買うのはどういった種類の人々であるか、について詳細な検証を行っている。彼らは探究心に満ちた、高度に知的な人たちである。我々は、読者のすべてが科学的な研究を知的に理解できることを確信しているし、とすると批判者たちが考えていることは疑わしくなる。

はっきりさせよう。前述したように、知能はベルカーブに従って分布しているが、カーブのあり方は、議論の対象となる集団によって異なる。例えば、とても知能が高いが大学に行かない人は多いし、特に知能が高くもないのに大学に行っているものも多い。しかし、もし二つのグループをベルカーブ上にプロットするなら、彼らが異なっていることに気づくだろう。ＩＱ１３０以上の割合は、大学の卒業生のグループのほうが、卒業していないグループよりも多い。大学を卒業していないグループのＩＱ１００以下の割合は、大学卒業生のグループよりも高い。大学卒業生の知能の範囲は狭いし、つまり形もベルカーブから離れている。強調したいのだが、これは大学を卒業していない人が馬鹿で、卒業生が賢いといっているのではない。誰であれ、イギリスの大学に通ったことがある人は、とんでもなく愚かな学生がいることを知っているだろう。ここでは単に、少なくとも年齢が同じであるなら、ランダムに選ばれた大学卒業生は、ランダムに選ばれた非卒業生よりもおそらく知能が高いと言っているのだ。本書を読んでいる高知能の非卒業生は、こうした事実に気分を悪くすることはないはずだ。大学卒業生の読者もまた、プライドを感じることはないはずである。感情はここでは関係がない。我々は事実について語っているのだ。

同じように、西洋社会の各種の民族集団には、平均的な知能に違いがある。*252 北東アジア人はかつて東洋人と呼ばれていたが、彼らの移民はもっとも知能が高い。彼らはヨーロッパ人よりも知能が高く、平均の知能指数は105である。ヨーロッパ人は平均知能が100である。南アジアや中東からの移民は平均的な知能が90であり、アフリカとカリブ海から移民は85である。現実的には、移民の子どもに対して知能テストが不公平であるとは言えない。北東アジア人はヨーロッパ人よりもパフォーマンスが良く、移民の子どもたちはもっともg因子負荷量の低いテストでさえも最高の点数を取る。これはまた、英語を母国語としないことが不利になる語彙テストなど、文化的なバイアスがあるものを除いた場合でも同じである。*253 こうした知能の違いは、完全な客観テストである反応速度の集団間の差とも、同じ方向に相関している。*254

ここで何が起こっているかを、デンマークの例を使って検討しよう。エミール・キルケゴールはデンマーク人研究者であるが、彼のキャリアは言語学の学位から始まった。実際、彼の卒業論文はデンマーク語のスペリング改革に関するものであった。しかしこうした静穏な学術生活に飽き足らず、キルケゴールは集団間の知能差という火中の栗を拾うことにした。デンマーク統計局からの情報をもとに、彼は二つの事実を見出した。第一は、一九八〇年から二〇一二年にかけて、デンマークへの非西洋諸国からの移民は、ほとんど加速度的に急速に増加しているということである。一九八〇年には、デンマークにはおよそ五万人の非西洋移民が住んでいたが、二〇一二年には三〇万人になった。第二には、デンマーク軍への召集状を使って、デンマーク人の知能を100とすると、非西洋からの移民ではおよそ86であることを示した。彼は、多くの西洋諸国において、ヨーロッパ人の現地人と、少なくとも北東アジア以外からの移民の間には、同じ程度の知能差があることも報告している。キルケゴールは、そうした差はほとんど遺伝的なものであると論じた。例えば、イギリスでは、そうした違いは第二世代目の非西洋諸国移民において、ひじょうに小さな年齢のときから生じるだけでなく、そうした差は各国における知能研究の結果とも合致しているからである[*255]。そうした知能の格差は、ＰＩＳＡ学業テストにおけるパフォーマンスの違いと強く相関している。ＰＩＳＡとは、ＯＥＣＤ諸国において標準的な一五歳児のサンプルに実施される学力テストである[*256]。

しかし、キルケゴールが見過ごした問題は、デンマーク人と非西洋諸国移民との出生率の違いである。二〇一二年において、デンマークの非西洋移民はカップルあたり一・八人の子どもがいるが、デンマーク人では一・六九人である。しかし移民の第二世代は、統計的な理由からデンマーク民族とされるので、実際のデンマーク民族の出生率はずっと低く、移民でははるかに高いだろう[*257]。したがって明らかに、非西洋諸国からの西洋諸国への移民は、知能の低下を促進している要因である。こうした知能の低下は、移民がいなくても起こっていただろうが、移民はそうしたプロセスを加速しているのだ。

出生率と知能の違いは、すべての西洋諸国で同じであるに違いない。リチャード・リンは、二〇〇〇年からの証拠を示している。それは、表9にある。

非ヨーロッパ人の出生率は、ヨーロッパ人のほとんど二倍に近いことがわかる。デンマークの統計では差は縮まっているものの、なくなってはいない。リンは、オーストラリア、ニュージーランド、カナダ、アメリカその他のヨーロッパ諸国、つまり西洋世界全体で同じであることを示した。こうしたデータから、彼は将来時点での、西洋諸国のヨーロッパ人の割合を予測した。イギリスでは二〇〇六年に八六パーセントがヨーロッパ人であるが、二〇五〇年までには五六パーセントになる。アメリカは二〇〇〇年に七一パーセントがヨーロッパ人だが、四五パーセントに低下する。*258

こうした状況が進展するのは、知能と出生率、また教育レベルと出生率の逆相関を強固なものにするような、多くの要素が完全に重なっていることから生じる。こうした逆相関は、イギリスでは少なくとも一八〇〇年頃から続いていると考えられる。こうしたデータから、リンは二〇〇六年のイギリスの平均知能は87になり、現在よりも13ポイント低下すると計算した。明らかに、このことは生活水準、民主主義、政治的な安定、市民社会、犯罪率、その他の知能と関係する諸問題に、深刻な影響を与えるだろう。リンによると、次の二〇年間

［表9］ 2000年時のヨーロッパ人と非ヨーロッパ人の出生率の違い（Lynn, 2011, 272ページ）

国名	ヨーロッパ人	非ヨーロッパ人
フランス	1.9人	2.8人
オランダ	1.7人	2.5人
スウェーデン	1.5人	2.3人

で大きく知能が低下しないのは西洋諸国ではカナダだけである。カナダへの移民は主に北東アジア出身だからである。同じように、デンマークの心理学者ヘルムート・ナイボルグは二〇七二年のデンマークでは六〇パーセントがデンマーク人であり、知能は5ポイント下がると計算している。これは移民による要因と、知能の低いデンマーク人が多産であることの両方に起因する。*259

事実、リチャード・リンとフィンランドの政治学者タトゥ・ヴァンハネン（一九二九―二〇一五）の研究によると、各国には平均知能の違いがある。それは各国間の認知的な能力、例えばPISAのような国際学力テストの違いと強く相関しているため、どれだけかの問題があるにしても大まかに言って正しいのだ。リンとヴァンハネンは、ほとんど考えられるすべての文明化の指標が、平均知能によって予測されることを示した。それは教育レベル、平均所得、民主主義、政治腐敗の程度、栄養状態、平均寿命、乳児死亡率、きれいな水へのアクセスと衛生状態、犯罪率、自由主義、合理主義、そして幸福度にいたるまでである。*260

しかし、もし知能が低下しているなら、そして知能が高い遺伝率を持っているなら、それは明らかに現実に表れていると考えられる。過去一世紀にわたって、知能が低下してきたという証拠があるはずだ。そして、それは実際に存在する。しかし、そうした証拠を最初に見出せるはずなのは知能テストであるが、そこで物事は複雑な状況に陥る。少なくとも、最初に見る限りでは。

第8章 「我々は賢くなり続けている」という幻想

ジェームズ・フリンはワシントンDCに生まれたが、一九六三年に二九歳でニュージーランドに移住した。彼は政治学者としてキャリアを始め、最初の代表的な論文はアメリカにおける平和運動についてのものだった。その後、一九六七年の「アメリカの政治――ラディカルな見解」や、一九七三年の「ヒューマニズムとイデオロギー――アリストテレス的見解」、さらに一九七九年の「カントと正当化の代償」などを含む、ひじょうに哲学的な論文を発表した。[*261]

しかし、フリンの研究は一九八〇年に変化し始めた。彼は知能と知能指数に興味をそそられたのだ。彼が見る限り、以前の知能テストを現代世代に受けさせた結果を比較すると、ＩＱスコアはだんだんと上昇してきているのだった。彼はできるだけ多くの心理学者に手紙を書き、できる限りのデータを集めた。その結果は一九八四年に学術雑誌『心理学速報 *Psychological Bulletin*』に掲載され、大きな反響を呼んだ。「アメリカ人の平均知能――一九三二年から一九七八年年までの大きな上昇」である。[*262] この研究と、この事実のさらなる確認論文はあまりに大きな影響を与えたため、この発見は「フリン効果」と呼ばれるようになった。実は、すでに一九三七年には、アメリカでＩＱスコアの上昇している証拠があることに対して心理学者たちが言及している。[*263] またリチャード・リンも一九八二年にこの事実を見出し、『ネイチャー』に寄稿しているため、研究者の中にはこれを「リン＝フリン効果」と呼ぶ者もいる。[*264] しかし、誰がこの事実を発見したのかにかかわらず、これは現在一般的にフリン効果として知られている。フリン効果は、平均的なＩＱスコアが二〇世紀を通じて上昇してきたという現象のことである。平均して、後の世代のスコアは前の世代よりも高い。

知能テストを新しい世代に受けさせた後は、平均スコアは100だと計算される。フリン効果が意味するのは、新しい世代が古いテストを受けた場合には、その平均スコアが100を大幅に上回るということである。定義によって、100というのは前の世代の平均だからだ。平均のＩＱスコアは経時的に上昇してきた。一九三〇年代から一九七〇年代の間、少なくとも我々はより知能が高くなってきたように見えるし、最低でも知能テストの点数は上がってきたことは疑いない。知能の上昇の程度は、まったく驚くほどである。一〇年ごとに、3から5ポイント、あるいは一年あたり0・3ポイントも上昇してきた。もしこれが本当に知能の上昇を反映しているのなら、現代の平均的な人物は一九三〇年代にはほとんど天才であったことになる。フリン効果は西ヨーロッパだけでなく、西洋全体、さらにアメリカ、カナダ、オーストラリア、ニュージーランド、韓国、日本などの先進国でも確認されている。

最近になって、フリン効果は発展途上国からも報告されている。ケニア人のＩＱをレーヴン漸進的マトリックス検査で測ったところ、一九八四年から一九九八年の間に14ポイント上昇している。

一九七七年から二〇一〇年の間に、サウジアラビアのＩＱは11ポイント上昇した。同じことはスーダン、トルコ、ドミニカ、ブラジル、インド、イスラエル、アルゼンチン、南アフリカの白人、中国でも観察されている。また一九三五年から一九七八年にかけてのエストニアなどの、以前のソヴィエト諸国でも同じだ。二〇世紀を通して、先進国ではＩＱスコアの上昇が起こり、同じプロセスは二〇世紀の終わりまでには発展途上国でも見られるようになった。*265

何が起こっているのか？

表層的に考えれば、フリン効果はまったくのナンセンスだ。当然ながら、もし知能が遺伝的であり、知能と出生率の負の相関が長期間続いたのなら、ＩＱスコアは低下しているはずだからだ。一体、どうしてそれが急速に上昇してきたということがありえるのか？

このプロセスをもっと詳細に検討すれば、状況を理解することができる。もっとも重要なのは、フリン効果は知能テストのすべての項目で同じように起こってきたのではないということである。標準的なオランダ人男性のサンプルでは、一九五二年から一九八二年にかけて一〇年間あたり０・6ポイントの上昇が起こった。こうした上昇は、レーヴン漸進的マトリックスで計測された。このテストは流動性知能を計測する。つまり前提知識を必要としない、純粋に抽象的な方法で問題を解くのである。これに比べると、ウェクスラー成人知能検査ははるかに広い範囲を取り扱う。流動性知能に加えて、蓄えた知識を利用しなければならない結晶性知能も測る。ウェクスラーに含まれる項目で、レーヴン漸進的マトリックスに近い点数上昇をしているのは、「類似」テストである。これは、物事を分類するテストである。例えば、動物のリストが示され、その中から哺乳類でないものを選ばなければならない。つまり実際には、ＩＱスコアは一般的に上がったのではなくて、ある種の特殊な能力だけが上がってきたのだ。[*266]

このことは、フリン効果は「一般知能」には起こっていないことを示す多くの研究からも裏付けられる。[*267] 一般知能、あるいはｇ因子については前述した。一つの種類のテストで高い点数を取る人は、別のテストでも高い点数を取る傾向がある。よって各種の知能テストの能力を基礎づける一般要因が存在すると考えられ、それを「一般知能」と呼ぶ。しかし、多くの国でのフリン効果を分析してみると、それはｇ負荷量の高いテストでは起こっていない。実際には、もっとも大きなフリン効果が観察されるのは、もっともｇ負荷量が低いテスト項目なのだ。つまりフリン効果は、一般知能の上昇ではない。これはジェームズ・フリンが、自身の著作（『なぜ人類のＩＱは上がり続けているのか？』）において強調している点である。フリン効果は、一般知能と弱くしか関係していない特殊な能力についてだけ起こっている。それは分類能力に関係する特殊な抽象的理由付けの能力であり、つまり科学的・分析的な思考様式なのだ。[*268]

しかし、もしそうなら、なぜ大幅なＩＱの上昇が起こったのか？　その答えは極めて単純だ。もし人々が、知能と関連の低い特殊な能力が劇的に上昇したのなら、それは全体としてのＩＱスコアにも反映され、結果的に全体が上昇したのである。もしある能力（あるいは能力群）に秀でることになれば、一般知能に変化がなくても、高いＩＱスコアが実現するだろう。実際、知能は低下してきたかもしれないが、特殊な能力の得点が大きく上昇したことで、それが隠されただけでなく、全体として大きな上昇が見出された。このことは、得点の上昇が知能テストの特殊な項目であることや、それがもっともg負荷量の小さなものであることと整合的である。[*269]

似たような例は、高校卒業時の試験の成績においても見られる。一般的に、試験の各種の科目は知能テストであると考えられ、全体的に、知能が高い学生は低い学生よりも成績が良い。しかし、これは一般知能を測るにはあまり適していない。勤勉さや、単なる試験勉強量などの、他の要素も測ることになるからだ。例えば、もし親が裕福で家庭教師を雇えるなら、試験成績は良くなるだろう。もっと多くの練習問題を解き、勉強時間を長くして、科目内容について考え、質問への解答法やテクニックを学ぶ、などなどである。そうであるなら、勤勉さや裕福さが十分であれば、知能が低い学生が高い学生よりも試験成績が良いということは起こりえる。これと同じように、知能テストは不完全であるため、知能の低い世代が、より高い世代よりもテストスコアが良いということがある。知能の低い世代がある得点において大きく優れているため、全体としての知能の低さが補われてしまうのである。

実際のところ、知能テストも学力試験もその有用性には限界があることは強調しなければならない。それらは、「世代内の」一般知能の差を測るには有用だが、「世代間の」差を測るには適していない。なぜなら、社会の基礎的なインフラが変化して、人々がテストにもっと慣れて、テストの点数を上げるような思考をするようになるからだ。タブロイド紙は、いわゆるイギリスの「成績のインフレ」を嘆くことが多い。毎年、高校卒業時の試験で最高の成績をとる学生の割合が増えているのだ。しかし毎年、学生は試験を受けることに慣れてきており、特定の試験で成績を上げることを助けるような考えを学習して、より多くの情報にアクセスできるようになっている。こうして、二〇一五年に上級レベルの数学でAをとった学生が一九六〇年代にCをとった学生よりも優秀だとか、ましてや賢いと断定することは困難になる。[*270] よって一般知能の経時的な変化を測るには、知能テストは適していない。もっと文化的な変化に対して頑健で、客観的な変数が望ましい。それについては後述する。

科学的な見方

もし一般知能が低下しているとしても、現代社会では、それを補うための多くの方法がある。もっとも明らかなのは、栄養状態の改善や、義務教育や識字率の向上のような、知的に刺激的な環境だ。これらによって、ほとんど全員が遺伝子型によって実現可能な最高の知能を実現する。これは、栄養失調や文盲が支配していた産業革命以前には難しかったことである。また生活水準の向上も人々のストレスを下げ、病気を減らすことで、大脳の発達や特殊な能力を促進してＩＱスコアに好影響を与えているだろう。

これらの要因に加えて、フリン自身は、現代社会は人々の思考様式を変化させたと提唱している。これは、彼が「科学的な見方」と呼ぶ思考様式である。[*271] 言い換えるなら、産業革命は、我々が科学的、分析的なやり方で考えることを促すような環境をつくりだした。人々は幼い頃からそうした考えを実践し、だんだんとそれを上手くこなすようになった。フリンは、一九二〇年代にインタビューされたロシアの農民の例を引き合いに出している。まったく教育を受けていなかったため、彼らは、現代の人々が当然視する科学的・分析的な思考様式をまったく持っていなかった。

質問＝ドイツにはラクダはいない。B市はドイツにある。そこにはラクダはいるか、いないか？
答え＝わからない。私はドイツの村に行ったことがない。もしBが大きな町なら、ラクダもいるだろう。
質問＝しかし、ドイツにはラクダはまったくいないとしたらどうか？
答え＝もしBが村なら、多分ラクダが住むような場所はないだろう。

インタビューされたロシア農民は、完全に具体的な世界に生きていたのであり、抽象的なシンボルの世界とは関係がなかった。おそらく彼は文字が読めなかっただろうし、現代人は一日で、彼の一〇年分よりも多くの情報を学んでいるだろう。彼は単純に、抽象的に考えることができなかったのであり、具体的に考えたのである。*272

産業革命によって、人々は抽象的に考える必要が生じた。もし数学を学ぶのであれば、シンボルの世界に入り込む必要があり、それには抽象的な思考が不可欠になる。同じことは、外国語を学ぶ際の読み書きにも当てはまる。産業革命は、教育水準を引き上げた。それは専門化した社会であり、読み書きや計算が不可欠となり、学校教育がますます重要になった。豊かで安定した社会では、教育支出が増えて、将来への投資が合理的になる。本や新聞の生産も安価になり、テレビやコンピュータの発達によって、情報へのアクセスは容易になった。ますます機械化が進む産業社会について行くためには、科学の理解が不可欠になり、それは抽象的な思考を必要とする。したがって、教育水準の高い社会は、抽象的に考える傾向があるだろう。さらに識字率は高まり、語彙も増加する。言葉は「思考の道具」であり、より大量の語彙によって、はるかに技術的に専門的な思考が可能になるからだ。

西洋社会の教育水準は上昇してきており、ほとんどすべての人が一八年間を教育のためだけに費やす。そして教育の性質もまた、年々「科学的」なものになってきた。例えば、学校での歴史教育も、重要な出来事の丸暗記から、各時代の歴史がなぜそのように展開したのかを理解する試みへと変化してきた。これは、抽象的思考能力を反映し、そうした能力を高めるような趣味でも強められてきた。このことは、一般人向けの小説やコンピューターゲームにさえも当てはまる。インターネットへのアクセスは読書や精神的な刺激を伴うが、一日中そうしていることさえある。前述したように、インターネットでもっとも人気のある趣味の一つは、先祖探しである。それはアマチュア探偵として古文書を紐解き、古英語を読み、初歩的なラテン語を学び、異なった手がかりの重要性を相互に比較することである。先祖探しはインターネットによって人気が出たものの一例にすぎないが、明らかに、そこにも抽象的に考える必要性が見出される。一九二〇年代のロシアの農夫としての生活が、どれほど異なったものだったのかを考えるのは容易ではない。現代人ははるかに抽象的に考えるようになっており、抽象思考こそがまさにレーヴン漸進的マトリックス検査や、知能テストの

「類似」テストによって測られるものなのだ。

つまり、抽象的に考えるという知能の狭い下位能力は、向上してきた[*273]。実際に、知能テストの点数が毎年上がってきたほどである。マイケル・A・ウドリー・オブ・メニーは、フリン効果は知能テストのg因子負荷量が低いテストで起こっているだけではなくて、遺伝性の低いテストでも起こっていると主張した。一般知能の遺伝性が高いことについては説明した。知能の下位能力においても遺伝性は高いが、その程度はテストによって異なる。フリン効果は主に遺伝性の低い能力で起こっていることは、それが環境要因であることを示唆する。同時にウドリー・オブ・メニーは、一般知能は実際に低下しているという動かぬ証拠があると論じる。彼はこれを「同時発生モデル」と呼ぶ。環境要因が特殊的な認知能力を高めているが、遺伝的な一般知能は低下しているのである[*274]。

実際には、こうした現象が同時に起こることには、何の不思議もない。前に、知能と身長の類似について検討した。両方ともにベルカーブ状の正規分布をしており、真ん中に位置する割合はもっとも高く、端に向かうにつれてその割合は急速に減少する。しかし、知能と身長にはまた別の類似性もある。知能と同じように、身長も西洋世界では二〇世紀を通じて上昇してきたのだ。一九〇〇年のイギリス男性の平均身長は、およそ一六八センチだった。一九七一年までに、一七九センチになった[*275]。知能と同じように、こうした身長の変化は、環境によって影響を受けやすい部分に集中している。手首周りのような数値の遺伝性はとても高いが、首回りなどは環境から大きな影響を受ける[*276]。同じように、身長を高くする要素はいくつもある。例えば、首が長いことで背が高くなるかもしれない。脚が短くても、胴体が長ければ、身長は高くなるだろう。しかし二〇世紀に身長が高くなったのは、脚が長くなったからだ。[*277] 足の長さが伸びたこと、そして他の部分はあまり変わっていないことは、脚の長さが環境から大きな影響を受けることを示している。

知能と同じように、二〇世紀の終わりにかけては、身長の変化もゆっくりとしたものになり、止まってしまった場所もある。これは我々が遺伝子型の最大値に到達したことを意味している。[*278] アメリカでの研究によれば、実際の表現型としての身長の代わりに、対立遺伝子の頻度によって遺伝子型から予測される身長を使った場合、高身長への自然選択は起こっていない。[*279] よって身長の遺伝的な要素（例えば、首や胴体の長さ）は、これまで経時的には変化していないと考えられる。しかし、こうして遺伝的な身長の変化が起こっていないことは、世代ごとに脚が長くなることから生じる身長の変化によって、完全に隠されてきた。

こうして身長の変化もまた、同時発生モデルの好例となる。二〇世紀は、身長のフリン効果を体験してきた。身長が高くなったのは、環境からの影響を受けやすい部分だけの変化によって生じたのだ。これまで、知能や身長、体格から各種の病気の発症まで、数多くの人間の特性が遺伝と環境、自然と養育の組み合わせの産物であると言われてきた。しかし、この同時発生モデルによって、もっと詳細な分析が可能になる。形質のどういった側面が主に環境的であり、どの側面が遺伝的であるのかを特定できるのである。これは、はるかに疑問の余地を残さないモデルであり、これまでよりも多くのことが説明可能になる。例えば、肥満の蔓延について理解したいのであれば、肥満の異なる側面について検討して、それらがどの程度に遺伝的であり、どの程度に環境の変化から影響を受けるのかを分析できる。これによって、「遺伝と環境の組み合せ」という言い古された表現を越えることが可能になる。

フリン効果の逆転

このモデルが正しいとすれば、さらに二つの現象が予測される。一つ目は、一般知能の代理変数から得られる証拠からは、知能低下が示されているはずだということだ。これが実際に起っていることは後述する。二つ目は、フリン効果には限界があり、それは逆転するはずだということである。なぜなら、環境の変化によって刺激される特殊な能力は、表現型の変化に限界があるからだ。遺伝子型の制約を受けるため、環境によって形成される能力には、いつか絶対的な限界が訪れる。こうした限界に達すれば、フリン効果は止まり、フリン効果によって隠されていた一般知能の低下は、知能テストにも現れる。

これこそが、まさに一九九〇年代半ば以降に起こってきたことだ。オーストリアの心理学者ヤコブ・ピエチェニックとマルティン・ボラセクによる研究では、フリン効果は一九八〇年代以降、毎年緩やかになってきた[*280]。ますます多くの人が限界に到達し、基礎的な知能の低下が顕在化しつつある。こうした知能の低下がもっとも詳細に記録されているのは、一九九〇年代半ばからの、スカンジナヴィア諸国の兵役データである。これらの国では、ほぼすべての成年男性が六ヶ月の兵役義務を果たすが、その最初で知能テストを受ける。これによって、すべての世代の男性全員が含まれるような、ひじょうに大規模で標準的なサンプルが得られる。ノルウェー、デンマーク、フィンランドの兵役からの知能データは、記録が始まった一九五〇年代から一九九七年頃まで上昇し、その後低下している。ノルウェーでの低下は、一九九六年から二〇〇二年まで一〇年あたり０・３８ポイントであり、デンマークでは一九九六年から二〇〇四年まで一〇年あたり２・７０ポイントである。*281

こうしたフリン効果の逆転については、もう一つ興味深いことがある。小学生や、人口標準的なサンプルからは、イギリス、エストニア、フランス、オランダでも逆転が起こっていることだ。オランダの場合、それはもっともｇ負荷量の大きいテスト部分、つまり主に一般知能において起こっている。*282 フランスの低下は、それはもっともｇ負荷量が大きいだけでなく、違いが生物学的な要因による、もっとも遺伝性の高いテストで生じている。*283 このことが重要なのは、知能テストにおいてもっとも遺伝性が高いものは、ｇ負荷量も大きいからであり、それらのテストは一般知能をより良く測っているからである。事実、知能と出生率の負の相関は、ｇ負荷量の高いテストでもっとも強く発現する。それは各種のテストの中で、もっとも生物的な影響を受ける下位テストなのだ。*284 このことは、一般知能は低下しているが、ｇ負荷量の小さな特殊な能力の上昇によって隠されてきたという仮説と、ぴったり符合する。そうした能力が遺伝子型の最大限度に達すると、知能テストにおいてさえも、一般知能の低下が顕現することになる。

最近になって、フリン効果が逆転した世代についての大規模な調査が行われたが、こうした状況はもっと複雑になっている。*285 各国の数値を比較すると、知能低下がもっとも大きいのは、ｇ因子が低いテストなのである。したがって地球的な規模では（つまり国を比較した場合には）、知能低下は環境の劣化に起因しているのかもしれない。（もちろん、それ自体が、特殊な能力の上昇を阻むほどに大きなg因子の低下による結果なのかもしれないが。）こうした予想と整合的なのは、こうした逆フリン効果は一人あたり移民数と相関していることだ。そして、そうした相関は、知能の計測数値とg因子との関係が深いほどに高まる。よって移民は、前述したように、直接的にg因子を引き下げているだけでなく、さらに特殊な能力に対して付加的な低下効果をもたらしているのだろう。それは文化の質や、教育環境に影響を与えることで生じている。[*286]

さらに、エリート層のサンプルにおいては、いくつかの途上国でもフリン効果は終りを迎えているようであり、逆転が生じつつある。こうしたフリン効果の停止・逆転は、ブラジルの特に裕福な地区において一九九〇年から二〇〇〇年にかけて、一〇歳から一二歳児に生じている。[*287] これらの発見は、フリン効果が環境によるものであることを示す。国全体に比べると、エリート層では遺伝子型の限界が早くに達成されており、知能上昇の停止・逆転が最初に現れるからだ。

フリン効果の影響

こうしてフリン効果は知能を高め、低いg因子への選択圧は知能を低める。そして、これらを説明するのに、「同時発生モデル」と呼ぶものが必要になる。産業革命には、二つの効果があった。一方では、それは一般知能への選択圧を弱め、最終的には一般知能が逆転するようなプロセスを生み出した。つまり、現代社会では、知能と出生率には負の相関があるということである。しかし産業革命によって一連の産業発展が始まったために、こうして一般知能への選択圧が弱まり、最終的に逆転することからの結果は圧倒されてきた。よって人々は知的には（g因子で確認されるように）劣化してきたが、生活水準は上昇した。これはまたフリン効果のおかげでもある。

これが、産業革命のもう一つの側面である。新しい世界では、人々は機械を発明して使う必要がある。教育を受け、より論理的・科学的に考える必要がある。言い換えるなら、科学的な見方を強要して、物事をカテゴリー分けして、動作原理を考えさせる。これによって、人々はより発明的になるようだ。巨大で重要な考えを思いつくことは天才の仕事であるが、人々はそうした天才の大きく重要な考えを、ゆっくりと興味深く有用な方向へと発展させることができるようになるのだ。こうして（チャールズ・マレーなどが記しているように）重要な発明の発生頻度は下がっているものの、狭い意味の認知能力の改善によって、社会は発展を続け、産業的な漸進を続ける。

こうした認知能力の特殊化が生み出す大きな利点は、豊かさを生み出すことである。認知能力の専門家が増えるにしたがって、労働の特化の機会が高まり、人々は特定のマイクロ・ニッチェを占めるようになる。これと符合するのは、フリン効果が、国内を経時的に見ても[288]、国別の比較をしても[289]、富の増加と相関していることだ。もちろん、これは知能テストのスコアの上昇のことであるが、最終的にはこうした能力の特殊化のプロセスの限界に到達し、一般知能の低下を隠すことができなくなるだろう。そうなった時は、すでにそれは起こっているようだが、こうしたマイクロ・イノベーションの頻度も低下して、社会の退化が始まる。過去に可能だったことが不可能になり、それはだんだんと加速する。

ダットンとチャールトンが論じたように、この状況を理解するのにもっとも適した喩えは、資本の食いつぶしである。[*290] 産業革命によって、我々は膨大な量の財産を手に入れた。素晴らしい発明によって、信じられないほどに豊かになった。それによって極度に高い生活水準を実現した。典型的なアメリカン・ドリームに出てくる豪邸、田舎での引退生活、世界を飛び回る生活、などなど。しかし、その後は発明の精神は減退する。最初は、これは問題ない。資本が生み出す膨大な利子があるために、努力しなくてもますます資本が大きくなるからだ。我々の努力とは些細なものであり、あちこちでの小さな発明である。しかし最終的には、発明の精神は完全に失われ、それ以降の収入はない。こうして資本を食いつぶすことになり、それを続けるためには、生活水準を下げなければならない。これがフリン効果が逆転した現在、我々がいる地点である。

第9章　一般知能の低下の科学的な根拠

もし本書の理論が正しいなら、一般知能が低下しているという明確な証拠があるはずだ。双子研究に基づいてg因子が遺伝的であるとか、g因子と出生率の負の相関は知能の低下を意味するはずだとか言うのも結構ではある。けれども、どんなに正しいように思われたとしても、それらは単なる憶測にすぎない。もちろんそれは、フリン効果が特殊化された、環境から大きな影響を受ける能力に生じたことに基づいている。また全体として、フリン効果の逆転がg因子の低い項目に起こっているのは事実だが、それは歴史的にそうした能力を高めてきた環境がだんだんと悪化してきたことに起因するようだ。しかし、こうしたことを認めたとしても、それは産業革命によって、一般知能の低下が引き起こされたことを証明するわけではない。それには科学的な証拠が必要であり、この章で我々はそうした証拠を提示しよう。多くの証拠がウドリー・オブ・メニーと彼の研究チームによって見出されたため、一般知能が遺伝的な理由から低下していることは、「ウドリー効果」として知られている。*291

反応時間

知能テストは同世代の人々を比べるには優れた指標であるが、フリン効果があるように、明らかに時代を超えた指標としては問題がある。質問表というのは相対的な計測法であり、人々をテスト結果によってランクづける。しかし、それは知能レベルの客観的な指標にはならない。同じテストを受けた、同じ時代の他人と比べることができるだけだ。エドワード・ダットンとブルース・チャールトンによれば、知能テストとは、ストップウォッチを使わずにかけっこをして、一番、二番、三番と決めるのと同じだと言う。何十年も経つと、速くなっているのか、遅くなっているのか、あるいは同じなのかを知ることはできない。ここで必要なのは、知能についての客観的な種類の指標、ストップウォッチなのである。*[292]

ブルース・チャールトンについては前述したが、彼はストップウォッチを使って、一般知能の長期的な変化を測るアイデアを思いついた。それは単純反応速度《シンプル・リアクション・タイム》（sRT）の、歴史的な変化である。反応速度は一般知能の優れた代理変数であり、アーサー・ジェンセン*[293]、ハンス・アイゼンク*[294]、イアン・ディアリー*[295]などの著名な知能研究者たちによって、筆記による知能テストの代わりに使われてきた。（特に単純）反応時間を使って一般知能の長期的な変化を測ることができるのは、それが一八〇〇年代後半から使われてきたからであり、一般知能と相関する客観指標だからである。単純反応速度は普通、ライトがついた後にできるだけ早く、別のボタンを押すという作業にかかる時間である。これは通常、一秒にも満たない時間である。知能との相関は高くはないが、ｓＲＴには客観的で数値化できる生理的な指標であるという決定的な利点がある。

アーサー・ジェンセンを始めとした著名な研究者たちに認められてきたことだが、反応速度は、認知能力についての頑健な「比率尺度」の指標である。つまり、筆記の知能テストと異なり、テストには絶対的なゼロ尺度がある。ある被験者の反応速度を測れば、（理論的には）生まれた年代を問わずに、他のすべての被験者との比較が可能だ。ヴィクトリア朝時代のイギリスにおける一般知能の計測法について、あるいは疑問を感じるかもしれない。その答えは、ゴールトンが単純反応速度を測っていたというものだ。単純反応速度は、神経伝達の速度の指標であり、（たとえばジェンセンのような）著名な研究者たちは、神経伝達速度こそがｇ因子の究極的な決定要因だと考えた。こうした指標の臨床的な利点は、それが時代を通じて変わらないことにある。単純反応速度のｇ負荷量は低いが、それは比率尺度であるため、長期的なｇ因子の変化を追跡できることとは無関係なのだ。決定的なことは、それが計測に依存しない性質を持っていることである。

二〇一二年に、ウドリー・オブ・メニーは、歴史的な反応速度データについてのサーベイ論文を発見した。[*296] そこには、まったく驚くべき事実が示されていた。明らかに、フランシス・ゴールトン卿の一九世紀後半から二〇世紀の後半にかけて、ｓＲＴは急速に遅くなっていたのだ。一八八〇年代に反応速度を計測した機械は、完全に適切なものだと認められていたことは強調しておこう。当時、すでに十分適切な時間解像度があった。データが意味していたのは、過去一〇〇年の間にｇ因子は急速かつ大きく低下してきたことだ。この発見にはさらにデータが付け加えられ、洗練された分析とともに指導的な学術雑誌である『インテリジェンス *Intelligence*』で発表された。[*297]

その後も、この事実は追認、確証された。[*298] この追認論文では、sRTを使った推計では、一八八五年から二〇〇四年にかけてはg因子の低下は一〇年あたり1ポイントであることが見出された。これは一世紀では、ほとんど10ポイントであり、おそらく過去二〇〇年ではもっと大きくなるだろう。ダットンとチャールトンはこのことについて、15ポイントというのは、末端警備員（85）と警察の巡査（100）、あるいは高校の理科教師（115）とエリート大学の生物学の教授（130）の違いであると解説している。[*299] つまり知能的には、一八五〇年頃の普通のイギリス人は、二〇〇〇年における上位一五パーセントほどに相当する。さらに産業革命がイギリスに大きな人口の変化を与え始めた一八〇〇年頃まで遡れば、この違いはさらに大きくなる。

彼らによれば、ウドリー・オブ・メニーの数値は正確ではないかもしれないが、何が起こっているのかを大まかに記述している。そして、こうした数値が意味することについて、明確に要約している。つまり日常生活において、

二〇〇〇年の学者とは、一九〇〇年の学校教員である。二〇〇〇年の学校教員は、一九〇〇年の（平均的な人であった）工場労働者である。二〇〇〇年の事務員や警官は、一九〇〇年の農夫であって、当時の平均から10から15ポイント低い。二〇〇〇年の末端警備員や店員は、おそらく救貧施設にいるかホームレスになるか、あるいはとっくに死んでいただろう。長期間の失業者や就業不能者は、二〇〇〇年においては福祉に頼る下層階級であるが、そうした人々は一九〇〇年には

まったく存在しなかった。そしてこうした推測は一九〇〇年以降の教育の拡大を無視しているが、教育によって中流の仕事は大きく拡大した。そして教育の拡大そのものが、一九〇〇年に比べての、二〇〇〇年の学者、教員、そして店員の平均知能を低下させているのである。[*300]

これらの日常生活における意味は、知能と相関する行動から、もう明らかだろう。新しい研究は、こうした発見を裏付けている。例えば、七〇〇〇人以上のサンプルに基づくスウェーデンの研究では、一九五九年から一九八五年の間に、音に対する反応速度は三から一六ミリ秒遅くなった。[*301]

色の識別

しかし低下しつつある一般知能と相関する客観指標は、反応速度だけではない。色の識別は、だんだんと微妙に変化する色彩を捉える能力だが、これも低下している。もしや、「色の識別がg因子と一体どんな関係があるというのか？」と疑問に思うかもしれない。しかし、実際に、大いに関係があるのだ。前述したように、スピアマンは、音程の識別が他の学業成績と強く相関していることを示したが、そのことはつまり一般知能と相関しているのである。スピアマンはまた、教師による生徒の評価は、明るさや重さの微妙な違いを判断する生徒の能力とも相関していることを発見した。[*302]そして彼は、それが一般知能と強く相関していると考えた。知覚的な識別能力がg因子と相関するのは、知覚の識別が明瞭であればあるほど、微妙な違いに気づくことができるからだ。それによって、物理量の違いを見分け、もっと効率的な問題解決が可能になる。これが最近の研究において、一般知能と一般的な識別能力が、時に０・９２にもなる高い相関を見せる理由である。[*303] このことから、知能が高ければ高いほど、ますます微妙な色彩の違いを見分けることができるのである。

二〇一五年の研究では、一九八〇年代から二〇〇〇年代にかけて実施された、四つの色彩標準化研究が分析された。それらは、一九四三年に開発されたファーンズワース・マンセルの一〇〇色認知テストが使われたものだ。テストが知能と相関していることは、一九六〇年代には報告されている。被験者には、微妙な色彩の違いで八五色に塗り分けられた帽子を、物理的に並べ替えることが要求される。並べ替えの両端には、青や緑、ピンクや紫などのはっきりとした色の帽子が置かれ、間に帽子を順番に並べるのだ。スペクトラムの順番を間違えた場合には減点されるため、色彩の識別能力が数量化される。四つの研究を通じて、色の識別能力は大きく低下しており、それは一〇年あたり３・１５ポイントに相当する。これはベルギー、フィンランド、イギリス、アメリカなどの実験が実施された国、さらに年齢を制御した後でも見出された。明らかに、これは本書の仮説が正しいことから予期される現象だ。[*304]

難度の高い言葉の使用

人々の知能が高いほど、語彙は大きくなり、難しい言葉を使う傾向がある。実際、このことは誰にとってもかなり明らかなようだ。人々は無意識のうちに、知能の高い人は大げさな言葉を使う、あるいは少なくとも普通ではない言葉を使いがちだと考えている。このことは、ｇ因子と色識別との関係と符合する。知能が高いほど、微妙な差異を認識することができるため、その違いを正確に記述するためのわずかに異なる言葉が必要になる。知能の高い人々が専門的で正確な言葉を使うことは、他人を圧倒し、実際よりも賢く見せるために不必要に小難しい言葉を使うこととは違う。とはいえしかし、知能テストの言語知能部分は語彙テストであり、それは言葉の意味の微妙な違いを理解する能力である。語彙テストの得点はひじょうにｇ負荷量が大きく、遺伝性も高い[*305]。

語彙に起こっていることをテストした二〇一五年の研究では、一八五〇年から二〇〇五年までに出版された五九〇万の書籍に使われた言葉が調べられた。ワードサム（WORDSUM）テストに使われるｇ負荷量の高い言葉の、歴史的な頻度の変化が調査されたのである[*306]。研究者たちはまた、ワードサム得点と、それ以上子どもをもうけることのない中年期までの最終的な出生率を比較した。その結果、（学習すること、正確に使うことが難しい）難易度の高い言葉の頻度は低下していること、ワードサムテストの合格率と最終的な出生率の逆相関は次第に強くなってきたことが見出された。対照的に、識字率の上昇から予測されるように、難しくない言葉はより頻繁に使われるようになった。こうした事実は、フリン効果が部分的には教育水準の高まりによって語彙が増えてきたことから生じていることと整合している。これは彼の言う「科学的な見方」モデルである。こうした発見は、言葉の古さなどの撹乱要素を明示的に制御しても残った。

もっと最近になって、また別の研究によってこうした見方が正しいことが示された。グーグルのＮグラム・ビュワーにはスキャンされた書籍、新聞、科学雑誌、その他の膨大な量の印刷物がアーカイブされているが、その内容は一六世紀にまで遡る。これを使ってウドリー・オブ・メニーと同僚たちは、難易度の高いワードサムテストの四つの言葉について、一六世紀から現代に至るまでの頻度を調べた。その結果、図7に見えるように、一六世紀から一九世紀までそれらの言葉の頻度は上昇し、その後は低下していた。もし実際にこれらの言葉の使用パターンが、それらを使用した文筆家たちのg因子を反映しているとするなら、これはまさに西洋の知能の盛衰モデルと整合的である。*307

このやり方によって、現代人が過去の人たちに比べてどの程度の知能だったのかを推計できる。ワードサムの言葉の使用頻度から見ると、現代人は産業革命から一〜二世代遡る一八世紀中頃の人々と

［図7］ ワードサムのもっとも難度の高い4つの言葉の使用頻度の共通因子のトレンド（1600年から2005年まで、3次関数近似）*308

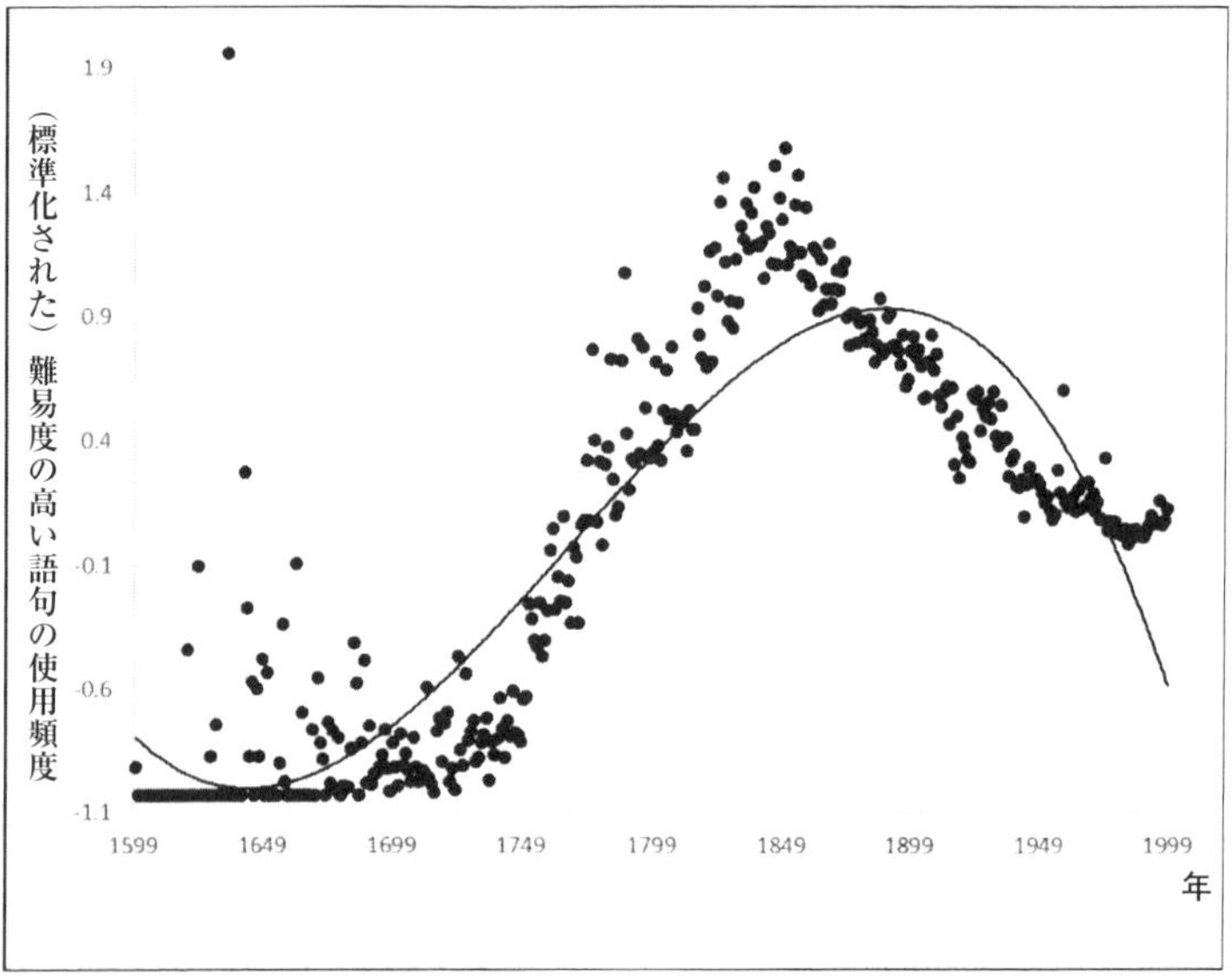

同じレベルにある。ここでワードサムにはフリン効果が働いている可能性が高いことを思い出してもらいたい（簡単な言葉の使用頻度は上がっている）。すると現代人の語彙力は、一般知能に比べると高く見えているかもしれない。こうした影響について考えると、現代人は、遺伝的には一八世紀中盤の人々よりもはるかに低知能なのだろう。

数字の逆暗唱

ｇ因子のまた別の代理変数はワーキング・メモリであるが、これは問題解決のために記憶した情報を操作する能力である。知能が高い人ほど、この能力が高い。もしワーキング・メモリが大きいなら、扱える情報量は増え、もっと複雑な問題を解くことができるからだ。この能力は、例えば、数字の暗唱などに表れる。これは、被験者に数値の列を提示し、即座に逆から繰り返すことを要求するものである。もし被験者がある長さの数字列を逆暗唱できれば、さらに長い数値列へと進む。被験者が最大に暗唱できる量が、その人の「数値の長さ」となる。数値を与えられた順番に思い出すのが「順」暗唱であり、短期記憶の能力を示す。反対の順番で思い出すテストは「逆暗唱」として知られているが、それはワーキング・メモリの能力を表す。明らかに、逆暗唱のほうが認知的に難しい課題であり、ｇ因子の測定に適している。

一九二三年から二〇〇八年にかけて出版されたデータを再解析した結果、順暗唱（短期記憶）はこの期間にわずかに向上していた。しかし逆暗唱（ワーキング・メモリ）は、知能にして一〇年あたり0・16ポイントほど低下していた。言い換えれば、我々は八五年間の間に、ｇ負荷量の低い記憶テストが得意になった反面、もっとｇ負荷量の高いテストが上手くできなくなった。これは、同時発生モデルの明確な証拠である。[*309]

この事実は、キングス・カレッジ・ロンドンの研究チームによる、何十年、数カ国にもおよぶ、短期記憶とワーキング・メモリについての大規模なメタ分析によっても確かめられた。この研究では、ワーキング・メモリの二つの指標（逆暗唱とコーシ・ブロック・テスト Corsi Blocks）が使われ、サンプルの国、年齢、計測方法などが統制された後でも、それらが低下していることが見出された。短期記憶テスト（数字の順暗唱とコーシ・ブロック・テストの短期記憶版）では、二種類ともに反対のトレンド（フリン効果）が見られた。これは同時発生モデルがまさに予測した結果である。[*310]

環境の改善によって、短期記憶のような、ある種のｇ負荷量の低い能力は向上してきたが、同時に、（ワーキング・メモリに反映されるような）一般知能は二〇世紀を通じて低下してきた。

空間認知

前述したオーストリア人心理学者ヤコブ・ピエチェニックは、もう一人のオーストリア人ゲオルク・ギトレルとともに、三次元立方体テスト（３ＤＣ）という空間認知テストのスコアの変化について調べた。[*311] 前述したように、空間知能の計測は、一般知能を測るのに極めて適している。彼らは、一九七七年から二〇一四年にかけてドイツ語圏で実施された、一万三一七二人の被験者からなる九六のサンプルを分析した。彼らがこれらの研究結果を統合して行ったメタ分析からは、この四〇年の期間にドイツ語圏における空間認知能力に何が起こったかを知ることができる。

彼の結果は、本書で検討してきた知能テストの証拠と、完全に整合するものであった。初期にはパフォーマンスの向上（フリン効果）が見られるが、それは次第に低下する（逆フリン効果）。それは年齢、性別、サンプルのタイプ（標準サンプルか、あるいは大学生のような簡易的なサンプルか、その組み合わせか）、などについて統制した後にも見られる。よって、空間認知能力は、環境要因の改善から生じる表現型の限界に達した後に、一般知能の低下が顕在化したことになる。簡単に言えば、我々は三次元物体の動きについて、次第に理解しづらくなってきている。これは道路の安全や、もちろん、空路の安全にも明白な影響を与えるだろう。

ピアジェ的な発達段階

ジャン・ピアジェ（一八八六—一九八〇）は、スイスの臨床心理学者であり、子どもの発達についての独創的な研究を行い、特に子どもの認知能力の発達についての理論で知られている。その理論では、約一六歳までに子どもは四つの発達段階を経験する。生まれてから二歳までは、「感覚運動段階」であり、子どもは純粋に感覚刺激を通して外界を経験する。二歳から七歳の第二の「前操作段階」においては、具体的な概念を理解するようになるが、論理は理解できない。三つ目（七歳から一一歳）は「具体的操作段階」であり、論理的に考えることができるようになるが、その対象は物理的に操作できるものに限られる。最後の「形式的操作段階」では、抽象的な理由付けを発達させる。

ピアジェは子どもがどの発達段階にあるかを検査する一連のテストを考案したが、それは実際には、かなりの程度で知能を測っているのだ。[*312] そうしたものの一つは「量と重さ」であり、それらの量を正しく推測する能力が測られる。イギリスの心理学者マイケル・シェイヤーと同僚たちは、イギリスの一一歳の小学生のスコアについて一九七五年から二〇〇三年までの研究を追跡した。彼らは、子どもたちがこうした能力において大きく劣るようになったことを見出した。少女ではおよそ0・5標準偏差、少年では1標準偏差の低下が見られた。これは一般知能が低下していることと合致するが、その程度があまりに大きいため、それだけでは説明できない。[*313] 最近の分析が示したのは、この時期に最高の成績が急速に低下したことが原因だったことである。[*314]

天才の割合とマクロ・イノベーション

前に議論したように、人口比率で見た天才の数と、天才が生み出すマクロ・イノベーションは一九世紀中盤以来、低下してきた。チャールズ・マレーによると、主要な科学的なブレイクスルーは一八二五年頃にピークを迎えた。[*315] もちろん、これは産業革命の全盛期にあたる。その後は科学的なブレイクスルーは減少し、同じようにマクロ・イノベーションの割合も低下した。マレーが公表しているデータを使って、我々は人口あたりの天才比率を、英語圏に限って計算してみた。トレンドは図８に示した。

天才やマクロ・イノベーションのこうした低下には、単に知能が低下しているだけでなく、他にも要因があるだろうことは強調したい。前述したように、天才が生まれるには、表現型に大きな影響を与える稀な遺伝子が必要であるかもしれない。そうした遺伝子は、世代を通じて、単純に引き継がれるというわけではない。天才にはまた、一人の人物にはほとんど組み合わさることがないような（特殊な人格を発現させるような）、稀な遺伝子の交互作用が必要であるのかもしれない。

このことは、産業革命以降の西洋社会に起こった人口転換によって、人々が少数しか子どもを生まなくなったことで人口が減少し始めれば、こうした稀な遺伝子の組み合わせが起こるべき遺伝子プール全体が小さくなるだろうことを意味する。また天才は知能に対する集団選択のあらわれであるに違いないことを思い出してもらいたい。天才は戦争時に集団を助け、彼らの発明によって、さらに帝国は拡大する。つまり、戦争

［図８］　人口あたりの天才の数（アメリカ、イギリス、カナダ、ニュージーランド、オーストラリアの1600年から2000年まで、チャールズ・マレーのデータによる、３次関数近似）

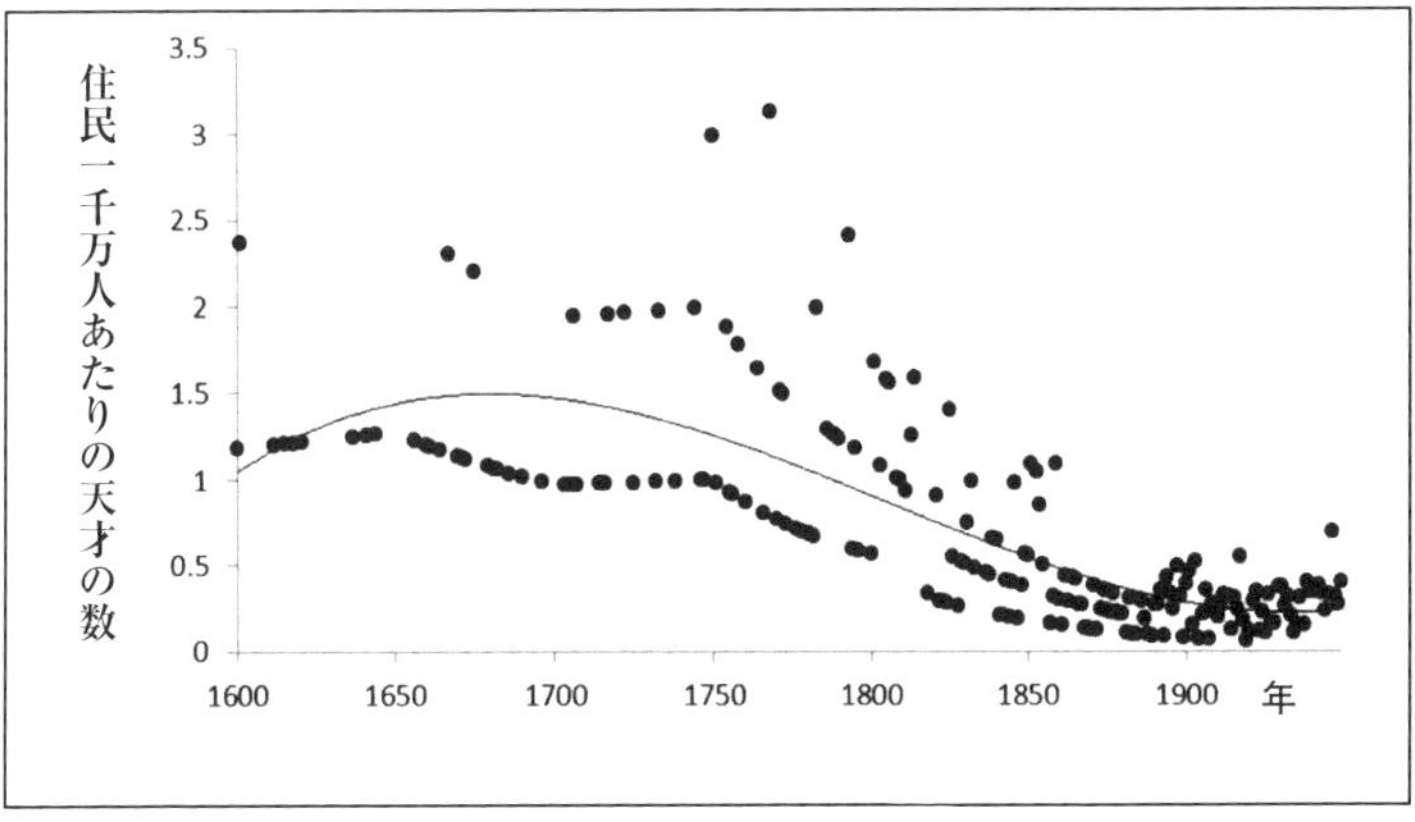

時や帝国の形成期、外国との紛争時には集団選択の圧力が高まっており、最適な数の天才を生み出す集団が拡大する。それによって、稀な遺伝変異や、その組み合わせが発生し、さらなる天才が生み出される。

よって西洋の人口減少は、部分的には、集団選択圧の消失のあらわれである。それは集団間の軋轢の低下、つまり戦争の頻度や長さ、致死率の減少に特徴づけられる。気象学的には現代の環境は温暖であり、それは歴史的には平和を促進する。[*316] さらに病気を原因とする生態学的なストレスも、現代医学の発達によってほとんど消失した。その結果、現代西洋社会の人々は平和的になり、生活圏を求めて戦争をすることもなくなった。こうして天才への淘汰圧は減少し、よって天才の遺伝的な組み合わせは選択されることがなくなり、また人口の減少によって生まれることもなくなった。こうして完全な逆境状況となる。集団レベルでの適応度を下げる低い知能の増加、天才が生まれるために必要な稀な遺伝子頻度の低下が同時に生じているのである。

しかし天才の数が減ったことには、一般知能の低下から生じている環境的な要因もあることは強調したい。『天才の飢饉』でエドワード・ダットンとブルース・チャールトンは、天才の数の減少について詳細に検討した。[*317] 彼らの結論では、理由の大きな部分は直接的な遺伝子の劣化であった。人々の平均的な知能が下がっているため、大きなはずれ値をとる人間の数も減少する。しかし、こうした「飢饉」をさらに悪化させる社会的な要因がある。知能は、「知性」として知られる人格特性と相関しているが、これは新しい考えに対してオープンであり、知的な追求に魅了されるということだ。一九五〇年代までは、こうした態度はイギリスの大学を支えてきたものだった。学者たちは、定期的に論文を書いたり、研究費を獲得する必要がなかった。教授の義務だけが課され、そのうちの誰かが天才的な業績を上げるだろうという前提で、膨大な時間を思索や研究に費やすことが許されていた。チャールズ・マレーは、一九世紀には、宗教もまた大学に対して大きな役割を果たしたと言う。神の摂理をより良く理解するという目的は、中世の神学者トマス・アクィナスにちなんで新トマス主義と呼ばれるが、それは神の存在を論理によって証明しようとする試みであった。もしこうした学術体制が金銭的な無駄遣いに終わり、学者が論文をほとんど書かなかったとしても、それは問題ではなかった。金よりも、例えば神の栄光のようなもののほうが重要だったからだ[*318]。

一九六〇年代以降、大学は次第に官僚的な組織になっていった。それは大学が、金儲けを重視する反知識主義、反宗教主義な態度をとっていることに反映されている。学者はこれに研究費の獲得、頻繁な出版、会議への出席で応えてきた。これらすべてが、静かに自分の選んだ問題を解くことを望む天才には、呪いとなる[*319]。天才は、ひじょうに知的なだけではなく、協調性や勤勉さが低く、精神病質が高いことを思い出してもらいたい。彼らは、学会で地位を得るような官僚的な型にはまらない。フランシス・クリックはＤＮＡを発見したが、ケンブリッジ大学に合格せず、学士としては好成績を収めず、いくつかの博士課程から脱落した。つまり、大学は天才肌を受け付けなくなったのだ。彼らは、ダットンとチャールトンがイギリスの「最高の女子学生」と呼ぶような、とても知能が高く、社会的なスキルもあり、勤勉ではあるが、絶対に天才ではありえない学生を選ぶ。そうした学生は良い同僚になるだろうし、学会をうまく渡っていくかもしれない。しかし創造的ではありえないし、常識を揺るがすこともない。かつては、教区牧師は多くの研究時間を持てたが、教会が縮小するとともに、ヴィクトリア朝の「学者牧師」もまた、とっくにいなくなった。天才がいるべき場所はなくなり、その潜在力が発揮されることはない。[*320] よって知能低下の間接的な結果は、人々が「知的な」探求を尊敬しなくなり、単に金儲けを強調するようになったことだ。これら二つの遺伝的、環境的な（しかし究極的には遺伝的な）要因によって、一九世紀中盤以降、天才は減少してきた。これはg因子が低下していることと接合している。

創造性

前に独創的なドイツ人心理学者ハンス・アイゼンクについて触れたが、彼は天才を創り出す資質について理解したいと考えていた。彼は「創造性」に魅了されていたのだ。アイゼンクは、天才は高い精神病質とひじょうに高いg因子によって特徴づけられると議論した。この組み合わせによって、天才は異常な知的創造性を発揮して、素晴らしいブレイクスルーを実現するのだ。つまり、興味深く独自の考えはあっても、世界を根本的に変化させるようなものを生み出さない創造性の低さは、同じような組み合わせが弱く発現しているところに特徴がある。言い換えれば、「創造的」であると考えられる芸術家、詩人、小説家、コメディアン、あるいは独創的なジャーナリストや学者などは、おそらくかなり高い精神病質と高い知能を持ち合わせているだろうが、それは我々が天才だと呼ぶような人物ほどではない。

アイゼンクは、この主張の証拠を提出した。彼は創造的思考のテストを考案し、知能テストとともに、各種の大規模な学生集団に実施した。彼が見出したのは、知能が120までは創造性は知能と相関することだった。知能が高いほどに、創造性も高い。しかし120を超えると、創造性と知能は相関が弱まり、人格の違いが決定的に重要になる。かくて、とても創造的であるためには、ある程度の知能が必要であるが、極端に創造的であるためには、かなり神経病質である必要がある。[*321] よって創造性テストは、知能テストとしては有用である。もし知能が低下しているなら創造性も低下しているはずだが、まさにその証拠が存在する。

ヴァージニアのウィリアム・アンド・メアリ・カレッジの韓国人心理学者キョン・ヘ・キムは、二〇一一年に『創造性研究雑誌 *Creativity Research Journal*』に重要な論文を発表した。[*322] 論文は「創造性の危機」と題されて、かなりの議論を巻き起こし、アメリカの雑誌『ニューズウィーク』の表紙を飾った。キムは「創造性のトーランス・テスト」を用いて、二七万二五九九人の人々の、平均的な創造性の変化を調べた。このテストは、一九六六年に開発され、幼稚園児から一二学年（一七〜一八歳）までの学生、そして大人の大規模なサンプルに対して、一九七四年、一九八四年、一九九〇年、一九九八年、二〇〇八年に、実施されたものだ。一九九〇年以降、創造性は急速に低下しており、つまり創造的でなくなってきた。これは知能の低下から、まさに予測されることだ。創造性の低下は、特に芸術やエンターテイメントなどの現実の生活に影響を与える。それは、もちろんイギリスのＴＶドラマの評論家たちが、「イギリスのホーム・コメディの最盛期は一九七〇、一九八〇年代であって、このジャンルの独創性、創造性は低下し続けている」という発言とも合致する。[*323] またこの時期のコメディである『ダッド・アーミー Dad's Army』や『レギナルド・ペリンの盛衰』

などが、現在リメイクされていることもその証拠だろう。こうしたイギリスのホーム・コメディの衰亡の逸話はキムの研究結果と合致しており、知能の低下とも整合する。

時間因子としてのg・h因子

「ウドリー効果」がg因子の変化の現れであることを証明するには、それらが時間的に相関していることを示すのがもっとも良いだろう。言い換えれば、ワーキング・メモリの低下は、単純反応時間の低下と相関しているのだろうか？　難易度の高い言葉の使用頻度の低下はどうか？

これはまさにウドリー・オブ・メニーと同僚たちがとったアプローチであり、これらの低下を相互検証したものである。この方法は、前述したg因子の考えに類似している。g因子は、各種の知能テストについての、ある種の「超相関」である。それが、一つのテストに秀でた人物が、典型的には別の多様なテストでも高得点をとる理由だ。これと同じアプローチを使って、「ウドリー効果」を確かめることができる。g因子低下についての特定の予測変数は、別の変数でも低下しているはずだ。さらに、予測されるそれらのウドリー効果は、経時的にまとまっているはずであり、それは共通の時間因子として「遺伝的一般知能g・h」因子を形成しているに違いない。この時間的g・h因子は、以下の五つのトレンドデータから算出される。

1　単純反応速度の低下

2　ワーキング・メモリの劣化
3　グーグルNグラムで追跡された、四つの難易度の高い言葉の使用頻度の低下
4　アメリカ・イギリスでの人口あたりマクロ・イノベーション率の低下（二つの国の人口で荷重したもの）。これは複雑な問題の解決能力の低下である。
5　グーグルNグラムでの利他主義を表す一〇の言葉の使用頻度

前近代まで、集団選択がg因子の進化において主要な役割を果たしてきただろうことを思い出してもらいたい。それは特に天才の輩出に関係しているため、利他性と相関しているだろう。あるいはもっと具体的には、「社会知能[*324]」のg負荷のかかった要素は、ウドリー効果と並行して低下しているはずだ。それは実際に起っている。我々は知能が低下しているだけでなく、他人に冷たく、非協力的になっている。遺伝的一般知能の時間因子の低下は、図9に示されている。

［図9］　1876年から2008年までの時間的g・h因子の低下（1次関数近似）＊325

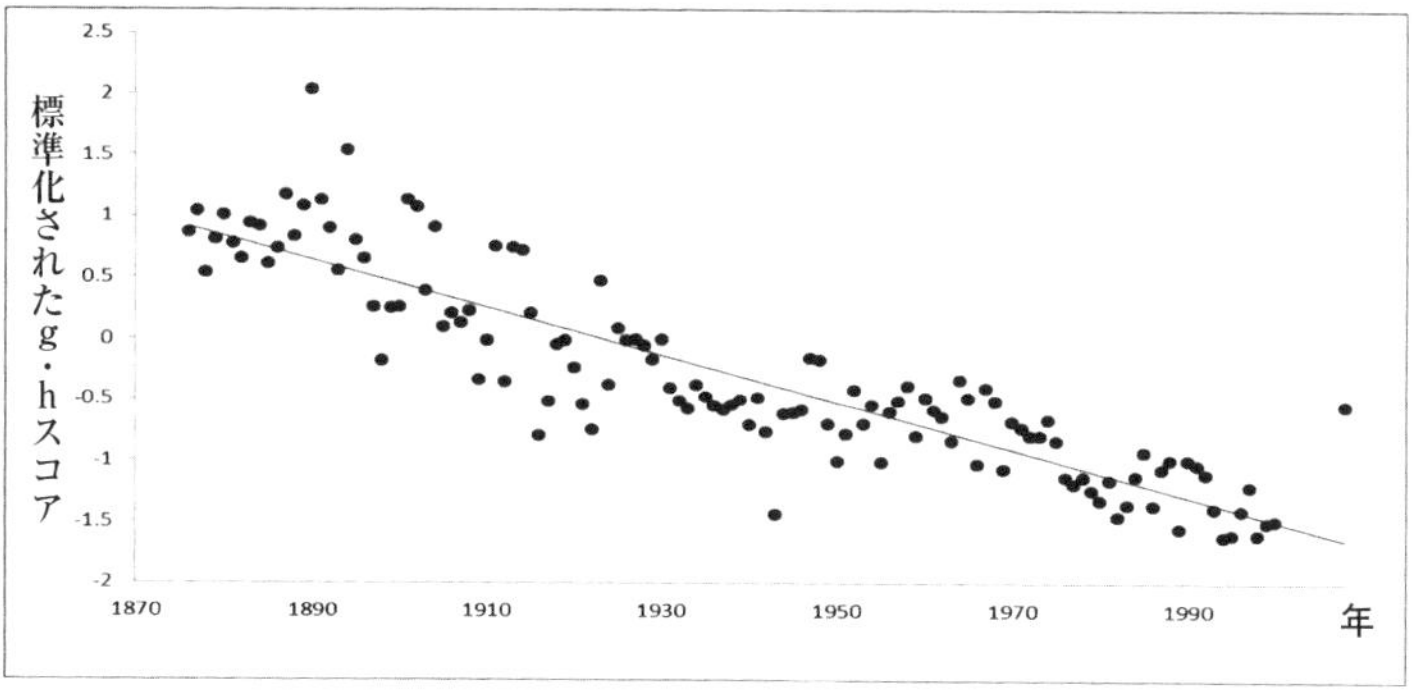

決定的な証拠　教育水準と変異遺伝子

これまで、遺伝的な理由からｇ因子が低下しているということについての、強力な証拠を表現型から検討してきた。しかし、ここで決定的な証拠を検証する。アイスランド大学の中国人研究者オーガスティン・コンによる極めて重要な研究が、二〇一七年に『アメリカ科学会紀要 *Proceedings of the National Academy of Science*』に発表された。[*326] この研究で、彼のチームは、全体として、個人の教育水準とｇ因子を予測する数多くの変異遺伝子群を同定した。そして、これらの変異遺伝子をPOLYEDU（教育水準についての遺伝子スコア）と呼んで、その遺伝子スコアが一〇万九一二〇人のアイスランド人の繁殖状況と、アイスランドの遺伝子プールに与えた効果を分析した。高いPOLYEDUスコアの人々は、低いスコアの人々よりも、子どもを持つのを遅らせており、また子どもの数も少なかった。この発見は、教育水準の遺伝子スコアを使って、子どもの数を予測した、それまでの研究結果とある程度一致している。

しかし、コンと彼のチームはさらに先を行った。一九一〇年から一九九〇年生まれの一二万九八〇八人のアイスランド人のサンプルから、平均的なPOLYEDUスコアは、およそ一〇年に０・０１０標準偏差の割合で低下していることを見出した。つまり高い教育水準を実現する遺伝子を持つ人の割合は、低下している。彼らは、これは「進化的な時間軸では大きなものだ」と述べている。さらに「POLYEDUスコアは、関連する遺伝子群のごくわずかな部分を捉えたものなので、基礎的な遺伝要素は二、三倍の速さで低下しているかもしれない」と言う。

彼らの発見は、図10にある。

集団のPOLYEDUスコアの低下は何十年も続いているが、これはPOLYEDUスコアと出生率が負の相関を持っていることと極めて整合的である。またPOLYEDUスコアと最初の子どもの出産が相関していることとも一致する（知能が高い人は子どもが少ないだけでなく、人生の遅い段階で子どもをもうける）。コンと同僚たちは、このプロセスから生じているだろう知能指数の低下についても、一〇年あたり0・3ポイントであると推定している。彼らが計算に使った知能の遺伝率はひじょうに低い（0・3）ものであり、前述したように（すべての遺伝特性を含めた双子研究から推定される）実際の遺伝率（約0・8）を使えば、はるかに高い数値が得られる。この数値でコンの研究を調整すると、一〇年あたり0・8ポイントの

［図10］　1910―20年、1980―90年生まれのアイスランドのPOLYEDUスコアの低下（3次関数近似）＊327

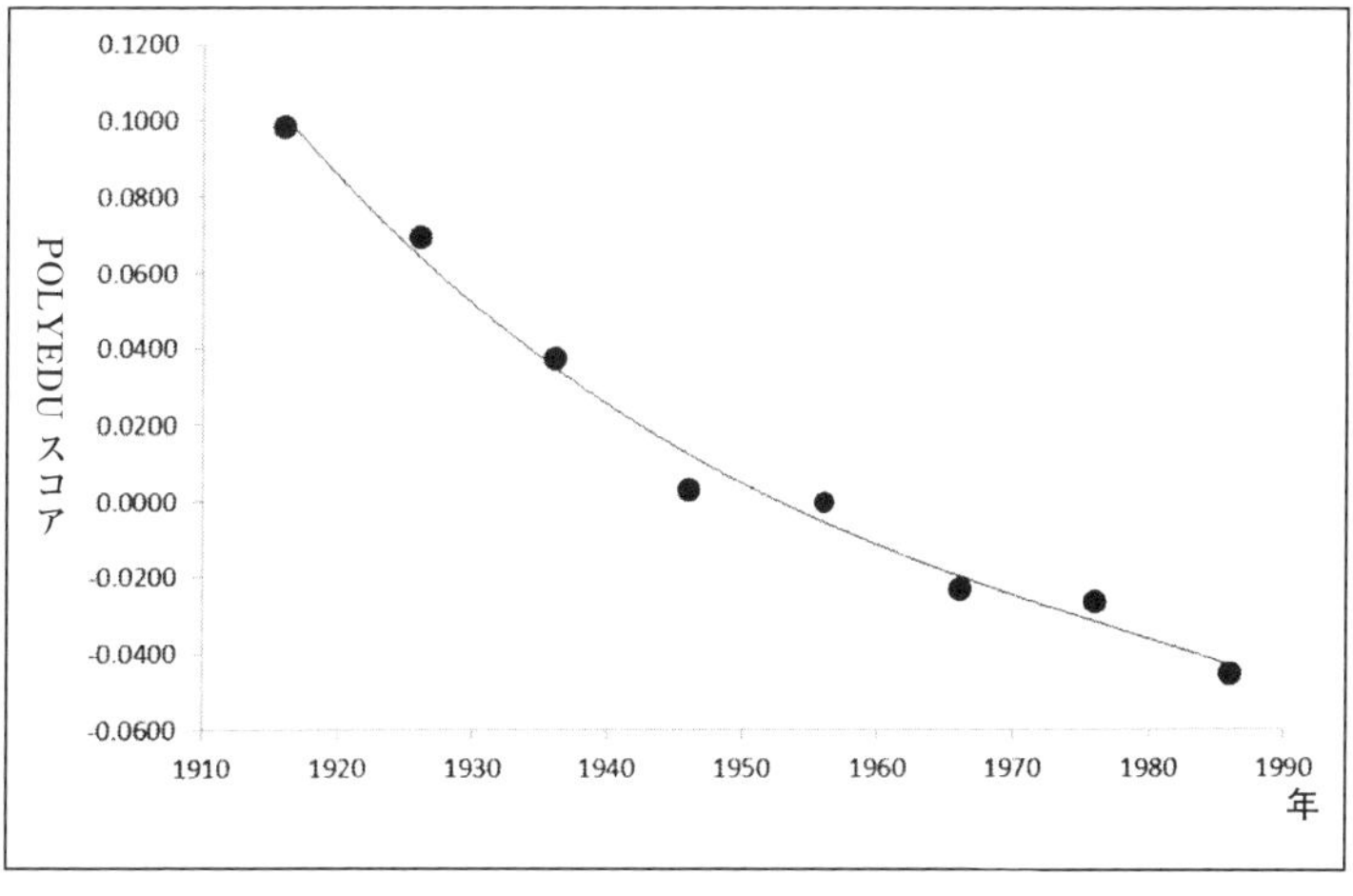

低下になる。つまり、アイスランド人集団の平均知能は一〇年あたり1ポイント近く低下しているのかもしれない。[*328]

この研究は、本書の理論が正しいことを強く証明している。教育水準はg因子と強く相関しているため、g因子は一九一〇年から一九九〇年にかけてアイスランドでは低下してきたはずだ。一九一〇年に生まれた平均的なアイスランド人は、一九九〇年生まれの平均的アイスランド人よりも、遺伝的な一般知能において賢かった。アイスランドでのスコアの低下は完全に遺伝的な理由から生じており、その主要な原因は、高い知能をもつアイスランド人、特に高知能の女性が人生の遅い時期に、少ない数の子どもしか生まないことだ。

環境汚染との関わり

一般知能の低下は環境汚染によって生じていると主張する学者もいる。この効果は、バーバラ・デメニクスによって提唱されている。デメニクス（以前はジェンキンスの名前を使っていた）は、イギリスの生物学者で、もともとはウェールズのスワンシー大学で学位を取得した。その後、一九九〇年からパリの自然史博物館で実験室を運営してきた。二〇一四年の著作『ルージング・アワー・マインド *Losing Our Mind*』で、デメニクスはある種のプラスチックその他の汚染物質による環境汚染が高まっており、それが環境や食事の「常在性の神経毒」、例えば、鉛、水銀、アルコールなどと相まって、知能（特にg因子）の低下の主要な原因となっているという。[*329] 特に、これらの神経毒は内分泌系に悪影響を与え、初期の胎児の発生にエピジェネティックな変化、つまり遺伝子の発現を変える結果、ｇ因子が低下する。

ある研究チームが、デメニクスの神経毒理論を検証した。彼らは（図９のｇ・ｈ時間要素で計測される）一般知能の低下を、神経毒要因から予測するモデルを構築した。神経毒は、環境から計測される鉛、水銀、常在性の有機汚染物質、イギリスとアメリカの一人あたりのアルコール消費量、そして遺伝子スコアである。これはｇ因子を予測する変異遺伝子の頻度を、生まれた年によって分けられた個人のサンプルを使ったものだ。サンプルは、前述のアイスランドでの研究と、一九一九年から一九五五年にアメリカで生まれた世代についてのより小規模な研究から得られた。彼らが見出したのは、ｇ・ｈの時間的な変化の二五パーセントが遺伝子スコアによって説明されるということだ。しかし神経毒の被爆の変化は、ｇ・ｈの変化に対する有意な説明要因にはなっていなかった。[*330]つまり神経毒理論は、データによって支持されてはいないのである。

なぜ殺人率は下がり続けたのか？

前に、産業革命までの殺人率の低下を、一般知能の上昇の証拠として扱った。そうすると、ｇ因子が低下しているなら、なぜ一八〇〇年以降も殺人率が低下し続けているのか疑問に感じるかもしれない。殺人率は上昇するはずではないのか？　これには三つの理由がある。一つ目は、イギリスでは一九六〇年代まで殺人犯は死刑に処せられてきたことである。よってこれまですべての世代で、殺人を起こしがちな遺伝子は、集団から取り除かれてきた。前述したことだが、これに関連して、ゆっくりとした生活史戦略（K戦略）は、西洋社会では「正の」選択を受けてきた。高いK戦略度は低い犯罪率と相関するため、K戦略が広がることはg因子の低下から生じる犯罪率の増加を食い止めるか、あるいは減らしてさえいるのだろう。

二つ目は、人々が殺人を犯すような環境が変化していることだ。前近代のイギリスでは、殺人は計画的というよりは、喧嘩の結果として起こった。それは「カッとなって」発生したのだ。もし経済的な悩みや、日常的な死への恐怖、病気や欲望、慢性的な痛みなどのストレスがあれば、殺人を犯してしまうほどに自制心を失うことも多かったはずである。こうした状況は、生活水準がほとんど変わらなかったため、中世から一八〇〇年までは比較的には同じようなものだった。もちろん、このことは殺人率の低下は環境と関係しているというより、g因子の上昇によって説明されることを意味する。しかし産業革命によって、殺人が発生するような状況は大きく低減され、そのペースは知能の低下を上回ってきた。つまり現在までに、ますます快適な社会が構築されてきたからだ。

殺人犯に対する絞首刑が一九六〇年代に廃止された後も、歴史的には殺人率は比較的低いままだが、それは環境要因によるものと考えられる。これは技術的、社会的な進歩と一緒に考えねばならない。そうした進歩もまた産業革命の結果として生じたことだからである。DNA検査や監視カメラの急増、訓練を受けて、各種の機材を持つ大規模な警察機構が殺人犯を取り逃すことはほとんどなくなったのだ。

三つ目は、フリン効果そのものである。フリン効果は一般知能には起こっておらず、実際にその低下を隠してきたが、それでも産業化された社会のせいで、我々は分析的に考えるようになった。フリン効果によって、知能ピラミッドの底辺にある各種の特殊化された能力は、遺伝型の極限まで伸ばされてきた。その結果、人々は教育を受け、特化した能力を持つようになり、ますます多くのミクロ・イノベーションを実現してきた。こうしたミクロ・イノベーションは、その効果が一般知能の低下を上回る限り、経済成長を生み出し、環境の不安定さを減少させる。そのことが通常の状況では、さらにストレスを減らし、苦境から救い、殺人を犯すような傾向を下げる。よって犯罪率の低下は、環境要因と、ゆっくりとした生活史戦略をとる人々が増えてきた西洋社会の遺伝的な要因の両方から生じたのだろう。

このことを発言すべきか？

一般知能は、本書で予測したように実際に低下しているように思われるが、我々は破滅主義者ではないし、理不尽な憶測を述べたいわけでもない。「憶測」という言葉は、ある研究者が別の研究者の発見を不愉快に感じた時に投げかけられることが多い。しかし、その定義は、「確実な証拠に基づかずに、予想をすること」である。しかし、本書ではg因子が文明の基礎であり、その駆動力であることを示してきた。よって、g因子の低下が文明の反転につながると断言することは、破滅主義でもなければ、憶測でもない。本書は、このことについての「確実な証拠」を提示している。g因子は実際に低下しつつあり、その証拠は十分に存在しており、すべてが同じ結論を示唆している。よって論理的に、文明は衰退することになるだろう。

現在、科学者の中には、このことは道徳的な問題を引き起こすと言う者もあるだろう。知能概念についての、こうした種類の疑問に対しては前述した。彼らは、研究者というものは、より広い社会に対して道徳的な責任を負っており、もし文明が衰退すると社会に教えたなら、それが真実であったとしても、恐怖とパニック、混乱や無秩序を引き起こす可能性があると論じる。したがって科学者には、発見を隠す道徳的な義務がある、あるいは「より多くの証拠」がなければ公表してはならない。おそらく証拠のレベルが十分であるという時期が来ることは永遠にない。なぜなら、ある時点で得られる証拠が不愉快なものであれば、さらに証拠を求めることが可能だからだ。不愉快なことを発見した人に対しては、ますますありそうもない可能性にまで無限に証拠を求めることができる。あるいは、別のありそうもない可能性の無限の否定（それ自体は本質的に不可能である）を、自分の主観的な納得レベルまで要求することもできる。もちろん、これはひじょうに非論理的な立場である。もしすべての科学者にそうした要求をするなら、何も証明することはできないし、どういった対応もできず、文明は崩壊するだろう。安全に対する証明は常に不十分であるため、自動車も飛行機もつくられない。

我々の答えは、本書の理論には十分な証拠があり、「道徳的な議論」はまたしても関係がないというものだ。科学は、「脱道徳的 amoral」だからである。また、そうした議論は矛先を容易に反転する。こうした発見を隠すなら、我々は確実に、こうしたプロセスを遅らせたり、それに適応した行動を取ったり、文明の衰退を食い止めようともしないことになる。発見を発表しないことは、結局は、混乱や無秩序の発生を早めることになる。それこそが、「非道徳的」であり、「無責任」な行為だ。よって、知能の低下が起こっており、それは文明の衰退につながると主張することは、極めて理にかなっている。

我々の多くが、この考えには驚嘆したことだろう。いつの日にか宇宙に進出するというような、科学的な進歩が常に起こってきたという状況に育ってきたからだ。しかし、驚いてはいけない。同じことが過去にも起こったからであり、これからも起こるだろうからである。それは、人間の歴史法則のように思われる。

第10章　知能低下と文明の盛衰

歴史には、衰退、一定、繰り返し（周期）という、三つのモデルがある。衰退モデルを信じている人にとっては、遠い昔に完璧、あるいは完璧に近い時代があり、我々にはその再現に向けて努力することができるだけだ。それは我々には到底できそうにもないので、ここでは衰退する社会で衰退する生活に満足するしかない。

衰退モデル

多くの意味で、これはキリスト教的な世界観である。完璧な時代は、エデンの園であった。生活は技術的には簡単なものであったが、それは重要ではない。技術は苦しみを克服するために必要なのであり、苦しみは存在しなかったからだ。あるいは少なくとも、禁断の知恵の実を食べることで神を裏切るまでは、苦しみは存在しなかった。我々は苦痛に満ちた世界に追放され、男は苦労して土地を耕し、女は出産の苦しみにあえぐことになった。こうした宗教的な考えは現代人には奇妙に思われるが、はるかに現代的な世界観の多くにも、そうした要素が見られる。
中世から一六世紀までのヨーロッパ人に関係するところでは、古代ローマが、エデンの園と同じように魅惑的で活気に溢れた栄光の過去であった。この素晴らしい時代を取り戻し、天才であった哲学者、数学者、文豪たちの再来を期待することはできない。彼らは、我々よりも優れていたからだ。彼らの、成層圏の高みに到達することはできない。彼らを真似ることで、できるだけ近づくことができるだけだ。こうして教育ではラテン語と古典文学が中心となり、新しい文学は究極的には古代の物語や、古典文学の形式を採る必要があった。一七世紀の劇作家ベン・ジョンソン（一五七二―一六三七）は、彼の同世代人であったウィリアム・シェイクスピア（一五六四―一六一六）を、古典的な教則から逸脱しているとして非難した。こうした見方は、「進歩」と新しさを中心とした社会に育ったものには、あまりに奇異なものだ。最良の時代ははるか昔であり、そこに戻ることが最善だというのである。多くの意味で、これこそがルネサンスや宗教改革の精神だった。宗教改革では、キリスト時代の、もっと純粋で優れた教会を夢見ていたのである。[*331]
近代の哲学者にも、こうした見方は多かった。一八世紀のスイス人哲学者ジャン＝ジャック・ルソー（一七一二―一七七八）にとっては、人類の栄光の過去（それをエデンの園と呼んでも良い）は部族社会であり、あるいは少なくとも、彼の考えるロマンティックで理想化された部族社会だった。[*332]ルソーによれば、そこにはヒエラルキーは存在せず、皆が共通善に向かって一緒に働く。こうして「一般意志」が支配する。[*333]こうした考え方は、国家主義者にも共産主義者にもとり入れられた。ドイツ人ヨハン・ゴットフリート・ヘルダー（一七四四－一八〇三）のような国家主義者は言う――かつて栄光に満ちた純粋なドイツ民族国家が存在した。それは血統と母なる大地、言語と宗教によって統合された、外国からの影響という腐敗のないものだった。都市はそうした腐敗によって汚染されてしまったが、誠実なる過去はドイツ農民に受け継がれてきたのである。よって我々は農民文化を再興する必要があり、栄光ある過去に戻るのだ。[*334]

こうした考えはヨーロッパに広がり、すべての諸国における国家主義的な政治運動に見られるものだった。例えばフィンランドでは、スウェーデンからの影響がもっとも少なかった場所は、東部のロシア国境にあるカレリアであると考えられた。こうして人類学者が農民を取材するために派遣され、彼らに伝わる民話が集められて、新しい国民の神話『カレワラ』として一八三一年に出版された。これは、かつてフィンランドが独立国家であった素晴らしい過去についての物語である。フィンランド農民文化を理想化することで、それに近づき、再現しなければならないというのである。[*335]

進　歩

これとはかなり違った見方も発展してきた。おそらく間接的にはルソーから影響されているが、そこにはキリスト教的な側面もある。それは「状況は良くなり続ける」という信念に要約されるだろう。最高の時は、過去ではない、実際、過去は酷い場所であり、それらを拒否する必要がある。最高の時期は未来にあり、ある種の完璧な状況とは実現不可能なものではない。こうした世界の理解は、一九世紀の哲学者ゲオルク・W・F・ヘーゲル（一七七〇―一八三一）の著作に見られる。ヘーゲルにとってすべての歴史とは、神、あるいは絶対者が自己理解に達するためのプロセスである。この絶対者の自己理解のプロセスは、この世界で支配的な思考様式、あるいは「時代精神」として実現する。それぞれの思考様式、つまり「テーゼ」は、それに反する反応、「アンチテーゼ」を生み出す。これによって新しい思想「ジンテーゼ＝合」が生まれることになる。こうして歴史のプロセスは、絶対者による自己理解、さらなる未来での完璧性に向けて展開する。*336

マルクス主義のようなイデオロギーは、こうした哲学に即して理解されるだろう。カール・マルクス（一八一八―一八八三）にとって、歴史はヘーゲルの原理によって展開し、歴史は共産主義のユートピア実現によって終わりを迎える。こうしてマルクス主義や、それに関連したイデオロギーでは常にユートピア的な未来が希求されるが、それは常に未来にあるために実現することはない。過去を象徴するものや旧態然としたものを否定するための永遠の革命状況が続いており、完璧な未来に向かうためには、過去の不公平な資本主義世界に戻ることは許されない。こうしたイデオロギーによって、多くの国で各種の共産主義政党が、こうした「地上の楽園」の実現を試みてきた。

しかしユートピアは常に未来にあるので、彼らは恒常的に、過去へと戻ろうとする反動勢力、「敵」と戦う必要がある。こうした戦いの一つの方法は、過去とのつながりを断ち切ることだ。なんであれ、「過去」や「旧習」に属する思考を象徴するものを取り除くのである。これは、文化的マルクス主義運動が英語に与えた影響にも見られる。彼ら文化的な前衛は、特定の言葉を「攻撃的」であるとして別の言葉に置き換えるが、その言葉もまた攻撃的であるとして最終的に排斥する。

これは彼ら同士による、より高い道徳性に向けての絶え間ない競争に駆られたプロセスである。言葉を変えることで、ますます過去の人々とは異なった言葉を話すようになり、ますます遠ざかってきた。彼らや彼らの思想は、ますます奇妙なものに感じられるようになった。[*337]

しかし、「進歩」のイデオロギーは多くの科学者の世界観にも見られる。一九世紀の先駆者たちは、広く「社会進化論」として知られる考えの一部として、いわゆる「段階理論」を発展させた。彼らの議論では、すべての社会は同じような段階を経てきた。一つ目では、人々は魔術や多くの神を信じていたが、進歩するにつれて一神教を信じるようになる。最後に神への信仰を捨てて、科学的になる。[*338] こうした進歩は無限に続くのであり、最後には「サイエンス・フィクション」が現実になる。

これがもっとも現れているのは「特異点 singularity」という概念であり、この言葉はSF作家ヴァーナー・ヴィンジによって一九九三年に作り出された。それは、コンピュータの能力の指数関数的、あるいはランナウェイ的な進化が、社会に与える影響について記述する言葉であった。[*339] アメリカ人発明家のレイ・カーツワイルは、二〇〇六年の著作『ポスト・ヒューマン誕生——コンピュータが人類の知性を超えるとき』において、こうした「収穫加速の法則」によって多くの分野で技術的な進歩が指数関数的に起こり、二〇四五年までに「特異点」に到達するだろうと主張した。これは技術的な進歩が速すぎて、人間が理解できない速度に達するというターニングポイントである。カーツワイルの予測では、こうした技術的な進歩は人類に不可逆的な変化をもたらす。遺伝子の改変やナノテクノロジー、人工知能によって、人類は精神・身体ともに改善されるのである。特異点が実現すれば、機械の知能は、全人類を合わせた知能が理解できる範囲を、はるかに超えてしまう。知能はこの星を脱出して広がり、全宇宙にまで拡散する。[*340]

多くの意味で、こうした世界観は、在命中はとても人気があったフランスの教父ピエール・テイヤール＝ド＝シャルダン（一八八一―一九五五）の考えに似ている。彼の議論では、進化は必然的に複雑化に向い、ますます意識的で知的なものになる。最終的には、最大の複雑性であるオメガポイントが実現し、ある種の超越的な意識が覚醒する。[*341]この世界観の一部は、神の王国が実現する際にキリストが再臨するという、キリスト教の信仰にも見られる。ヒッポの教父、聖アウグスティヌス（三五四―四三〇）にとっての世界は、「創造」からキリストの再臨と終末まで一直線に動いているのであった。その時点において、選ばれしものは永遠に天国にとどまり、その他は地獄に落ちる。[*342]しかしここには、我々は過去の完璧な世界を再現するという小さな違いがある。どちらにしても、これらのすべての世界観は、歴史を直線的なものだと理解する。そこには終末があり、我々はそこに向かうか、あるいは戻るかである。

繰り返し（周期）

三つ目の見方は、最高の時期は必ずしも過去ではないし、未来でもないというものだ。完成に向けての進歩が常に起こっているわけではないし、できるだけ真似をすべき完全な過去があったわけでもない。文明は繰り返す。そこには盛衰があるのだ。最高潮に達した後、燃え尽きて崩壊するが、しかし新たな文明がまた勃興する。
　こうした命の繰り返しの世界観は、ユダヤ・キリスト教ではない多くの宗教を基礎付けている。それは「多神教」と呼んでも良いだろう。ヒンドゥー教では、時間に終わりはなく、始まりもない。世界の異なる段階を司る三人の主神が存在する。世界はブラフマーによって創造され、ヴィシュヌとともに存在し、究極的には、破滅の女神であるシヴァによって破壊される。ブラフマーは世界に命を蘇らせ、また新しい繰り返しが始まる。世界は興亡し、人々も同じである。ヒンドゥー教の儀式に則った生活を送れば、より高い存在、例えば高位のカーストのメンバーへと生まれ変わる。ヒンドゥー教に従わなければ、犬などに生まれ変わる。しかし、何かに生まれ変わるのは同じである。なぜなら、命の繰り返しは永遠だからだ。生まれ、滅び、また生まれる。[*343]
　キリスト教以前のヨーロッパでの宗教も、似たような世界を考えていた。北欧神話では、永遠に続く至福という意味での死後の世界などは存在しなかった。人生のあり方に応じて、三つの世界へと向かうが、それはこの人間世界、つまりミッドガルドの命がほとんどそのまま続くというものだ。戦士はヴァルハラに向い、戦士ではないが名誉ある者はニフルハイムへ、名誉を受けなかった者はヘル（冥界）へである。しかしながら、世界は大洪水と狂喜乱舞の破壊であるラグナロクに達して、多くの神とほとんどの人間が殺されて、実質的に世界は破壊される。しかし、そうした死の底から、新しい世界が生まれ、もう一度、命の繰り返しが始まる。[*344]
　多くの古代・中世の作家たちは、文明もまた同じようなものだと考えた。古典時代でさえも、すでに過去の文明が盛衰したことが記録されていたからである。こうした文筆家たちは、社会学で

「社会周期理論」として知られるものを先駆けていたのだ。簡単に言えば、社会周期理論家たちは、文明は原始的な暗黒時代に始まると論じる。それは科学と技術の黄金時代にまで発展するが、最後には衰退し、再び暗黒時代へと落ちて行く。そして、再びまた起き上がる。これは本質的に、北欧神話にも似た、宗教的な世界観である。プラトン、ヘシオドス、アリストテレスは、すべて存在の周期を信じていた。黄金時代を経て、人間秩序が崩壊し、復活する。それはしかし、北欧神話のように、新しい世界が生まれるという形をとる。ローマの哲学者キケロ（一〇六―四三ＢＣ）は、世界は惑星の運行によって影響されていると考えていた。それは周期的であり、地球の命の時代もそれを反映しており、さらに各文明の異なる時代もそれに従うと主張した。最終的には、惑星がもともとの場所に戻る「大いなる年」に達して、新しい周期が始まる。

しかし、文明が周期的に盛衰するという哲学を最初に主張したのは、ギリシャの哲学者ポリュビオス（二〇〇―一一八ＢＣ）であった。彼の議論は明示的ではなかったものの、形而上的な説明を含んでいなかった。ポリュビオスは、アルカディアにある都市国家メガロポリスの出身であった。有力な政治家の息子に生まれ、彼自身が政治家として重要な地位にまで登った。ギリシャやローマの支配的な社会の興亡を分析するうちに、ポリュビオスは何度も同じパターンが現れていることに気付いた。社会が勃興するのは、宗教心に満ち、過去や古い世代に対しての深い敬意に溢れ、自己犠牲の崇高な行為への心構えを持ち、明確な道徳律に従っているときである。こうした特質は人々に対して、優越的な感覚、親密な運命共同体としての一体感を与える。人々は、たとえ自らを犠牲にしたとしても、社会を守るための志を持つ。（必然的なことだが）こうした特質が失われたとき、彼らは滅亡する。あまりに豊かになったとき、彼らは「神への畏れ」を失い、それとともに無私の心、共同体精神、永遠の運命の感覚、古い世代への崇拝、一体感を生み出す厳格な道徳規律が失われる。ポリュビオスが著作を著したときまでには、第11章で見るように、すでにローマ社会は衰退しつつあるという見方をとっていた。彼はまた、こうしたプロセスが、二〇世紀後半の西洋に見られたような、人口の減少を伴っていることにも気付いた。人々が、特にもっとも知的な人々が、子どもをもたなくなったのである。[*345]

中世のイスラムは、イブン・ハルドゥーン（一三三二—一四〇六）を輩出した。イブン・ハルドゥーンは、一二四八年にレコンキスタ運動によってセビリアが陥落するまではアンダルシア地方の貴族であったが、その後はチュニジアに移住した家系に生まれた。彼は政治顧問や宰相として何人かの指導者に仕え、偉大な哲学者となった。一四〇〇年に、彼はダマスカスのティムールによる包囲に捕らえられた。ティムールは高名な哲学者に会うことを熱望したので、彼はかごに乗せて城壁から降ろされ、ティムールの宿営で七日間にわたって彼の歴史理論について講義をした。[*346] イブン・ハルドゥーンは、文明の中心となるのは「アサビーヤ」の概念であると論じた。それは社会的な一体性、あるいは社会的な団結である。文明が進むにつれてアサビーヤは増大し、ピークを迎えるが、最終的には衰退し始める。それに伴って文明も衰亡し、より大きなアサビーヤの文明に取って代わられる。イブン・ハルドゥーンの理論がポリュビオスのものと極めて類似していることがわかるが、イブン・ハルドゥーンは直接的に詳細な説明を行った。[*347] イブン・ハルドゥーンにとって、集団選択のような状況は、砂漠の民において強い。とすれば、彼らが生き残るためにはアサビーヤが高い必要があり、それは宗教心や軍事的な価値観に現れる。こうした高いアサビーヤによって、彼らは都市をつくり、繁栄することが可能になる。しかし、そこでは贅沢が生まれ、アサビーヤは選択されなくなる。こうして何世代もが経つうちに、アサビーヤは衰退し、アサビーヤに溢れた砂漠の民に侵略されることになる。そして、新しい繰り返しが始まる。[*348]

現代の社会周期理論

この理論を「近代」に入って初めて主張したのはイタリア人歴史家のジャンバッティスタ・ヴィーコ（一六六八―一七四四）である。本屋の息子に生まれた彼は、最初は家庭教師として働いたが、後にナポリ大学の修辞学の教授、また王の資料編纂官となった。ヴィーコは、国家は三つの段階を経ると論じた。神の時代、英雄の時代、人間の時代である。人間の時代の後は、社会は崩壊して神の時代へと戻り、再び繰り返しが始まる。新たなサイクルは以前のものと似ているが、完全に同じではない。たった二つの観察でしかなかったが、彼は自身の歴史分析から、そこにはある種の螺旋状の上昇が見られ、次のサイクルは以前よりも高度な複雑性をもつようになると言う。

ヴィーコにとって、一つのサイクルの三つの時代は、古代ギリシャやローマで発生した。それは、不安は神によって和らぐと同時に、神を畏れるような簡単な未開社会から始まった。簡単な貴族主義がこれにとって代わり、ヴィーコが「詩的な知識」と呼んだ宗教によって支配する。しかし、貴族たちは支配する平民と大きくは変わらない。その後、もっと複雑な社会が発展し、「貴族」（英雄たち）と、彼らに支配されながらも、その特権を求めて戦う「平民」とに分裂する。こうして社会は分裂する。英雄の時代には、明確に異なった支配階級が存在し、そのメンバーは統制権をめぐって、その強さを誇示するために互いに争い合う。人間の時代には、英雄たちはその権力のどれだけかを平民に渡す。それ以前の時代では、人類は宗教と儀式に支配され、それが貴族の権力を支えていた。平民たちは、合理的な思考を促進することで、自分たちの利益のために貴族から権力を奪う。これは平民の権力を増すことになるが、宗教を衰えさせ、その過程で文化的な統合が崩壊する。宗教心は人々を共通善に向かわせるが、合理主義は個人だけに焦点を合わせる。内乱は完全に私的な利益を目指して戦われ、社会は「その反射的な野蛮」に引き裂かれる。当然に崩壊が訪れ、神の時代へと戻る。ヴィーコはこうした状況が、本書が第11章で検討するように、ローマの崩壊でも見られたと主張した。暗黒時代では、新しい「神の時代」が始まった。中世ヨーロッパは、英雄時代であり、ルネサンスは人間時代の始まりだと考えられる。そこでは社会は知的、文化的、技術的な頂点に達し、それは堕落を生み出しているのである[*349]。

ヴィーコ以来、多くの学者が、明示的に社会の周期性について分析してきた。ドイツの哲学者オズヴァルト・シュペングラー（一八八〇―一九三六）は、一九一八年に二分冊からなる『西洋の没落』を著した[*350]。シュペングラーは気難しく抑うつ的な人格を持っていた。郵便局員の息子として生まれ、いくつかの大学に通った。最終的には哲学に焦点を合わせたが、一九〇三年にはギリシャ哲学者ヘラクレイトスについての博士論文の提出に失敗した。この屈辱によって、彼の学者人生は絶たれてしまった。彼は別の論文を書いて一九〇四年に博士試験に合格し、教師となる資格を得たが、一九〇五年には精神的な病に倒れてしまう。彼は教師として一九一一年まで働いたが、その時点で母親が亡くなり、一人で生きる資産を得た。心臓疾患から軍役に就かず、残りのすべてを作家人生に捧げた。彼はヒトラーに会ったが、とても印象が悪かったために、一九三四年にはベストセラーである『決断の時』[*351]を出版した。国家社会主義に批判的であったため、それは出版禁止になった。シュペングラーは五六歳の誕生日の直前に心臓発作で死んだ[*352]。

社会を有機体と比較したシュペングラーは、これまで存在したすべての社会は、個別の状況においては大きく異なるものの、必ず有機体と同じようなかなり明確な段階を経ると主張した。誕生、青年期、成熟期、衰退期、死である。春においては、社会は、強い宗教心に基づく「文化」によって特徴づけられる。これは、夏に実を結ぶ。物語、詩、戯曲などの創造的活動は、すべて宗教的な啓示を受けて最高潮を迎える。そうした文化は生き生きとして、楽天的で、自らの運命を疑問視しない。しかし、秋が訪れて成熟すると、都市化が起こり、裕福になる。ソクラテスやルソーのようにすべてを疑う人物が現れ、合理主義の時代が始まる。技術的な進歩とともに、宗教、貴族の支配、伝統、その他の社会の紐帯への懐疑主義が生まれる。最初は、こうした動きは、生活水準がはるかに高まった未来への楽天主義を引き起こす。実際、合理的な思考が社会にもたらす効用は明白なので、それによって帝国が建設され、多くの場合にカエサル、ナポレオン、セシル・ローズのような政治家を通して思考様式も広がる。しかし、その反対に宗教的な確信は失われ、物質的な豊かさがすべての中心となる。

この合理主義化のプロセスは続き、すべての思想が疑問視され、（子どもにいたるまで）すべてが金によって合理化される。古いやり方はすべて侮蔑され、もはや楽天主義も、一体感を醸成する精神性もなくなる。社会は個人主義の塊になり、文明の冬に突入する。容易な意味付けに対する批判や、その作為的な創出はニヒリスティックで悲観主義的な世界へとつながる。もはやエリートを優遇する宗教的な信仰は失われ、金を重視するエリートと大衆の間には分断が生じる。社会は断片化し、民主主義や秩序は崩壊して、大衆はますます疎外され、デマゴーグがとって代わる。これが皇帝の時代である。

皇帝たちは膨大な権力を持つようになり、外敵からの侵略を含めて、社会が退化する軋轢の渦に対処する。人々が感じる絶望は、曖昧模糊とした宗教的な渇望によって癒やされるため、本心からは信じてはいない各種の宗教的な活動が実践される。しかし、社会はますます混沌とするにつれて、「第二の宗教心」と呼ばれる反知性主義が発展し、もともとの宗教の繰り返しが巻き起こる。シュペングラーは、こうしてローマでは皇帝崇拝のカルトが生まれ、さらには、メンバーが秘密の儀式によって特別な神を崇める神秘主義的カルトが流行したという。例えば、背教者ユリアヌス（在位三六一―三六三）は、ローマをキリスト教信仰からかつての多神教に戻そうとしたが、ミトラ崇拝のカルトを起こした。[*353] シュペングラーによると、彼が執筆していたとき、西洋の第二の宗教心はすでに何世代も続いていたという。この時代には社会の弱体化が進むため、もっと若い社会にとって代わられ、暗黒時代へと逆戻りしてから、新しく生まれる。[*354]

多くの歴史理論家が、文明の盛衰を理解するためのモデルを提示してきた。この主題だけで、一冊の著作が書けるだろう。例えば、イギリスの歴史家アーノルド・トインビーの観察によると、文明は問題解決能力の増大に基礎づけられ、その能力がもっとも高いものが社会の「エリート」、あるいは彼の言葉では、社会の「創造的な少数派」となる。最終的には、彼らの新たな問題を解く能力が停滞するにもかかわらず、彼らは権力を維持する。それに値するからではなく、力によって押し付けるのが衰退する社会なのだ。この状況によって、彼らは内部のプロレタリアートから、さらにはそれほど豊かではない外部の境界社会から恨まれる。両者はともに貧しく、権力を持たないからである。最終的に、彼らは立ち上がって権力をとるが、社会は崩壊する。[*355]

こうしたモデルの変種は、イギリス人牧師トマス・マルサス（一七六六－一八三四）の著作にも見られる。マルサスは著書『人口の原理』において、社会の成長・縮小に対する素晴らしく単純な周期理論を提案した。[*356] 資源が豊富にあり、人口が少ないとき、生活水準は比較的に高い。なぜなら、土地も食料も人口を維持するには十分だからだ。まさに状況が恵まれているため、人口は増加して、最終的に、環境が維持できる最大にまで達する。しかし、これはほとんどの人にとっては生活水準が低下することを意味しており、さらに状況は極めて不安定にもなる。収穫量が少ない年が数年続いたり、疫病が流行ったりすれば、人口は崩壊する。こうしたことが起これば、最初から繰り返しが始まる。これは文明の発展に対して、明らかな影響を与えるだろう。

もっと一般的な繰り返し理論に対して、単純にマルサス理論を応用するなら、重要な色合いの違いが生じる。社会周期理論が、歴史とは完璧性に向けての恒常的な進歩ではないと主張しているのと同じように、文明の周期理論に対しても同じことが言える。文明のサイクルを見るなら、夏に向かって進歩した後に衰退してはいるが、完全にスムーズなわけではない。そのプロセスの途中にさえもサイクルがある。文明は全体として進展しつつも、一部後退したり衰退しつつも、中には進歩が見られる。シュペングラーの季節の比喩に従うなら、夏にも雨の日があり、冬にも暖かい日がある。例えば、二つの世界大戦の間は、秋にある冬日のようなものだ。それは、我々がイノベーション率のグラフで検討したように、人口当たりの天才の数が一六〇〇年から一九二五年まで増加し、その後は低下していることとまったく矛盾しない。これは全体としてのパターンであり、そのあちこちにデコボコがある。実際のところ、マルサスの人口モデルと整合することだが、数値の低下は戦争や飢饉によって大まかに説明可能だ。

文明の頂点に向けての進歩や、そこからの退行は一直線に起こるのではなく、例えば経済的、宗教的な要素などによって揺れ動く。しかし、どこかの時点で、社会は文明の頂点からあまりに遠ざかり、崩壊したと表現されるようになる。また特筆に値するのは、文明の周期の歴史には、知的な好奇心の強烈な高まりと呼べる時期があり、それは以前のカオス状況から引き起こされるのかもしれない。セルゲイ・ネフェドフは、ヨーロッパ史における八つのマルサス周期を特定した。(1)共和政ローマ、(2)ローマ帝国初期、(3)異民族侵入までのキリスト帝国、(4)黒死病によって終わる暗黒時代と中世、(5)イギリスの内乱までの近代初期、(6)フランス革命とナポレオン戦争までの近代中期、(7)産業革命以降。これはマルサス周期を破壊したように思われる。*357

この一例は、ヨーロッパの黒死病である。一三四〇年代終わりまでにヨーロッパの人口は維持できないほどに増加したため、飢饉が訪れて集団は弱体化していた。こうして疫病が発生したとき、それは免疫力が弱まった人たちから感染し始めた。このため、他の時期のものに比べて感染ははるかに破滅的なものになり、ヨーロッパ人口の三分の一が死んだ。しかし、それはランダムに選ばれた三分の一ではない。貧しい人々が圧倒的であった。イギリスのある地方では、八〇パーセントにおよぶ労働者階級が死んだ。[*358]死者は貧しい生活状況と健康状態にあり、疫病にかかって死にやすい人々であった。彼らはまた、平均的には、上層階級よりも知能が低かっただろう。未来について考えて、罹患している人を避けるなど、疫病を回避するための策をとらなかっただろう。よって、黒死病は中世ヨーロッパの平均知能を、劇的に上昇させたと考えられるだろう。黒死病に続いて、一五世紀終盤まで不況と戦争が起こったが、これもまた貧しい人々を直撃したことだろう。こうして、知的好奇心の時代であるルネサンスが起こったことは偶然ではない。それは黒死病の一〇〇年後に本格的に始まった。さらに、人口が激減したために生活水準が大幅に上昇して、知的な発展が促進された。ルネサンスの終わりである一七世紀中盤から後半も、疫病と飢饉の時期であった。これによってヨーロッパ人の知能は突然に上昇して、啓蒙主義と産業革命の発展が促進されたのかもしれない。

これらすべてを一般知能で説明する

これらの理論はすべて極めて示唆に富んでおり、人類最高にしてもっとも思慮深い知性の産物である。とはいえ、ひじょうに簡単な疑問が浮かんでくる。こうしたプロセスを基礎づけているのは何なのだろうか？　科学の本質は「還元主義」にある。それは物事の根本的な原因についてもっとも単純な説明をすることであり、つまり万物の理論を構築することを目指すものだ。文明が盛衰し、興亡する原因は何なのか？

その答えが何であれ、それは単純化しすぎだと批判する者がいるだろう。モデルの正当性のあら捜しをし、どこそこの良く知られていない文明では、完全には成り立たないと言う。あるいは、そうした答えを断言するためには、ほとんどありそうもない別の説明に対して、無限の詳細にいたるまで返答をすることを要求する。そうした人々に対しては、我々が論じているのは現実の世界についてであり、現実の世界はそうしたものではない、と答えよう。もし誰かが、ベッドフォードシャーにあるウォバーン・アビー・サファリパークのライオンの群れの中では、ライオンに殺されるだろうから車から出てはいけないと言うのなら、ライオンの行動についての経験的な証拠に照らして、それはとても良いアドバイスだと考えられる。もちろん、すべてのライオンが危険だというのは単純に過ぎると議論することもできるだろう。本当に人懐っこいライオンが、人間の子どもを舐め回したり、子猫と友だちになったりしたという特殊な例を挙げて、それを強調することもできる。

これまでライオンに殺された人たちが、実際にはライオンとは別の原因で死んだのではないことについて、証明を要求することもできる。あるいは、もっと深い思索をもって、「しかし、〝ライオン〟とは何を意味しているのか？」と疑問に感じ、〝ライオン〟が完全に定義されるまでは議論を拒むこともできる。これは、すべての事柄について明らかに不可能であるのは、どういった概念にも作為的な境界があるからである。現実を理解可能な概念と言葉によって把握することで、将来の予測が可能になる。もしベッドフォードシャーのサファリパークで、こうした偽物の知的戦略を採るなら、ほとんど確実にライオンに殺されるだろう。そうした議論は、アメリカの哲学者ウィリアム・ジェームズ（一八四二―一九一〇）が提唱したプラグマティズムのテストに合格しない。[*359]プラグマティズムの議論では、理論とは世界を理解し、行く先を決めるための道具である。これまで強調したような議論に従うことは、何も決定することができないことを意味しており、それは単純に死へとつながる行為である。それは知的な格好をつけているだけであり、即座に棄却されるべきなのだ。

　こういった議論を退けるなら、歴史を通して偉大な社会が盛衰してきたことには、どのような根本的な要因があったのだろうか？　我々は、ロナルド・フィッシャーがかつて議論したように、「知能」、あるいは特に「g因子」こそが根本問題なのだと考えている。簡単に言えば、文明の初期段階ではg因子は比較的に低く、社会は極めて不安定で、危険に満ちた場所であった。人々には、極端な集団選択の圧力がかかっていた。このため、宗教心はストレスと相関しているため、彼らはとても宗教的であった。[*360]各国の集団サンプルを使った研究では、宗教心は弱くはあるが、g因子と負の相関をもっている。[*361]また積極的な自民族中心主義（自民族は他より優れているという認識と、社会のための自己犠牲の欲求）とも、消極的な自民族中心主義（他の社会は劣っているという認識）とも正の相関がある。[*362]

　前述したように、コンピュータを使ったモデル分析では、自民族中心主義が強くなるほど、社会の内部では協力的になる。他の条件が同じなら、より自民族中心主義的な社会は、そうではない社会を長期的に圧倒する。こうしたモデルでは、グリッドに違った色の点が配置され、その点は一定の時間間隔で繁殖する。もしある点が、隣の点と「協力」すれば、自分はわずかに損をするが、その点を助けることができる。モデルの点、つまり「エージェント（主体）」には、四種類がある。人道主義者（常に協力する）、利己主義者（協力しない）、自民族中心主義者（同じ色の点とだけ協力する）、裏切り者（他の色とだけ協力する）の四つである。最終的に多くの世代を重ねると、グリッドすべてが自民族中心主義者になる。[*363] 後でこれが重要であることを説明するが、このことの意味は、宗教は集団選択の問題として理解されるべきだということである。同じような規模の集団が拡大して紛争が起こった場合、宗教心に対して集団選択が起こる。こうした状況では、より宗教的な集団が勝利するのである。

こうして文明の初期段階では、g因子への個人レベルでの選択と、集団レベルと個人レベルでの宗教心、つまり信心深さへの選択が発生する。社会には神聖なる目的があり、強く団結している。強力な選択圧がかかっており、もっとも裕福なものだけが子孫を残すため、社会はだんだんと知的になって行く。g因子への選択圧が十分に強ければ、その知的な能力を活かした文明が発生し、都市化が進むことになるだろう。しかし、そこには堕落も生まれる。実質的に、社会は「知的になりすぎて」、文明は崩壊する。

宗教心は、前述したように、ストレスと相関している。人々はストレスがかかるとより宗教的になる。宗教的な体験は、ストレスがかかったときに生じることが多く、ストレスに弱い神経症的な人は、宗教心が高まった時期を経験しがちである。[*364] 宗教心は、およそ四〇パーセントが遺伝的であることからは、そうした性向は進化してきたものであると考えられる。その目的の一つは、ストレスを和らげるためだろう。[365] とても高いｇ因子の社会では、少なくとも裕福な階層にとっては、ストレスがとても低い環境をつくり出すことができる。その結果、彼らのひじょうに高いｇ因子と相まって、宗教心は衰える。

これは、さらなる結果をもたらす。ストレスは、おそらく出生率を高める。多くの子どもを生めば、生き残る子どもが比較的に少ないことを補償できるからだ。環境や社会のストレスが下がれば、子どもの数は要らなくなる。簡単に言えば、子どもが生き残るために、それほど多くの子どもは必要ないので、小家族で十分なのだ。また高い知能は知的な活動の追求につながり、まったく子どもをもたないことも合理化するだろう。反対に、知能が低いなら、衝動的に行動するために、偶然によって子どもの数は増える。それ以前の時代では、こうして偶然に生まれた子どもは、若くして死んだに違いない。しかし社会の生活状況が向上して、医学知識が高まれば、こうしたことは起こらなくなる。さらに生活水準が上がれば、ストレスは軽減され、利他主義が広まり、社会内の不幸な人々の世話をするようになる。十分に豊かになれば、福祉制度で彼らを養うようになる。こうしたプロセスは、貧しい人々、つまりｇ因子の低い人たちの子どもの数を増やす。高いｇ因子に対する選択圧は弱まる。

徳目のシグナリングと平等

同時に、快適な生活を送るエリートたちは、知的な、あるいは道徳的な地位をめぐって他のメンバーと競争をし始める。ドイツの心理学者フォルクマー・ヴァイスによれば、彼らは自らの利他性を示すために、社会の宗教的な伝統を批判するのである。*366 ソーシャル・メディアの誕生は、こうした知的・道徳的な地位をめぐる競争を浮き彫りにした。

例えば、二〇一五年のパリのテロリズムのような悲劇が起こると、フェイスブックは「パリに祈りを」といったスローガンや、プロフィールの背景写真をフランス国旗に変えるような人で溢れかえる。そうした行動は、当然ながら、テロリズムとの戦いやその惨禍を被った人々を助けはしない。それは単なる、自らの徳目のシグナリングである。優しさは社会的にも性的にも価値のある特性だが、そうした人々は社会に対して自分が優しい人物であることを誇示しているのだ。しかし、こうした活動は、競争的利他主義の軍拡競争をつくり出す。それはイギリスでは、一九四〇年以来続いてきた政治的左翼の主張の変化に見て取れる。

一九四〇年代には、左翼の中心課題は、労働者階級の状況にあった。その時点では、まだ国民健康サービスや高いレベルの失業保険、再分配的な課税などの考えに対して、有力な反対者がいた。いったん全員が、あるいは少なくとも大衆がこうした考えを受け入れると、そうした政策を指示するだけでは地位を得られなくなった。よって、失業手当を増やす競争が始まり、その他にも人種差別主義や性差別主義にも論点が移った。人々は自分がいかに人種差別主義に反対しているかを強調することで、自分の徳目が優れていることを示し始めた。これは新しい反人種主義の軍拡競争をもたらし、一九九〇年までには公に人種主義を自認する者はいなくなった。こうした軍拡競争が続く中で、性的指向についての新たな競争が起こった。どれほど自分が伝統的ではない性的指向を持つ人たちを助けようとしているかを示して、徳目を強調するのだ。この軍拡競争は、ゲイ同士の結婚や男女の区別のない公衆トイレなどといった、二〇年前には考えられなかったイノベーションを生み出した。

しかし、また別の軍拡競争も起こっている。これは、「知的」軍拡競争と呼べるかもしれない。エリートは互いに、高いg因子や独創性をめぐって競争をしている。彼らは、伝統のすべての側面について疑問視したり、批判したりするのである。宗教的な伝統を疑問視することはその大きな焦点であるが、それは社会的ヒエラルキーや性的役割分担、性に関する伝統的なモデルなど、すべての伝統規範を疑問視することにも及ぶ。またしても、これは軍拡競争を生み出し、ますます極端な見方が支配的になる。

これによって伝統的なヒエラルキーの基礎が掘り崩され、新しい形態の宗教が起こり、それはエリートに属さない人々の地位を引き上げる。彼らは自らの利益のために、平等に基づくイデオロギーを促進する。こうしたことから、フォルクマー・ヴァイスによればg因子の低下を逆転させるような政策に賛同することは難しく、危険でさえある。[*367] こうした種類の政策は、民主主義では成立しないだろう。ヴァイスはまた、民主主義と社会主義はこうした平等主義に基礎を持つイデオロギーの例であると言う。それらは人々を平等に扱う。絶対的な意味において、あるいは政治参加を通じての公共の福祉に対する貢献能力においてである。そして社会主義においては、高い知能の人々から低い人々への資源の移転によって、低い人々の遺伝的な利益を助けることになる。

さらに、宗教の衰退がこれを加速する。社会階層を補正した場合、宗教心と出生率は大きな相関がある。信心深いほどに、大家族になるのである。なぜなら、多くの宗教では子どもは神からの祝福であり、できるだけ多く産むようにと教えるからである。しかし、エリートの知能が上がり、ストレスが低下し、宗教心がなくなるにつれて、彼らの出生率は低下する。「産めよ、増えよ、地に満ちよ」と命ずる神はいないのだから、何を気にする必要があるだろうか？「陽気に飲んで、食べよ。明日には死んでいるのだから」ではいけないのか？少ない数の子どもや子どもがいなければ、人々は比較的に高い生活水準を享受できるが、それは自分の遺伝的な利益を犠牲にしている。それはg因子の低下をもたらし、社会の、特にエリート層の自民族中心主義を低め、ニヒリスティックにさせる。こうした見方は、エリートを真似るプロセスによって社会に広がる。ドイツの社会学者ゲオルク・ジンメル（一八五八—一九一八）によって、「トリクルダウン理論」として強調されたものである。[*368]また社会的な地位が低い人々ほど、ストレスを感じていない。

g因子が低下すれば、社会は機能しなくなり、犯罪率は上がり、信頼のレベルは低下して、民主主義は基礎を失う。社会が発展するにつれて、社会的な差が広がることは前述した。実際、フランスの経済学者トマ・ピケティは、二五〇〇年間のフランスの課税記録を使って、経済成長とともに富の格差が広がることを示した。[*369]エリート層は宗教的な信仰によって聖域化されることはないため、彼らは平等主義を掲げるプロレタリアート組織のメンバーから、常に挑戦されていると感じる。彼らが権力を持つほどに、資源は富める者から貧しい者へと移転され、貧しい者が増えて、g因子の低下はますます顕在化する。

こうして内部・外部のプロレタリアートが権力を握り、現在の文明はすでに冬にさしかかる。社会は宗教による結合力を失っているため、イブン・ハルドゥーンのいう「砂漠の部族民」が容易に侵略可能な状態になる。イノベーションは起こらなくなり、最終的には逆行し始める。ストレスのレベルが上がるにつれて、合理主義は退行し、宗教的になる。この過程は、前近代におけるg因子の選択圧に戻るまで続くだろう。そこから、何らかの形で、灰からの再生が始まる。言い換えれば、社会は、あまりに過酷な状況がg因子への選択圧と宗教心を再び確立するまで衰退し続ける。そのとき、イブン・ハルドゥーンによれば、新しい周期が始まるのである。

純粋に理論的には、完全に環境主義的なマルサスのモデルでさえも、g因子を加えることで、その疑問が解消する。フォルクマー・ヴァイスが述べているように、マルサス的な状況では、知能は繁殖率と正の相関があり、高い知能が選択される。しかし、このことは産業革命へとつながり、経済発展と生活水準の上昇スピードが人口増加を上回る。こうして、富の増加が人口増加に追いつかず、人口が激減するというマルサス周期は破られる。人口はますます増加して、g因子が選択されるようにはならない。実際、確実な避妊法と高いレベルの生活水準によって、g因子への選択は逆転する。最終的には、その結果としての知能低下によって、人口増加を維持する方法が見つからなくなる。

これは前述したように、人口あたりのイノベーション率の低下に反映されている。人々は、かつてより高い知能であった社会で理解されていたシステムを習得する能力を失う。これが人口崩壊や混乱、文明の衰退を生み出す。加えて、高い生活水準によって宗教は衰退し、エリート層はもはや団結心やモチベーションを失い、革命が起こりやすくなる。しかし、知能が高いメンバーはより裕福で、先見性があるため、こうした社会の崩壊を生き残る可能性が高いだろう。よって文明の崩壊は、残った人々のg因子を高めることになり、再び新しい発展のサイクルが始まる。

気候変動

しかし、こうした周期を理解するには、また別の人口崩壊のモデルが役立つかもしれない。その犯人は実は気候変動であるとも考えられるのだ。[*370] 寒冷な気候は、人々をより暴力的にすることが知られている。天候に恵まれなければ収穫が減少するため、飢えた人々は資源を確保するために行動を拡大しようとするからだ。近代初期のヨーロッパの気温は、現在よりもかなり低かった。これは小氷期があったためで、それは「マウンダー極小期」と呼ばれる黒点活動のひじょうに低い時期に対応する。研究によれば、寒冷な気候は戦争や集団間の紛争と相関している。小氷期は、「一七世紀の危機」と呼ばれる、ヨーロッパの極めて暴力的な一連の紛争の時代であった。[*371] この時代は、特に貧しい階層では極めて死亡率が高かったことを思い出してもらいたい。また前述したグレゴリー・クラークによれば、高位階層の子弟が階層を下っていった時代でもあった。つまり、もし寒さと飢えを生き残っても、暴力と病気が襲ってきた。寒さは、直接・間接的にg因子の適応度を高めた。この時代には、天才も出現したことも思い出してほしい。またしても、このことは集団間の紛争と集団選択が起こっていたことと整合的である。天才は、もっとも大きく、賢く、成功した集団から多く輩出された。

この時代には、例えばイギリスのように、もっとも成功した集団が帝国を建設した。これはさらなる大規模な人口増加を引き起こした。しかし一八世紀の半ば、近代の後半が始まる頃までには、気温は上昇し始めた。ヨーロッパの人口に対する生態学的なストレスは、減少し始め、天候不順や飢餓からの死亡率も下がった。ナポレオン戦争の後は、イギリスの平和を意味する「パックス・ブリタニカ」と呼ばれる時期が訪れてストレスレベルが下がり、人々はより平和的になった。[*372]

この時期には、天才たちの業績がすべての人の生活をより良いものにした。衛生や医学、労働に代わる技術などのイノベーションが花開いた。これらが経済効率を高めて、社会的なイノベーションにつながった。例えば、一八七〇年代のドイツに導入された福祉国家のような考えである。[*373] ストレスが下がり、福祉に守られた人々は平和的になり、個人選択では低い知能が有利になる体制へと変貌した。この状況は、知能の高い個人が自分の子どもの数をコントロールできるようになり、さらに加速した。

最近出版されたモノグラフでは、心理学者のチームが、過去四〇〇年にわたる温度変化と集団選択の強さ、難易度の高い四つの言葉について実証的に検証した。集団選択圧は、人口あたりの死亡率と文章に含まれる利他主義的な言葉の頻度、世界人口に対するイギリス人の割合を混合して計算された。また四つの言葉は、図7にあるようにワードサムからグーグルNグラムを使って算出された。その結果は予測と一致しており、地球気温の上昇は集団選択の強さと負の相関があり、集団選択はg因子レベルと正の相関があった。つまり気温が上昇するにつれて、集団選択圧は下がり、g因子のレベルが下がったのだ。[*374]

基本的に、文明の盛衰は、究極的にはｇ因子によって基礎づけられる、一連の関連したモデルによって理解することが可能である。次章では、こうした社会周期のモデルが、近代以前のもっとも偉大な文明であるローマに対して、どのように適用できるかを検討する。

第11章　文明圏における一般知能の推移

ローマの歴史化ポリュビオス（二〇〇―一一八BC）については前述した。彼はローマが崩壊する何世紀も前に『歴史』を著した。ローマの滅亡は、伝統的にはゲルマン人がなだれ込んできた四一〇年である。一七世紀半ばにニュートン（一六四三―一七二七）が学んでいたとき、ローマ文化は越えがたいほどに重要であると考えられていたため、学校ではほとんどラテン語のみが教えられていた。これは現在のイギリスの状況とは異なる。ほとんどの学生はローマ帝国について学校で学ぶが、歴史の授業では、その焦点は「近代史」、特に二〇世紀の歴史にあることがほとんどである。そこで、ローマ文明とその後継の間の恐ろしいほどの類似について検討する前に、簡単にローマの歴史について概観するのが良いだろう。*375

ローマは紀元前九世紀に成立したが、もともとは王家が支配していた。そこでは、多くの点で現在のヒンドゥー教に似た多神教が発展した。信仰よりも血縁や儀式が重視され、宗教的な行為はイタリア全域でかなり異なっていた。共和政ローマは紀元前五〇九年に誕生し、前三世紀まではイタリア半島全域を支配した。この時までに、約三二万人がローマ市に住んでいた。五〇九年頃以降、ローマの政治は、ローマ貴族である「パトリキ」によって構成される元老院が担っていた。加えて、選挙によって選ばれた民会があり、一年ごとに選ばれる執政官がいたため、ローマの自由人である「プレブス」には政治参加が認められていた。その下には奴隷がいた。しかし彼らには各種の自由が与えられ、教育があり、影響力もある者もいたし、自らの自由を買い戻すだけ稼ぐ者もいた。

しかし、紀元前一世紀までにローマは帝国を建設し、そこでは紛争が相次いだ。ローマ以外のイタリアの自由人たちはローマ人と同じ権利を求めて争いを始めた。ローマのために戦った同盟諸都市は十分な見返りがないことに怒り、内乱が発生したのである。また、正当に扱われておらず、貧窮した奴隷たちによる反乱も頻発した。スパルタクス（およそ一一一―七一BC）に率いられた逃亡奴隷の一団によってローマ周辺は荒らされ、紀元前七三年から七一年にかけて、ローマは大きな危機に陥った。半民主主義であった共和国ローマはこの危機を乗り越えることができず、ユリウス・カエサル（一〇〇―四四BC）の下で軍事独裁制へと移行した。彼が暗殺されるとローマは独裁政へと向い、前四四年には皇帝アウグストゥスの下で帝政へと移った。しかし、それは王位が長男へと受け継がれるという、完全な王朝ではなかった。新しい皇帝は元老院によって任命されるか、あるいは皇帝の衛兵団によって擁立される必要があったのである。よって独裁政はひじょうに不安定で、内乱や独裁、反乱やクーデタに満ちたものであった。カリギュラやコンモドゥスなど多くの皇帝が暗殺されており、二三五年に皇帝が暗殺されて以降、五〇年の間に二六人の皇帝が続いた。

最終的に、帝国はコンスタンティヌス帝（在位三二四―三三七）の入信によって、キリスト教化した。さらに反乱が続いてローマは二分され、その中心はビザンティウムへと移った。この時までに、ローマの人口は最盛期の一〇〇万人から大きく減少していた。四一〇年までに、ローマ市は腐敗して内紛が続いたために、ローマ帝国内部からゲルマン人によって略奪されることになった。四八〇年には、ローマ最後の皇帝が殺され、異民族の将軍がそれにとって代わった。ローマ市の人口は一〇万人にまで減少した。ローマの人口は激減し、文化的な遺物が再利用された。これは破壊のプロセスであり、ルネサンスまで続いたのである。

ローマと一般知能

以上のことは、単純化されたローマの盛衰の概要であることは間違いない。しかし、そうした簡潔な要約でさえも、このローマ盛衰のプロセスに g 因子が関与していたことを疑わせるに十分である。もちろん、これまで無数の理論家が、帝国の衰退を説明しようとしてきた。しかし、それらの多くはただの状況記述でしかない。イギリスの歴史家エドワード・ギボン（一七三七―一七九四）は、次のような有名な文章を残している。

栄光あるローマの軍隊は、遠方での戦争において、異邦人や傭兵たちから悪徳をえて、最初は共和国の自由に反対し、さらには人々の尊厳を踏みにじった。皇帝たちは身の危険と公共の安寧を案じて、各種の原則を堕落させるような方便をとるようになった。そうした原則とは、彼らの元首や敵たちにとって、ローマ軍を恐ろしいものとして維持するような規律であった。軍隊の規律は次第に乱れ、コンスタンティヌスによってわずかに復活したものの、最後には消失した。ローマ世界は、未開人の大量流入によって圧倒された。[*376]

これは、なぜこのプロセスが生じたのかを説明したものではないため、特に民主制が高いｇ因子と相関しているのに、なぜローマは独裁制へと退化したのかという疑問が生じる。最近になって、歴史家ラムゼイ・マクミランは、政治の腐敗が進むことでローマは崩壊したと主張した。[*377]だが、なぜ腐敗が進んだのか？　前述したように、汚職はｇ因子と相関している。しかし、また別の考えには、そうしたプロセスの背後には鉛汚染が存在したというものがある。[*378]上流階層は鉛の水道管から出る水を飲んでいた可能性がより高く、鉛中毒になっていたというのだ。もちろん、これはｇ因子がローマの衰亡に関係があるということを意味している。しかし、これに対する批判者は、水道管の鉛濃度は中毒になるほどではなかったことを証明している。[*379]本書では、こうした政治腐敗のもっとも単純な説明は、ローマ帝国上層部での出生率の低さを原因とする、ｇ因子の低下だと考える。さらに説明しよう。

ローマが発展し始めた初期は王政であり、その平均的なｇが特に高かったわけではないだろう。しかしローマの状況は、近代初期、産業革命以前のヨーロッパと同じ遺伝的な選択圧にあった。ｇ因子は選択され続け、世代ごとに上昇したと考えられる。紀元前四〇〇年までには、すでにｇ因子が高くなっていたことがうかがわれる。ｇ因子は特定の行動様式と相関している。特に協力行動、市民の政治参加、民主主義の支持、高い信頼関係、社会的な問題解決能力などだが、これらすべての特徴が、この時点でのローマ共和国の政治形態に反映されているだからだ。一般知能はまた、複雑さの処理能力のすべてと関係しており、実際に、我々はローマの建物や芸術が次第に複雑化したことを知っている。特にローマのエリート層の一般的な生活水準は、かつてに比べてはるかに高くなった。

g因子とその結果としての生活水準が高まるにつれて、ゲルハルト・マイセンベルクの著作『神のイメージ』において指摘されたような、興味深い発展の様相が生じた[*380]。平均的にはもっとも高い知能をもっていたエリート層が、子どもの数をコントロールし始めたようなのだ。これはローマ帝国の一部となっていたギリシャでも、紀元前二世紀のポリュビオスの時代に見られたことだ。ポリュビオスの有名な記述によると、

我々のこの時代に、ギリシャ全土の出生率が下がっており、人口は減少している。それによって、戦争が続いているわけでも、疫病が蔓延しているわけでもないのに、都市は見捨てられ、農地は実を結ばなくなった。……なぜなら人々は、虚飾や貪欲、怠惰へと堕落して、結婚を望まなくなり、かりに結婚しても、原則として、子どもを最大でも一人か二人しか育てようとしなくなったからだ。

明らかに、これは彼の印象論でしかない。ポリュビオスはデータを示していないし、彼の個人的

な動機に基づいた記述でしかないため、そのように取り扱う必要がある。上記の引用は、主にポリュビオスが親しく付き合っていた階層のギリシャ人のこと、つまり普通のギリシャ人というよりは、エリート層についてだろう。そうでなければ、人口崩壊は信じられないほど速かったはずだ。しかし、こうした留保をつけたとしても、ギリシャ上流階級のメンバーは高い生活水準を享受しており、わずかな数の子どもを育てるか、あるいはまったく子どもをもたない。

こうした観察は、現代に見られる状況と、まさに完全に類似している。ギリシャ人の知能は高まり、子どもを持つかどうかを合理的に考えるまでになっていたのだ。豊かな生活は、幼児死亡率をかなり低くしたであろうし、ほとんどが成人するまで生き残るだろうと予測できるため、子どもの数を減らすことは合理的であった。こうして子どもたちも高い生活水準を維持することができ、一人ひとりが、大家族の場合よりも大きな家系の財産を引き継いだ。古代ギリシャ人はいくつかの避妊法を利用したが、高い知能の人々は、より効果的に避妊をしただろう。こうして、紀元前二世紀のギリシャや、おそらく同じようにローマでも、もっとも高いg因子をもつ人たちは比較的に出生率が低い状況にあった。

もちろん二世紀後には、こうした状況はローマでも同じだったという記録が残っている。ポリュビオスの二世紀後、アウグストゥスの時代のローマの貴族には、子どもが多くいなかったことが良く知られている。詩人オウィディウスは、当時のこうした変化を、彼の詩「ヌクス（クルミの木）」にあらわしている。

しかし、不妊の影を落とすだけの葉の広がりに、どんな木よりも大いなる称賛が与えられる。こうして、(もしクルミの木である私がその一人であるなら) 我々果実を実らせる者たちは、葉を茂らせることに耽り始める。今や、リンゴは毎年実ることはなく、傷んだグレープやベリーが家へと持ち帰られる。今や、美しい女性は自らの子宮を傷つけ、今日では親になる者は稀である。*381

マイセンベルクによると、ローマの行政当局は上流階級に子どもを増やすようなインセンティブを与えていたが、それはうまくいかなかった。避妊ができたため、ローマのエリート層は子どもを持たずにセックスを楽しむことができたのだ。これは暗黒時代に避妊の知識が失われてしまったため、近代初期のエリートには不可能だった。ローマではこれが可能であり、ある程度は、下層社会にも広がっていたらしい。この結果は予想されるものだった。死亡率を下げる近代医学がない時代、実際に人口は一般に減り続けた。イタリアの人口はアウグストゥス時代の七四〇〇万人から、紀元六〇〇年には二四〇〇万人にまで減少した。加えて、明らかに社会の高知能のメンバーは繁殖を止めるか、あるいは十分な数の子どもを残さなかったため、毎世代ごとに集団のｇ因子は失われただろう。

こうした出生率の低下の重要な側面は、宗教心の衰退である。前述したように、超自然的な力を信じて崇拝するという宗教心は、ｇと弱く逆相関している。よってｇ因子が高まるにつれて、人々は宗教的ではなくなる。この変化は、人の人生においても見ることができる。幼児期から成人時代を経て、中年時代の頂点まで知能が上がるが、その後、認知能力は低下し始める。幼少期には、すべてのことがある種の超自然的な存在によって説明されるようなおとぎ話を信じる。だから、子どもたちはサンタクロースやイースターバニー、歯の妖精を信じることができる。もっと大きくなって九歳頃には、こうしたことを信じなくなるが、それでもほとんどが神様を信じている。一〇代に入ると、こうした信仰に疑問を感じ始め、中年期までには、無神論がもっとも広がる。同じように、社会のg因子が上がるにつれて、宗教心は低下すると考えられる。前に見たように、宗教心のまた別の側面は、ストレスである。ストレスを感じていない人は、一般に宗教心が低い[*382]。

こうしたことからすると、ローマ帝国の最盛期においては、ローマ上流階級のメンバーが、伝統宗教的な価値観を疑問視したことは驚きではない。gレベルと物質的な快適さが高まり、もっとも知的で快適な生活をおくるメンバーには、そういう心理的な状況が与えられたのだ。また前述したように、上流階級では利他性を誇示することで自分のg因子を示し、社会経済的な地位を得ることができるため、平等性を基礎にする新しい宗教が指向された。ちょうど古代ギリシャで起こったように、世俗的な哲学が隆盛を極めた。それらは古代ギリシャに起源を持つものだったが、例えばストア派の哲学には、伝統的な宗教に対する強い懐疑が含まれていた。

こうして、ちょうどギリシャで起こったように、中には世俗的な考えを意図的に批判する者も現れた。マイセンベルクによれば、実際に、次第に多くのエリートたちが自分の人生を自分で決めるようになった。例えば、彼らは大家族をもつかどうかは神が決めることだという信仰を失っていた。そして伝統的な宗教が多産を勧めることについては、彼らはそれを無視していた。こうしてg因子の上昇は、宗教心の衰退と一緒に進んだ。ローマ世界では、こうした理由からもっともgの高い階層の出生率低下につながった。産業革命後の大きなフリン効果がなかったため、数世紀もあればこうした要因が文明の崩壊をもたらすには十分な時間であり、まさにそれは起こった。前に書いたように、ユリウス・カエサルの時代までにローマは混沌状態へと退化し、シュペングラーが予期したように、その反動として民主主義は崩壊し、ローマの第二の宗教である皇帝独裁主義が巻き起こった。

しかし、ほとんど同時期に、ローマ帝国ではキリスト教が勃興している。それは最初は貧困層、つまりおそらく比較的gの低い人々の宗教として始まった。イブン・ハルドゥーンに従うなら、それはローマにとっては砂漠の部族の宗教であり、急速に貧困層に広がることができた。ローマ社会のgが下がるにつれて社会は次第にストレスが高まり、第二の宗教でさえも支持を失うと、キリスト教はローマ社会に普及し始めた。ローマの歴史家タキトゥス（五六―一二〇）は、ユダヤ人には避妊がタブーであり、キリスト教はこの避妊についてのタブーを受け継いでいると書いている。よって、それ以前から上層よりも高かったであろうローマの下層階級の出生率は、キリスト教によってさらに高まったと考えられる。これによって、ローマ人の平均知能はますます下がったに違いない。この点において、マイセンベルクはこうした状況のおおよその計算をしている。彼の記述では、

紀元五〇年から四〇〇年の間に一四世代があり、宗教的な教えによりキリスト教徒には二〇パーセント多くの子どもがいたとしよう。キリスト教への改宗がまったく起こらなかったとしても、ローマ帝国のキリスト教徒の割合は一〇倍になり、例えば二パーセントから二〇パーセントになる。これは初期キリスト教の広がりを説明するのに十分だろう。*383

すでに議論したように、このプロセスは、キリスト教が修道生活や独身主義などのような世俗的ではない生活を重視したことによって、さらに顕著になっただろう。知能が高くて敬虔なキリスト教徒は、子どもを持つことを奨励されなかったため、集団のｇレベルはさらに低下した。加えて、キリスト教のローマでは妊娠中絶や、乳児の捨て子が禁止された。これらはｇレベルの低い人々に多いやり方であるため、これによっても集団のｇレベルは下がった。イブン・ハルドゥーンによれば、ローマのｇレベルと宗教心は、集団選択圧の弱まりによって低下した。なぜなら、当時のローマは、もはや争っている集団はなく、拡大というよりも縮小していたからだ。加えて、信仰心とは集団選択の現象である。よってローマの天才の数が減少しただけでなく、十分な自民族中心主義や団結心も失ってしまい、宗教的に分裂した状況にあった。当然に、ローマにとって砂漠の部族民である未開人に侵略された。

このように古代ローマでは、文明の盛衰についての社会周期モデルにぴったりと符合するプロセスが存在した。本質的には、社会のｇレベルが高くなりすぎ、生活が快適になりすぎ、冷たい表現ではあるが、自分たちに優しくなりすぎたのである。これらすべてが、文明の機能を維持する社会の高知能層の出生率の低下と、彼らの人口割合の低減、そして集団のｇレベルの低下へとつながった。ｇレベルが低下するにつれて、社会は宗教的になるが、当初は、こうした形の宗教（キリスト教）は社会のｇレベルをさらに下げることになった。それは貧しい者たちの宗教として平等を促進することに注力したが、それは自民族中心主義を下げて、普遍的な人類愛を推奨した。キリスト教は、ローマの軍事的価値観と自分たちの強い優越感を鼓舞していたローマ伝統の多神教にとって代わった。同時に、残った多神教もキリスト教に比べて明確な意味や団結心を失い、各地の伝統と儀式の寄せ集めになってしまった。

明らかに、ローマのｇレベルが上下したことを実証的に証明することは難しい。残された証拠が少ないからだ。しかし、我々が西洋文明に対して用いた指標の一つは、人口あたりのマクロ・イノベーションの数であり、それを古典時代について計算してみた。ローマ時代のマクロ・イノベーションの比率は、紀元前五〇〇年から三五〇年の間にピークを迎えた後、紀元三五〇年まで急速に下がり、それ以降は一〇五〇年頃に暗黒時代が終わるまで、ほとんど一定のままであった。[*384] この時代の世界的なマクロ・イノベーション率のグラフは、図11に記した。

ローマの天才たちと集団のｇレベルの盛衰については、紀元前二世紀の上流階級での出生率の低下と紀元一世紀の民主主義の崩壊を含めて、これまで示してきた証拠と一致している。ローマは確かに勃興・衰退したが、それはローマのｇレベルの代理変数のパターンや、帝国の高知能階層の出生率の低下とおおよそ並行している。

避妊とキリスト教

しかし、もしローマ崩壊の根本原因に迫ろうとするなら、ｇレベルが高くなりすぎ、そのことがｇの低下プロセスの発端となったと言えるだろう。なぜなら、もっともｇの高い人々が避妊をして子供の数を減らしたからだ。これは、すべての先進文明の宿命だ。ｇのレベルがある程度に上がって、あまりに快適な生活になると、宗教心が失われ、永遠という感覚がなくなり、発展のエネルギーがなくなって、衰退を始める。しかし、なぜローマ文明は、産業革命を達成する前に崩壊したのだろうか?

ゲルハルト・マイセンベルクは、洞察に満ちた指摘をしている。完全に避妊を禁止すれば、西洋文明の衰退は遅らせることができただろうというのだ。創世記38章9節では、神は、中断性交によって避妊をおこなったオナンを殺している。

しかしオナンはその子が自分のものとならないのを知っていたので、兄の妻の所にはいった時、兄に子を得させないために種を地に洩ら

［図11］ バンチとヘレマンのリストに基づくイノベーション率。点は10年間の平均値。(3次関数近似)＊385

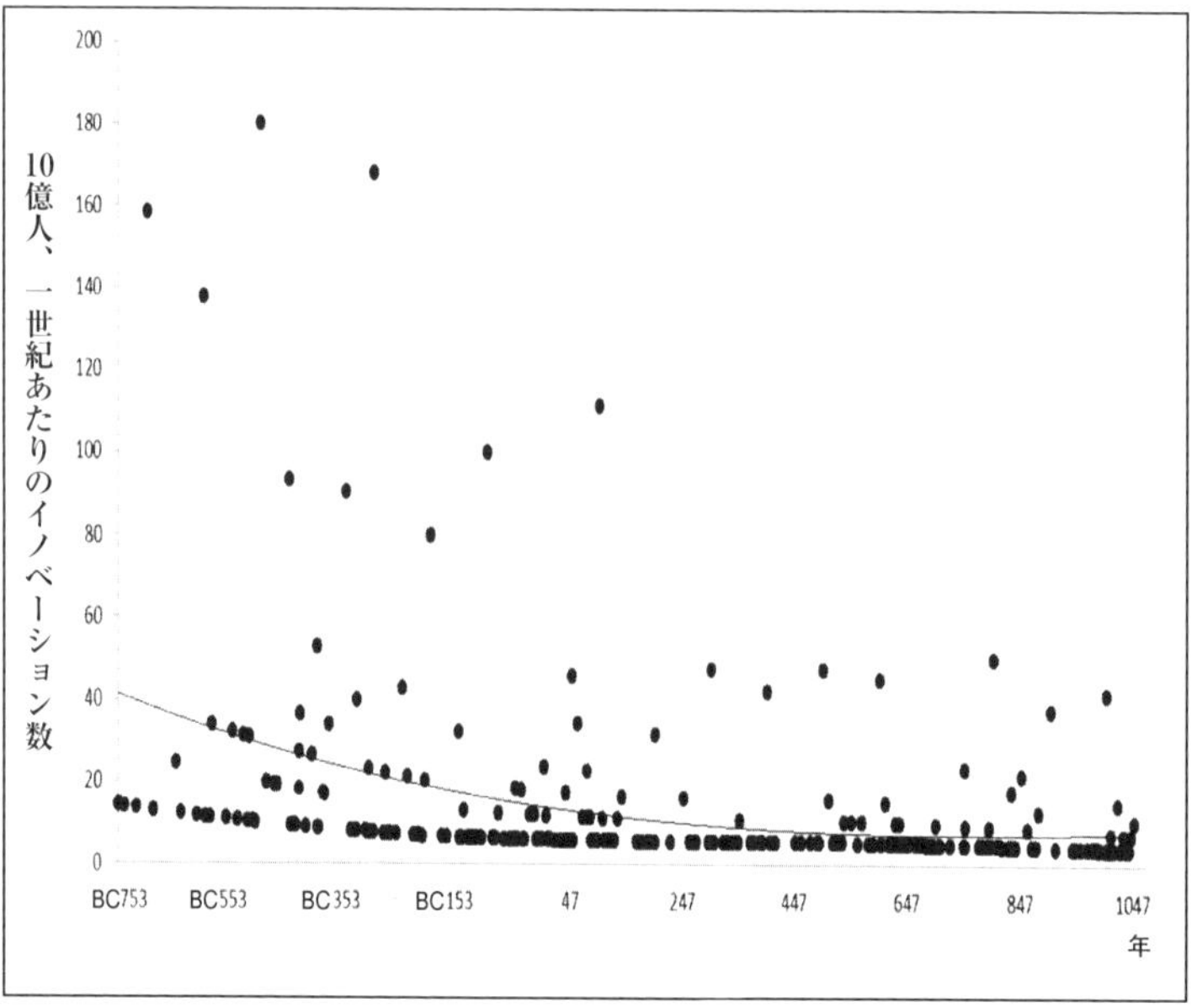

した。彼は主が嫌悪することをしたので、主は彼を殺された。

この文章は教父たちに引用され、妊娠につながらないすべてのセックスを避難するために使われた。聖ヒエロニムスの『ヨウィニアヌスへの反論』（第1章19節）での見方が、こうした考えを、うまくまとめている。

しかし、なぜ彼は、ユダやタマルの例を我々に示したのだろうか。ひょっとして娼婦でさえも彼に快楽を与えなかったのだろうか。あるいは、兄を恨んだために殺されたオナンはどうか。彼は、子どもをつくることを目的としない性交が認められるとでも考えたのだろうか？

避妊のタブーは一九世紀に入っても各地に残ったが、それはg因子への選択が、産業革命が起こるまで続いたことを意味している。*386 古代ギリシャやローマ、中東世界では避妊が認められていたが、そこでは、おそらく一八世紀初期のヨーロッパほどのgレベルに到達した後に衰退した。

マイセンベルクが主張するもう一つの違いは、キリスト教の性質にある。多神教の宗教とは異なり、一神教であるキリスト教は、もともとの形態では、ひじょうに反知性的であった。神は犠牲を通じて交渉可能な存在ではなく、疑うことなく従うものであった。神のようになろうとすることはできず、彼の前にひれ伏すだけだ。神は、ローマの神々のような人格は持たず、ただ完璧なのである。彼は、自らの創造を理解することを求めない。実際、そうした努力は、知恵の実を食べること、バベルの塔をつくることであり、神により罰せられる。キリスト教の指導者たちは「知恵」、つまり「合理的な思考」を非難している。聖パウロが述べるところでは、「この世界の知恵は、神の視点からは愚かなものでしかない」。なぜなら、「彼は知恵ものたちを、そのずる賢さで捕える」と書かれているからである」（コリント人への手紙 第一 3章19節）。また別のところでは、「ユダヤ人はしるしを請い、ギリシャ人は知恵を求める。しかしわたしたちは、十字架にはりつけられたキリストについて説く。それはユダヤ人にはつまずく石であり、異教徒にとっては愚かなものである」（コリント人への手紙 第一 1章22節）。天国とは異なり、この世界は罪深い場所であり、人類のすべては罪を背負って、それを悔い改めねばならない。もし「合理的思考」によって神の摂理に疑問を感じるなら、それは自尊心であり、罪深いことだ。共同体への参加資格は血縁のつながりや儀式の参加ではなく、例えば三位一体のような、見かけ上は非論理的であるような、ある種の教義を受け入れることなのである。[*387] テルトゥリアヌスが書いているように、キリスト教から合理的思考への最大の批判では、「私がそれを信じるのは、それが矛盾しているからだ！」

教義を受け入れない者は地獄へ行くか、異教徒であると避難された。実際、これまでキリスト教は、正統の教義からほんのわずかでも離れた主張をめぐって、人々を非難して火炙りの刑に処してきた。本質的に、教会は摂理に従った世界観を発展させ、それを疑問視してはならなかった。そこには、歴史や宇宙の性質を理解することも含まれていた。世界は罪深い場所ではなく、神の本質を理解するための啓示に溢れた神聖な場所である。預言者ムハンマド（五七〇頃－六三二）を侮辱する者や、神の存在を否定する者は非難されたが、イスラム教は同じほどには世界のあり方を規定しようとしなかった。これは微妙な相違ではあるが、この点ではイスラム教は異教に近い。世界は、観察によって理解可能な神聖なものであるからだ。マイセンベルクの議論では、イスラム教はユダヤ教とキリスト教後期の教えから生まれたが、その時点での社会は、それ以前よりも合理的になっていたからである。

マイセンベルクによると、キリスト教はヨーロッパに中東の初期段階の社会を反映した形で広がったが、それはｇレベルが低下した時点のヨーロッパであった。よって、キリスト教は明示的に反知性的であり、キリスト教社会の人々に対して、決して教義を疑問視しないように仕向けた。それは例えば、科学の追求のためという理由を含んでいたが、一九世紀までには、キリスト教は新トマス主義の形で科学的な探求を促進するように、再解釈されていた。これは間違いなく、集団のｇレベルが高まったことを反映している。*388 イスラム教もこうした側面については共通しているが、それほど顕著ではない。ハディースにおいて預言者ムハンマドは、世界の知識を重視することをイスラム教徒に特に熱心に勧めている。*389 これは聖パウロの態度とは完全に対照的だ。ハディースには、「アッラーの伝道師は言った。『誰であれ、自分が知っていることについて聞かれたにもかかわらず、それを隠すものは、火縄によって拘束されるだろう』（ハディース　２６４９章）と記されている。「ムハンマドは言った、『知識の追求は、すべてのムスリムにとっての義務である』」（ハディース　74章）、「また預言者は言った、『知識を得て、人々に与えよ』」（ハディース　107章）。

こうした違いの結果、例えば、ヨーロッパ文明が避妊をしたのは、他の文明よりもはるかに高いｇレベルの段階であったのかもしれない。より高いｇレベルで、初めて宗教を疑い始めたのである。

この決定的な違いによって、ヨーロッパ文明は、産業革命というブレイクスルーを実現するほどに長い時間、継続できた。皮肉なことに、啓蒙主義の極端な合理主義は、極端な非合理主義を採用することから生まれたのである。

イスラム文明

平均gレベルの変化によって説明できる歴史的な文明は、疑いなくローマだけではない。事実、我々は多くの文明に当てはまると考えている。少なくとも、自然災害や、予測できない突然の侵略で破壊されたもの以外のほとんどである。イスラム文明について考えてみよう。それはローマ崩壊後、暗黒時代の西洋世界では圧倒的な勢力であった。

イスラム文明は、預言者ムハンマドの指導によって六世紀に始まった。キリスト教と同じように、当初はアラビア半島の遊牧民の中でも、貧しく疎外された人々を惹きつけた。宗教的な熱狂をもって、ムハンマドは征服と改宗のプロセスを開始し、それ以前は主にキリスト教か現地の異教が支配した広大な領域を支配するようになった。その最北端はスペインにまで及んだ。内部の権力抗争によって、我々が近代ヨーロッパというように「イスラム世界」と呼ぶものは、政治的には複数の国へと別れていった。しかし、もっとも大きな勢力は、現代のイラクを中心としたイスラム帝国であった。こうしたプロセスでは、キリスト教世界に比べて、はるかに高いgへの選択が存在したはずである。なぜならイスラム教は一夫多妻であり、女性は高い地位の男に集中し、社会的地位はgの高さによって大きな影響を受けるからだ。加えて、キリスト教徒とは異なり、キリスト教会の教父にあたる、イスラムの宗教指導者や学者であるイマームは結婚することができた。

かくて、毎世代ごとに平均的なgは上昇しただろう。これは、イスラム文明が花開いた時期、いわゆる「イスラム黄金時代」まで続いた。これは明らかに、極めて高いg因子を反映したものである。この時期はおよそ八〇〇年から、一二五八年のモンゴル軍によるバグダッド包囲戦まで続いたと考えられている。ハールーン・アッ＝ラシード（七五六―八〇九）の治世では、バグダッドに「知恵の館」が創設された。世界の各地から学者が集められ、古典の知識をアラビア語に翻訳し、知識を発展させるために大きな予算が組まれていた。この時期には、より簡便な筆記法や製紙法の導入、光学や数学、科学の大きな進歩が起こった。それには、『動物の書』において「生存競争」の概念を唱えたジャーヒズや、人間は動物に由来しているという原始的な進化的な考えを論じたナスィールッディーン・トゥースィーなども含まれる。医学知識も進歩し、例えば、病院は肉がゆっくりと腐る場所に建てられるべきだと考えられた。バヌー・ムーサー兄弟は笛の自動演奏機を発明したし、イスラムでは初期の六分儀や簡便なアラビア数字の表記、食器のフォークまでが発明された。これらはすべて知識への欲望と表現の自由への強固な信頼によって裏付けられたものであり、ハディースの解釈によって人々に要求されていると考えられた。*390

しかし多くの要因によって、この文明は堕落していった。文明をつくってきたイスラム教は、生活水準が上がったために、次第にリベラルになった。これがローマの衰退と似ているのは驚きである。例えば、神秘主義的な信仰であるスーフィズムが流行し、それは貧しい人々の救済に焦点を当てていた。貧者を救うことは、つまりある程度は、比較的にgの低い人々を生き残らせ、繁殖させることを意味する。キリスト教の禁欲的、修道的な運動は、独身を貫く聖職と同じように、教育程度が高く、思索に耽る知能の高い人々を魅了しただろう。同じように、スーフィズムはとても禁欲的な運動であり、修道僧であるダルヴィーシュや托鉢僧であるファキールなど、追従者たちの多くは独身主義の世捨て人であった。[*391]

イスラム教は嬰児殺しや、最初期以外での堕胎を認めていない。マイセンベルクの主張では、それらの不愉快さや危険性を考えれば、そういった行為は、完全な絶望からgの低い女性が起こすことになる。その反対に、イスラム医学の発展と膣外射精の容認によって、イスラム世界では比較的に信頼性の高い避妊ができた。[*392] イスラムが多妻を容認していたとはいえ、ローマと同じように、幼児死亡率が低いなら、知能が高いほうが避妊に積極的であり、少家族を望んだに違いない。彼らはまた宗教に熱心ではなく、繁殖の教えにも従わなかっただろう。

よって、g因子が低く、もっと宗教的な人間が多く子孫を残し、学問の扉は閉ざされていった。こうして、はるかに知的ではない形態のイスラム教が起こった。このことは、『イスラムの科学的先駆者の百科事典 *The Encyclopedia of Muslim Scientific Pioneers*』に記されている重要な科学者の六四パーセントが一二五〇年以前、ほとんど一〇〇パーセントが一七五〇年以前に生きていたことの理由である。[*393] 現在のウィキペディアにある「イスラム科学者のリスト」の記事では、七〇〇年から一六九九年までに死んだ科学者に限るなら、一九五人中五〇人（二五・六パーセント）が一〇〇〇年代の一世紀中に死んでいる。[*394] この時代には、人口はそれほど増加していないため、これはイスラムのマクロ・イノベーションのピークであったと考えられる。興味深いことに、これはまた「イスラム黄金時代の」およそ中間時期である。この後、一二五八年の黄金時代の終わりまでマクロ・イノベーションは衰退していく。これは、平均的なｇの変化によってイスラム文明の盛衰が説明されるという議論と整合的である。

もちろん、イスラム文明の崩壊には複数の理由があるかもしれないが、しかしローマ文明にも起きたであろう一つの可能な解釈とは、ｇが高まって避妊法が発達し、少なくとも上流階級は快適でストレスの少ない生活を送っていたというものだ。彼らの宗教心は低下したが、それは征服と帝国拡大の時代を経た後の集団選択圧の低下を示す。これが避妊と相まって、彼らの出生率を低下させた。同時に、彼らは自らの人生をコントロールし始め、非現実的な哲学に惹かれたことで、ますます高いｇの出生率は下がった。こうした哲学は低いｇの人々を助け、そうした人々の出生率を高めた。宗教心が高く、ｇの低い人々はより繁殖して、文明の開かれた精神性や高い知能への欲求は減少して、文明は衰えて逆行し始める。同時に、彼らは片田舎のキリスト教ヨーロッパ人という「砂漠の部族民」に直面していた。当時のイスラム文明に比べれば、未開の野蛮人である。こうした人々は、高いｇへの強い選択圧や自民族中心主義、宗教心を持っていた。彼らはより強い集団選択を経て、アサビーヤ（連帯意識）が高かったのである。今や、歴史の歯車は逆転したと言えるだろう。現在はヨーロッパ人がｇの低下と宗教心の衰退を経験している。そして比較的に集団選択を受けてきたイスラム世界が、アサビーヤの高さでヨーロッパに侵入してきている。

多くの点で、中国文明は中東や古代ローマよりも高度なものであった。一〇〇〇年までには、結局は実現しなかったものの、産業革命の直前にまで到達していた。ヴェネツィア人マルコ・ポーロ（一二五四―一三二四）が中国に着いた時、そこでの発達した技術にひじょうに驚いている。古代中国では、占星術や磁気学、数学、幾何、方位磁石、地震計、人口調査、試験を経た官僚制度、マッチ、殺虫剤、肥料、火薬、印刷術などが発明されていた。こうしたイノベーションのいくつかは、ヨーロッパ人が知る一〇〇〇年も前に発明されている。中国の技術的な発明には、種まき機、プロペラ、パラシュート、燃料としての天然ガスの利用、機械時計などがある。彼らは犯罪解決のために法医学を創始し、長距離間の輸送システムを発達させた。土壌の侵食が地表を変化させることを理論化し、超新星を記録し、無数の薬草の特性を発見し、現実的な哲学を発達させた。[*395]

しかし、ほとんどの中国文明の発展は、ヨーロッパの暗黒時代か、それ以前に起こっている。中国はマルコ・ポーロの到着までほとんど停滞しており、一七世紀にイエズス会が訪れたときには、すでに衰退しつつあった。実際、西ヨーロッパは、この時までに中国よりも大きく進んでいた。一般知能の低下が、こうした状況を説明するように思われる。中国人は、ヨーロッパ人がしなかったような、各種の避妊の薬草を使っての避妊法まで実践していた。こうしてもっとも高いgの人々は、ヨーロッパでは完全にタブーとされたり、知られていなかった方法で出生率を下げていた。図11に戻ると、人口あたりのイノベーション率は紀元前五五〇年頃に頂点に達し、その後は減少している。一般的に、中国文明は紀元前四七六年までに深刻な衰退期を迎えたと考えられており、[*396]それは中国の天才たち、つまりg因子が頂点を迎えた後に衰退したこと、それとともに文明が衰退して古代ギリシャに追い抜かれたことと整合的である。

「これまで起こってきたことは未来に繰り返される」

各文明は、かなり予測可能なパターンに従っているようである。低いgでストレスが多く、宗教的な社会は、集団的な拡大を経験し、社会階層の降下を伴うような高いgへの選択が存在する。最終的には、それは文明の開花へと発展する。しかし、文明は医学を発展させ、生活水準を向上させて、ストレスを下げることで、貧者への寛容な態度を醸成してgへの選択圧を下げる。文明はストレスを下げ、またそこまで上昇してきたgレベルを反映して、避妊を普及させ、宗教心を減退させる。その結果、もっとも知的で裕福な人々は、合理主義のレベルに到達して、自らの人生をコントロールし始める。彼らは、子どもは自分たちの行為から生まれるのであって、神の意志からではないことを理解する。彼らの幼児死亡率は比較的に低く、彼らは競争して、子どもたちに高い生活水準を与えたいと考えた。彼らは知的な探求や非宗教的な考えに興味を持つが、そうした考えによって子どもを持ちたがらなくなる。

こうして彼らは、子どもを減らすために避妊を効果的に行う。gの低い人々は、避妊を効果的には行えず、またそれを行うほどには将来を考えない。よりストレスの高い生活を送り、より宗教的で、非合理的である。こうして社会の平均gは低下し始め、文明は最後に崩壊して、暗黒時代に立ち戻る。そうすると高いgへの選択が再び生まれ、特にそれは気候が厳しく寒冷になると高まり、プロセスは最初から開始される。「これまで起こってきたことは、未来に繰り返される。日の本に新しいものはなにもない」（伝道の書　1章9節）。

第12章 西洋文明の運命

本書の議論は、西洋文明は崩壊しつつあり、それはg因子の低下によるというものだ。これまで、西洋社会では産業革命まで高いgが選択され続け、その結果として文明が発展したことを示した。産業革命とともにgへの選択は逆転し、gは低下してきた。大きな科学的な進歩は低下し続けてきた。そうであるなら、西洋の盛衰はローマや、それほどはっきりとはしていないもののイスラム文明や中国文明と同じように、歴史的に追跡することができるだろう。そして西洋文明は、同じような経緯を辿っているはずである。

これが可能であるというのが、我々の主張である。そうした行為は予想にすぎないので、主観的だと批判する者もいる。しかし、どういった議論においても、統計を伴わない部分が存在する。歴史家の知見はほとんど質的なものだが、それらが即座に却下されるべきだということにはならない。次の節で我々は、西洋文明はシュペングラーが概説したような段階に従ってきており、現在起こっていることからは、今は冬に入りつつあるということを示そう。これを論証する中で、シュペングラー・モデルの文明の冬が訪れている証拠があり、それらが専門家たちによって、すでに広く議論されていることを示す。

西洋文明の萌芽

おそらく文明の段階については、シュペングラーが使った四季の比喩によって理解するのが、もっとも分かりやすいだろう。ローマ文明が崩壊し、暗黒時代が訪れた。よってヨーロッパの暗黒時代は、文明の冬にあたる。その時代は、例えばサクソン人やヴァイキングがイギリスを侵略したように、大量の移民や戦争、暴力によって特徴付けられる。科学はほとんど理解されず、宗教は多くの民族的な神話の信仰が混ざりあったものだった。法体系でさえも、神と世界の相互作用に基づいたものであった。犯罪の容疑者は、有罪かどうかを見極めるための厳しい試練による裁判を受けなければならなかった。畜産の知識が失われてしまったため、家畜はローマ時代よりも小型化した。[*397]王族や貴族を含めて、ほとんどの人が文盲であり、文字が読めたのは少数の聖職者に限られていた。都市は衰退し、荒廃していた。ローマの建築物は廃墟となり、どうやって建てたのか誰も分からなくなっていた。

社会は極めて宗教的だった。そうした社会の低いgは、中世の単純な建築と、子どもじみた、漫画のような芸術作品に反映されている。政治的には、戦士である王の専制社会であった。アングロ・サクソンの王は戦場で戦士することが普通であり、それは社会的なヒエラルキーが不安定であったことの証拠だ。この時が以前の文明がもっとも衰退した時期であり、それ以降の文明の萌芽となった時期でもある。つまりこの時代が文明の幕開けであった。

文明の春

これはつまり、およそ一〇〇〇年から一五〇〇年までの中世にあたる。社会はまだ極めて宗教的であったが、宗教はわずかにより科学的なものへと発展していた。このことは、例えばイタリアの聖トマス・アクィナス（一二二五―一二七四）のような学者が、キリスト教を論理的な原理から構築しようとしたような学術的な動きに見られる。この時期の終わりにかけての原始的な宗教改革では、例えば習俗的な要素を取り除いて、より合理的な宗教が指向された。政治的な支配は封建的な王政であり、それは究極的には軍事力に基礎付けられていた。しかし民主主義が芽生え、イギリスでは議会が生まれた。十字軍やマルコ・ポーロの中国旅行など、各種の探検も始まった。人口は圧倒的に農村にあったが、次第に都市が成長した。社会には、自制心や自己犠牲、利他主義を伴う騎士道精神が広がった。

建築では、入念な計画と熟練を必要とする複雑な城壁や大聖堂が造られた。特に墓碑の飾りにおいて、現実的な彫刻がつくられた。この時期の終わりにかけて、チョーサーの『カンタベリー物語』などのように、現代にも大きな影響を与え続けている多くの文学作品が生まれた。封建制は次第に壊れて、だんだんと貴族による半民主主義が取って代わった。これらすべての変化は、社会の

gの値が次第に高くなったことを意味しているだろう。前述のように、黒死病は社会のgレベルを極端に引き上げ、文明の夏への移行を加速した。この時期はまた、文明の幼児期であるとして特徴付けられる。

文明の夏

これは、およそ一五〇〇年から一八〇〇年までであるが、あるいはこの終わりは第一次世界大戦であると論じることができるかもしれない。現代のイギリスの人々は、特にテューダー朝（一四八五―一六〇三）の時代に魅力を感じているようだ。この時期に関しては、多くのドキュメンタリーが制作され、人気の本が出版されている。ヘンリー八世の宰相であったトマス・クロムウェルについて、フィクションを交えて描いた小説『ウルフ・ホール』はベストセラーになり、人気のテレビドラマにもなった。[*398] どうしてこの時期は、一五世紀や一七世紀よりも心を踊らせるのだろうか？多くの理由が考えられるが、その一つは、この時期が文明の初夏にあたり、いくつもの素晴らしいブレイクスルーが起こったことだろう。現実的な肖像画や彫刻が再び生まれ、当時の人々がどのような容姿であったかがはっきりと分かる。社会がより都市化するにつれて、巨大な官僚制が生まれ、はるかに多くの記録が残るようになった。

この時期の社会は、顕著に合理的になった。ルネサンスによって、多くの伝統的な信仰が疑問視され、ガリレオや後のニュートンのような人々は科学的な理解に驚くべきブレイクスルーをもたらし、世界の見方に革命を起こした。宗教改革とともに、神秘主義と権威への服従を中心とした宗教のあり方は、ある意味で、より合理的なものへと置き換わった。それは、キリスト教の最初の原理に立ち戻るものであり、そこから論理的に神学やライフスタイルを発展させるものであった。ピューリタニズムが広がったが、それはそれまで一般には実践されたことがないほどの厳格な性道徳を説く。前述したように、それ以前は貴族の間で私生児が広く見られた。合理主義の高まりはガリレオのような人々に広がり、ほとんどまったく神秘主義的な要素を含まない哲学的世界観が採用された。

社会はキリスト教布教の目的に溢れ、ヨーロッパ人は新世界を探検し、植民地を建設し始めた。比較的に強力な国民国家がヨーロッパで発達し、それらは官僚体制の発達と、おそらくは信頼度の高まりによって支えられていた。最初はイギリスで、絶対王政が、制限的な民主主義を伴う立憲王政へと変化した。この時期の終わりにかけて、啓蒙主義が生まれた。それは明白に極めて合理的な考えであり、それは宗教的な信仰や王政などを含む社会的伝統を強烈に疑問視するものであった。フランスでは、革命によって王政が暴力的に転覆され、しばらくの間、世俗的な共和制が宣言された。

この時期の特徴は、ある種の若い活力である。人々は若くして死ぬことが多く、現代の基準からすれば、社会はその言葉の通り「若い」ものだった。現代のイギリスでは人口の二〇パーセントが六〇歳以上であり、二〇パーセントが一六歳以下である。エリザベス一世時代のイギリスでは、三六パーセントが一六歳以下であり、七パーセントが六〇歳以上であった[*399]。前述した人格やｇの年齢差の議論からだけでも、こうした人口構成によって社会の行動パターンが、高いリスクをとり、冒険的で、創造的、自信に満ちたものであったことが分かる。学生時代の自分自身の創造性について考えてみてもらいたい。我々のほとんどが仕事としているような、一日中コンピュータの前に座るようになる前のことである。あるいは、セックスや飲酒、政治や宗教の極端な見方についての、無鉄砲で恥ずかしいいろいろな体験を思い出してもらいたい。

―― 秋 ――

この時期は中年期であると考えられる。中年期は、人々が職業的な頂点に達する時期であり、多くの天才はそのほとんどの重要な仕事を、初期の中年期に成し遂げている。「秋」という比喩はまた、収穫の時期、豊穣の時、年間の頂点であることも表している。

この時期は西洋社会の知的能力の頂点であり、産業革命によるブレイクスルーと人口あたりのイノベーション率が最高に達した時でもある。その特徴は哲学的、科学的業績での高い合理性であり、伝統的な宗教概念への強い懐疑である。こうして無神論が高まり、マルクス主義やある種の国家主義のような無神論的なイデオロギーが発達する。ロマン主義の高まりは一般人の意識に焦点を当て、それをロマンティックに捉えたものだ。それはある種の宗教であると考えられるというのは、ルーマニアの人類学者ミルチャ・エリアーデ（一九〇七―一九八六）による指摘である。*400 例えば、ヘルダーのロマン主義的国家主義の信条とは、ほとんどの自然国家は、各民族が、内的に血縁・大地・言語・歴史で結びついた別々の国家として生きるためのものであるというものだった。農民はこうした「民族文化」のもっとも純粋で、もっとも汚染されていないあらわれなのであり、それを再構築するには、我々は勤勉・誠実で人間の完全な現れである農民を真似る必要がある。ロマン主義的国家主義にはまた、事実の背景に隠れた力として、運命というものの強烈な感覚が存在した。その発展は、歴史的な必然だと考えるのである。ヘーゲルの弁証法に従うなら、それは「時代精神」であり、世界とは、神のような絶対者の連続的・段階的な自己認識を反映したものでしかない。しかし、その反面、ロマン主義はキリスト教よりもはるかに合理化され、はるかに神秘主義を排したものであった。神や精霊は存在せず、物理的に存在しないものなどないのである。よって、それは古典時代の哲学の潮流の変化に似ているのである。

おそらくこれに関係していると考えられるのは、科学は必然的に永遠に進歩し続けるという、ある種の科学信仰が発達し始めたことである。実際には、運命論への信仰にほかならない。これは一九世紀の人類学者が唱えた各種の段階理論に見られる。それは、すべての社会は最終的に宗教を捨て、完全に科学的な世界観を採るのは必然的だという考えだ。例えば、イギリスの人類学者ジェームズ・フレイザー卿（一八五四―一九四一）は『金枝篇』の中で、すべての社会は呪術、宗教、そして科学の段階を経ると主張した。[*401] これらの段階は退行することなく、ますます科学的になり続けるとされた。

産業化によって農村から都市への大量の移住が進行し、教会の影響は急減し、新興の産業的なエリートの影響が高まり、大土地所有を基盤とする貴族は没落した。宗教心が衰えると、それに支えられていた貴族も衰退し、社会ははるかに物質主義的になり始めた。宗教と貴族の没落は、人類は平等であるという考えを生み出し、一九世紀終わりまでには六〇パーセントの成人男性が、そして一九二八年には女性を含む普通選挙制が実現した。こうした平等主義の信仰は、ロマン主義運動の無神論的なイデオロギーにも見られる。宗教が消滅すると、一般人は自分が劣位にある理由が存在しないと確信する。マルクス主義は、労働者こそが人間性の純粋なあらわれであると称賛したが、それでも女性や文化的な少数者の権利にはあまり関心を示さなかった。国家主義は農民を称賛したが、彼らの場合、平等の概念は自国民に限られるのであった。これらのイデオロギーはフェミニズムではさらに進められ、両性の平等が要求され、さらに女性は理想化された。多文化主義は、非ヨーロッパ人に対して同じことをした。文化的マルクス主義は、性的な少数者や、彼らが権利を制限されていると考えるあらゆる少数者に対して、これを拡張した。さらには、動物の権利養護運動や環境主義運動が起こった。

少なくとも当初は、人口は生活水準と同じように急速に向上した。しかし避妊法が発達すると、人々の出生率は低下し、いくつかのヨーロッパ諸国では人口増加率が減少し、非ヨーロッパ人の移民とその高い出生率によって人口は増加し続けている。平等性の強調と、すべての伝統的な考えに対する疑問視は続き、フェミニズム、相対主義の流行と、人生の意味など存在しないという見方が広がる。マルクス主義や国家主義のようなロマン主義から生まれたイデオロギーは人生に意味を与えようとするが、それらは悲惨な戦争を引き起こし、その権力はつかの間のものとなる。この時期の終わりにかけて、創造性もしぼみ始める。マクロ・イノベーションはますます減少する。

冬は文明の老年期であり、もしシュペングラーが正しいなら、我々はもうこの時期に入っている。彼の予言では、我々の生きている世界は地球規模へと発展し、それは一般人からかなり隔絶した、ある種の金融エリート層によって支配されている。その証拠には、前述したピケティの研究である、脱産業化社会における貧富の格差の拡大がある。結果として、国民国家が実現できる能力は大きく制限され、民主主義は衰退する。政治学者は、このことは西洋諸国の投票率の低下に表れていると言う。[*402] 人々は失望し、自分が政治に影響を与えることはもうできないと感じる。民主主義への信頼は失われ、民主主義そのものが衰退する。ミクロ・イノベーションに支えられて、技術的は繁栄し続ける。マクロ・イノベーションに比べて、ミクロ・イノベーションが頂点を迎えるのは、はるかに遅い時期であることは前述した。しかしgが低下し、マクロ・イノベーション率も低下するため、経済的な停滞が広がる。こうした停滞状況は、経済学者によって議論されている。[*403] 完全に希望も失い、もはや政党政治も信頼できなくなった人々は、自分たちの悲惨な状況に耳を傾け、危機を解決してくれると考えるカリスマ的な政治家を選び始める。またしても、これは政治学者が強調してきたことであり、社会学者が最近の選挙での傾向を分析していることである。[*404] 人々は、こうした政治家に大きな権力を与えることに躊躇しなくなりつつある。

これは、ユリウス・カエサルの登場に対比されるだろう。西洋でのポピュリズムの流行もまた、このことを反映していると考えられるかもしれない。エリートは一般人や彼らの「伝統的」な価値観やライフスタイルを軽蔑する。またエリートは伝統やヒエラルキーに対してますます極端な批判をすることで、道徳的・知的な地位をめぐって競争する。これまで芸術は宗教に焦点を当ててきた。今では単なる普通の生活を描き、そこでの感情や主観的な認識、混乱やあるいは失望などが描かれ始めた。これはイギリスの保守主義哲学者ロジャー・スクルートン卿の指摘である。*405 伝統は常に、表層的に現代的で新しいものと比較されて嫌悪される。スクルートンは、虚無主義的なポストモダン哲学に映し出される絶望感が広がっているという。世界には意味も真実もなく、真実とはすべてが権力であり、それは疑問視されねばならない。建築と芸術は、疑似テューダー様式、疑似ジョージアン様式のように、過去の様式を単純に繰り返すようになる。あるいは、半分に切られた牛や、電球だけがある空っぽの部屋、ちらかったベッドなどが最新の芸術とみなされ、無意味な知的競技になる。*406

人々は多文化主義や文化的マルクス主義の形で、少なくとも第二の宗教が始まるまで、極端な人道主義を信じるようになる。これらはポストモダニズムや大衆的な国家主義とともに、反合理主義イデオロギーであり、そうしたものを信じることはgが大きく低下してきたことを示している。どちらにも、明らかに疑問視してはならない教義が存在する。平等主義が究極の目的であるということ、あるいは国家は他の存在に優先するということ、である。政治的な正しさは伝統をさらに破壊するだけでなく、そうしたイデオロギーに訴えかけて入国を求める移民によって、現在の人口が置き換えることを促進する。*407 もともといた集団人口は減少する。国土の多くで、それまで文明を建設した人々の子孫がいなくなる。これはイギリスでは、オックスフォード大学の人口学者デイヴィッド・コールマンによって強調されてきた。[*408]

議論を巻き起こした著作『西洋の自死——移民・アイデンティティ・イスラム』において、イギリスのジャーナリストであるダグラス・マレーは、これはある種の「燃え尽き」状態であると断言した。ヨーロッパ人は宗教的な信仰を失い、各種の代替的なイデオロギーを試してきたが、最後にはすべてが瓦解した。芸術はこうした落胆状況を映している。「それはすでに、宗教的精神のようなものと関係しようとする望みを諦めてしまった[*409]」。マレーは、一般的な文学は快楽主義的な失望を中心としたものになったようだと言う。マレーの本のある章のタイトルが、そうした生き方がどういったものかを捉えているように思われる。それは、「物語が尽きてしまったという感覚」と題されている。

おそらく文化的マルクス主義と、ローマ衰退時の世俗的な哲学のあり方との類似も見出すことができるだろう。その結果は、ますます多様化する西洋諸国において、民族間の軋轢が恒常化していることだ。大量の移民が入り込むが、金融を握るエリートはそれを良いことだと考える。なぜなら、移民は労働賃金を低いままにとどめ、大衆を分断して、エリートが権力を持ち続けることを可能にするからだ。またしても、この分野の研究者たちは、西洋諸国では民族間の軋轢のレベルが高まってきたことを強調してきたが、それは民族的な多様性が高まっているためだ。[*410]移民は、特に教育の低い階層での賃金を低下させる。[*411]エリートがこうしたイデオロギーや、さらには多文化主義を信じるのは、彼らの道徳的地位を保全するためであり、多文化主義を拒否するように大衆が説得されるのを恐れているからである。
しかし、なかには大衆に人生の意味を吹き込むことで、自分たちが権力を握るために大衆を利用しようとする者もいる。大衆は民主主義を見限り、選挙によって、そうしたエリートに対する軽蔑を表す。このプロセスは、イギリスのユーロ離脱に向けての投票にも見られるとさえ考えられるだろう。実際、政治評論家の間では、それこそがユーロ離脱の核心だったことが広く受け入れられている。[*412]
新しい「第二の宗教」が一体何であるのかははっきりしないが、もしシュペングラーが正しいなら、現在までにその段階に到達しているはずである。一つの可能性は、それはキリスト教を本質として含むような、伝統主義の形をとるというものだ。哲学的な伝統主義とは、究極的な真理は神の摂理から生じ、すべての宗教はこうした普遍的な真理に向けての運動である。そしてそれは、宗教的な伝統によって伝えられるというものである。そのため、宗教的な社会において伝統であったということは、その証明であることになる。[*413] 明らかにこれは、形而上の現実を認めないロマン主義的な国家主義とは大きく異なっている。おそらく、ヨーロッパの大衆国家主義は、こうした伝統主義と類似していると論じることができるかもしれない。これらの運動の本質は、(究極的には宗教的に裏付けられた) 伝統は望ましいというものだ。なぜなら、それは社会の基礎であり、伝統は脅威にさらされており、守る必要がある。そうすれば、より良き人生を生きることができる。特に、社会をつないできた宗教的伝統を復活させれば、それが可能になるのである。よって、実質的にはこの哲学によると、我々は宗教的でなければならない。[*414]

また別の関連するかもしれない可能性は、それはなんらかの保守的キリスト教の広範な復活として現れるというものだ。イギリスの宗教史家カレン・アームストロングの議論では、これがアメリカで一九七〇年代から起こっていることである。[*415] さらに別の可能性は、キリスト教が持っている、「叡智は東方に見出される」というより広い信心を採用することである。[*416] よって、それは何らかの東方の宗教を広範に、しかし純粋に包摂したものとして現れるのかもしれない。これらの両方は、ある種の伝統主義の現れであると考えられるだろう。シュペングラーは、多くの場合は東方に起源する密儀宗教が広く普及する前に、人々にそれとなく趣味として広がったと述べている。例えば、現代の多くの西洋人は、仏教をそれに似たものとして感じている。[*417]

しかし文明は、こうした黄昏を越えて衰退し続ける。最終的には、社会は弱体化して失意に沈み、おそらくはイスラムやロシア、中国のような若い活力に満ちた社会に侵略されてしまう。もちろん、それらは西洋よりも後に産業化した社会であり、もっと最近になってｇレベルが逆転し始めた場所である。またしても、これは単なる憶測ではない。この問題をより詳細に検討したものも、同じ予測に至っている。[*418]

明らかに、この章は実現しそうな類似性や、予想に満ちている。しかし、参照可能な証拠に基づくなら、不合理だとか、あるいは的外れだと考えられるものではないし、関連する分野の学術の専門家たちは、ここでの多くの問題を真剣に議論している。西洋文明が、シュペングラーの提示した段階を経て、現在は冬に入りつつあるという議論は健全なものだ。これは、単なる推論を越えたものであり、最低でも、その説得的な証拠が存在するのである。

第13章　光の消滅

君を夏の日にたとえようか。
いや、君のほうがずっと美しく、おだやかだ。
荒々しい風は五月のいじらしい蕾をいじめるし、
なによりも夏はあまりにあっけなく去っていく。[*419]

我々はすべて死にいく運命にあり、ほとんどが死ぬ前に老年期を迎える。これは、少なくともその時点が来るまでは、我々のほとんどが心の隅にしまっていることだが、それが間違いないことも分かっている。我々は、祖父母が次第に年老いて、だんだんとできないことが多くなるのを見てきた。思い出せるところでは、祖父母は親よりも動きが鈍く、元気がなかっただろう。年老いると、頻繁に医者にかかり、運転ができなくなり、歩行には杖が必要になり、物忘れが激しくなり、最終的にはほとんど外出できなくなる。生きていたとしても、歩行能力を失い、ますます多くの介護が必要になり、最後には子どものようになる。周期説の議論を思い出してもらいたい。人生は直線的な進歩ではない。それは周期的なものであり、最後には老年期と死を迎える。

こうした退行の可能性について老年期の初期に十分に考え、それについて計画した者は、それについて考えないようにした者よりも、はるかに老年期を充実したものにできるだろう。中年期の終わりまで活動的な社交生活を維持できれば、その後の生活も過ごしやすいものになる。地元の自警団や郷土史研究、政党活動や教会、その他のあらゆる市民活動に関わっている人は、社会的な接点が多く、助けてくれる人も多い。そして彼らには不都合が生じたときも援助者や友人がそばにいるため、自宅で孤立して誰にも会わず、テレビやわずかな電話だけしかない高齢者にはならない。

同じように、自分が老いて来たことを認め、それに応じた変化を受け入れる人は、それを拒否する人よりも過ごしやすい生活を送る。高齢者についてのはっきりした実例は、自動車の運転だ。最終的に、彼らは自分がかつてのように若くはなく、運転をするにはあまりにも「遅く」、記憶力が低下し、目が悪くなっていることを理解する。しかし、それを理解するためには事故が必要になることも多い。

二〇一二年一一月一〇日、八三歳の退職した株式ブローカーであったジェフリー・レーダーマンは、ロンドンのハンプステッドでブリッジ・ゲームを終えて帰宅する際に、ブレーキとアクセルを間違えてしまったため車の制御を失った。車は歩道に乗り上げ、三〇代初めの夫婦に突っ込んでいった。ベン・ブルックス゠ダットンと妻デスリーン、そして父親に押されたベビーカーに乗っていた息子の家族である。ダットンはなんとか子どもを助けたが、妻は轢かれて即死した。*420 老人の車はさらに進んで、ロンドンで大学院生をしていた二三歳のアメリカ人女性エイミー・ワーナーにぶつかった。彼女は生命にかかわる重傷を負って生命の危機を乗り越えたが、脳機能を損傷し、片方の目が完全に見えなくなった。[*421] もしドライバーが、自分が年老いていることを理解していたなら、あるいは年老いるということを理解していたなら、この恐ろしい悲劇は避けられただろう。

まったく同じように、若い時に高齢期が来ることを十分に理解しているなら、年金を貯めて、「現在を生きる」ことを避け、必要でもないくだらない買い物に出費しないだろう。その結果として、彼らは比較的に心配のない人生の最終段階をおくることができ、家族やコミュニティの負担にもならないだろう。明らかに、若い時に健康に気をつけていれば、高齢期に糖尿病や胆石、心臓病などといった慢性病に苦しむ可能性は低くなる。知能の高い人々は、それほど年をとっていないときから高齢期に備えたプランを立てているものであり、不可避的に高齢になった時の苦痛を減らしている。

このことは、文明が周期的であり、この文明が現在、冬に入りつつあるということを理解することの、重要な理由だと言えるだろう。我々の同僚には、このことについてそれほど直接的に発言すべきでないという者もいる。いくつかの可能性について言及して、読者に考えさせる余地を残すべきだというのである。しかし、これまでの記述で明白であることだが、我々の結論としては、それでは読者に対して不誠実であり、馬鹿にしているというものだ。前述したが、我々はこの種の本の読者がどういった人であるかのデータを持っている。学者、大学生、大学卒業生、大学に行かなかった知的な人などだ。そういった人々は、我々の視点を曖昧に提示する必要はない。

単刀直入に言おう。高齢者になることがわかっていれば、高齢期はましなものになる。これまでの活動を縮小して、本当に高齢になる準備をする必要がある。歳を取るにつれて、かつては可能だったマラソン大会への出場、朝までの飲み明かし、自動車の運転などは、良くて危険な行為に、悪くて不可能になる。結局、第1章で見たように、我々はかつてロンドンからニューヨークまで三時間半で行けたが、今は行けない。我々の文明は「あまりに歳をとって」、gレベルはかつてのように高くなくなり、コンコルドを飛ばすのはあまりに危険となった。高齢者が若かった時にできたことを思い出すのと同じように、我々はそれを懐かしく話すことができる。しかし、もはやそれを実現するための技術は持っていない。あまりに危険になったのだ。

もし今から用意をしなければ、高齢期は社会体制への大きな衝撃となって現れる。その違いは、だんだんと上手くできなくなっていくことと、車に突然轢かれて、集中治療室に運び込まれることの違いと同じだ。高いgレベルの社会の特徴はすべて、最終的にはこの社会から消えていくだろう。飛行機を安全に飛ばし、贅沢な社会保障システムを維持し、送電網を常に整備し、法と秩序を行き渡らせ、民主的な政府を組織し、インターネット網を広範に利用し続けることは不可能になる。もし本書のデータが正しいのなら、そしてそうでないと考える理由はないのだが、そうした未来に備えたインフラストラクチャーを築き始める必要がある。生活は次第に厳しく、危険で単純なものになる。明白な実例としては、多くの住宅は、現在完全に電気に頼っており、暖炉もガスも使っていない。もし送電網が頼りにならなくなったらどうするのだろうか？　多くの人々が、ロンドンから七〇マイル、さらに遠くから通勤している。もし電車が、現在よりも少ない頻度で、いい加減な時間にしか来なくなったらどうやって働くのだろうか？　昔と同じように、もっと近くに住む必要があるだろう。もし我々が「未来は良くなるだけだ」と自分を騙すのではなく、これに備え始めるなら、その時期が来た時にははるかにスムーズになる。同じように、高齢者のように、我々は現在、資本からの配当で生きており、その資本を食いつぶしてはならないことを、十分に理解する必要がある。これは、我々に可能な手段で生きること、不必要な贅沢に支出してはならないことを意味する。どんなに少量でも重要だ。またこの「文明」は歳を取るにつれて、ちょうど途上国が「援助」を受けてきたように、その「介護」が必要になる。このことを忘れてはならない。

言い換えるなら、我々は冬の入り口にいる。現代のイギリスでさえも、秋のように冬場を乗り切ることはできない。少なくとも、家を暖め、温かい衣服をまとい、道路には荒砂をまき、食べ物は輸入するか、巨大な温室で育て、雪が降れば取り除く必要がある。こうしたことをするためのインフラがなくなれば、事態はカオスに陥ってしまうだろう。北欧やカナダと違って、イギリスで雪が降ればいつも大混乱になるが、それはイギリス人がそれに備えられていないからだ。

優生学

こうして一つの方法は、老年期と冬に備えて、それを運命だと受け入れることである。しかし、他にも方法がある。前述したように、フランシス・ゴールトン卿は一八六九年の著作『遺伝と天才』において、一九世紀にgレベルが低い人々が高い人よりも多くの子どもを残している問題を強調した。その後、彼はこの問題は「優性学」のプログラムによって解決できると主張した。この政策は、高いｇレベルの人々に対して、子どもを持つための金銭的なインセンティブを与えることを含んでいた。ゴールトンは十分な先見性をもって、ｇレベルが知性、抽象概念への興味、そしてある程度は、子どもを持つことへの無関心と関係していることを理解していた。そのため彼の提案は、金銭的なインセンティブと、人々への現代的な宗教性の吹き込みが混ぜ合わせられたものであり、「人間集団」の改良の重要性を強調したのである。[*422] 同じように、前述したリチャード・リンもまた著作『優生学　その再評価』においてゴールトンの考えを擁護し、（これまで優生学が受けてきたひどい仕打ちにもかかわらず）より詳細な提案を行っている。例えば、夫婦の知能レベルに応じて決定されるような、子どもを持つための免許制度などである。[*423]

ｇ因子や教育レベル、その他の各種の遺伝病についての特性の基礎的な遺伝子の理解が進んだため、「リベラルな優生学」を提案する者もいる。それは（強制的ではなく）、自発的なやり方によって、自分の子どもの遺伝的な資質を改良しようとするものだ。どれだけかの生物倫理学者は、例えばオックスフォード大学に勤めるオーストラリアの生物倫理学者ジュリアン・サヴァレスクのように、人類の一層の繁栄のために、各個人はその子どもを遺伝的に改良する道徳的な義務を負っていると議論している。[*424] このリベラルな優生学の主な問題点は、そうした行為は、生物倫理学者たちが「ぞっとする感じ yuk factor」と呼ぶような要因によって「流行《はやり》」にはなりそうもないことだ。それは人間の本性を改変することへの直感的な嫌悪感であり、特に西洋人の間では、優生的な介入行為の望ましさについての議論に常について回ってきた感覚である。ゲルハルト・マイセンベルクは一四六四人の医学生に関して、生殖への遺伝的介入は望ましいかどうか、そしてどのような状況でそう考えられるかを尋ねた。[*425] 彼が見出したのは、「(生殖への遺伝的介入の望ましさに関しての) もっとも強く、一貫した影響は、自然なプロセス一般に対する積極的・能動的な介入に反対する、明らかに道徳主義的な態度であった」。言い換えるなら、医学生たちは生殖への遺伝的介入に対して否定的な態度をとっており、特にそれは人類の遺伝的な改良である場合に顕著であった。このことは、人々の大多数は「遺伝的改良」を利用しないだろうことを示唆する。仮にそれが安価で合法的であったとしても、単純に考えるだけで「ぞっとする」のだ。

馬を水場に連れて行くことは、馬が水を飲むことを必ずしも意味するわけではない。しかしこれは、ますます階層化して、乖離して行く地球規模でのエリート層には、それほどの問題にはならないかもしれない。シュペングラーは、文明の冬にはそうした人々が政治を支配するようになると予言し、実際にそうなっているが、彼らはそうしたテクノロジーを利用するかもしれない。歴史的にgレベルが上昇した時期は、集団選択と関係していたことを思い出してもらいたい。本質的に、gレベルの高まりは、それが天才を生み出し、その発明からの利益によって集団が拡張できた程度において実現してきた。反集団選択的な (つまり純粋に利己的な) エリートは、その子どもを改良するかもしれないが、それは子どもの成功に役立つ特性に限られるだろう。例えば、サイコパスのような心理特性である。[*426] よって、こうした「リベラルな」優生学は、文明の冬において事態を悪化させるだけだろう。

しかしダットンとチャールトンは、また別の答えを提案している。それは天才を積極的に養育する社会である。ここで天才の重要性については再認識する必要がある。潜在的な天才を見出し、天才としての仕事をまっとうするための余裕を与えるのである。つまり、彼らが抱えている実際的な課題、例えば車の運転など常人が簡単にできるようなことを助ける必要がある。そして彼らが無名であるうちは、基本的な生活や最低限の金銭的な余裕を越えたものは必要ではない。論文発表の義務や事務仕事、学会などへの出席を免除する。ニュートンのように、自分の問題に専念することを許すのだ。これができれば、天才たちは、文明のサイクルを打ち破る方法についての素晴らしい考えを生み出すだろう。ちょうどそれは、かつての天才たちが、マルサスの人口法則を打ち破ったようにである。

しかし冷笑主義者であれば、現在の天才たちは、この問題に挑んでいた一九世紀の天才たちよりもはるかに知的に劣っているだけでなく、当時の天才たちでさえも文明のサイクルを完全には打ち破れなかった、と反論するかもしれない。現代のはるかに劣った天才たちが、この難題を解ける可能性は、極めて低いというのである。おそらく、我々がせいぜいできることは、知能があまりに低くなりすぎる前に、良い環境を与えられた天才が火星への植民方法を思いつくことくらいかもしれない。人々は現在のテクノロジーで火星に移民するが、現地の厳しい環境によって、かなりの長期間にわたって高いgレベルのものが強く選択されていく。呼吸できる大気はなく、気圧は低い。太陽からの放射線は強烈なため、彼らは常にすべてのことについて、注意深く予定を立てていなければならない。結局、近代科学がなければ、我々の九〇パーセントは生まれてもいなかっただろう。科学的進歩を継続したいと願うなら、これが望むことのできる最高のものかもしれない。しかし、それさえもまったく不確かなことである。

宗教

さらに、我々には文明を続けるための意志が必要である。文明を永遠に発展させようと願い、戦い続けるという内的な決意だ。しかしこれを、現代の西洋諸国の人々はもっていない。前述した哲学者ロジャー・スクルートン卿は、その解決法は、我々の命が永遠の重要性を持っている「かのように生きる」ことだと論じている。[*427] だが、本当にそう信じていないのなら、どうやってそれが可能になるか、はっきりしない。

こうして、ゴールトンの考えに立ち戻ることになる。影響力のある者たちが、人々にある種の形の宗教を広め、いわゆる「自己欺瞞」によって、彼らに説得力のある何かを信じ込ませる。十分な見返りがあるなら、自分で何かを信じ込むことは可能なように思われる。実際、文明社会ではリベラルな見方をすることが知的であると見なされるが、それはこうした理由から、知能の高い人がリベラリズムを信じているからである。賢い子どもほど、そうした見方を容易に身につける。[*428] 極端に宗教的な社会では、大家族に大きな価値を置くため、gレベルの高い人がより大きな家族を養い、文明の衰退はゆっくりとしたものになる。こうして、宗教的な社会が望ましいと考える伝統主義を採用すれば、かなりの利益があるだろう。あるいはその速度を十分に遅らせて、別の惑星への植民方法を思いつくことができるかもしれない。また、その速度を遅らせることで、次の文明が成し遂げることがより大きくなる。次の文明では、現代文明の到達点を利用できるからだ。

ゴールトンにならって、キャッテルは「科学からの新しい道徳」を提唱した。彼はそれを「超越主義（Beyondism）」と呼び、優性的な価値を広め、優生学を促進するために利用しようとした。超越主義は、社会は基本的に科学的な視点に沿って組織されるべきだと考える。そこでは、進化生物学者が「聖職者階級」となって、社会の生物的な発展を計画し、統制する。キャッテルは、gレベルと天才の進化において集団選択が果たす役割について強く意識していたため、超越主義における各種の集団の間に、「協力的な競争」を導入すべきだと提案した。

集団は、人間が通常行っているものよりも、もっと重要なゲームのプレイヤーである。そうした文化的集団が認識しているように、集団間の競争があることは進化にとって不可欠であり、彼らは、そうした競争を維持するために必要なルールについては協力することに納得している。*429

キャッテルはまた、これまで強調してきた問題についても予測していた。優生学の取り扱いについて、特に、現代の「リベラルな優生学者」による遺伝子改良に関する危険性についてである。彼は、社会が繁栄するという集団の究極的な利益のためには、これらの「優生学的なツール」が必要であることを予見していた。

未来について積極的に十分に計画している集団は、上記三つのすべての方法を利用できる。（1）出生率・死亡率の違い、（2）分離するスピードと計画された混血化、（3）遺伝子変異の創出と遺伝子改良……我々が集団の目的をかなえるためには、これらの方法が必要であり、それは市民による集合的な運動によるものだ。それらの目的とは、（a）集団の生き残り、であり、（b）集団が独自の進化的な冒険を始める、ことである。*430

したがって、キャッテルの超越主義は、少なくとも理論的には、集団の関心に束縛されない形で、優生学の問題を解決するものであった（あるいは、それは「リベラルな優生学」の場合には、集団を転覆させることにも使われるだろう）。それは、ある種の「スーパーチャージされた優生学」であり、ゴールトンの「優生学的な精神性」を完全に発展した宗教的・倫理的体系へと高めたものであった。しかし実践的には、超越主義の結果として、協力的な競争に負けた集団は、人口から「消え去る」という恐ろしい羽目に陥る。もちろん、キャッテルは「ゲームのルール」は本質的に自発的なものであると考えていた。個別の国は、条約のようにそれに従うことに同意し、おそらく超越主義における国連やEUのような存在が、ルールが誠実に遂行されることを確実にする。そうした抽象的な道徳は一般人に訴えかけないし、人々に押し付けられることにならざるをえない。それはほとんどの人にとっては、受け入れがたい強制力を伴うことになるだろう。もし押し付けられれば、戦争へとつながり、文明の崩壊を早めるだろう。

知識の長期的な保存

もし西暦四八年にアレキサンドリアの王立図書館が焼け落ちていなかったら、現代の文明がどれだけ進んでいたことかという疑問を持ったことはあるだろうか？　どれだけの数学的な定理が、もともとの証明が失われたために再度証明される必要があったのだろうか？　図書館が残っていたら、古代世界とその慣習、美点や欠点について、どれほど多くの知識を得ることができただろうか？
現在の世界には、未来の世代に向けて残しておく価値のある、すばらしいものが大量にある。深遠な数学的証明、賢明なる科学的・哲学的な洞察、美しい韻文や感動的な芸術などだ。

ここで文明崩壊と新たな暗黒時代が不可避だとしよう。つまり超越主義でも、我々を救うことはできないということである。また再びｇレベルが高まって未来の文明が再び勃興しつつある状況を考えてみるなら、その文明は、巨大なタイム・カプセルの形で、過去からの贈り物を受け取ることができる。タイム・カプセルは破滅の日に備えた大金庫であり、そこには現代文明の偉大で、価値あるものの物理的なコピーが閉じ込められている。その文明は、我々の時代の進歩からの利益を得て、はるかな高みに到達するだろうことを想像してほしい。

彼らは何百年もかけて知識を再発見する必要はなく、過去のデータマイニングをするだけで良いため、そうした知識は未来の高ｇ文明の絶頂時には現代よりも拡張されたものになる。ｇレベルの低下のような事実を事前に知っていれば、その問題のまったく新しい解決法が見つかるかもしれない。おそらく未来の政治家は、自発的な優生政策を博愛的な形で指導することができるだろう。それは未来の文明の秋の時期に導入されれば、文明崩壊を防ぐことができるかもしれない。それによって、テクノロジーはさらに進み、ヴィンジが説く特異点に達することもできるだろう。

もしこうしたことがすべて間違っていたとしても、未来の文明に知識の贈り物をすることは良い考えだろう。文明が突然消滅する可能性には、隕石の衝突から、超火山の噴火、核戦争や氷河期に至るまで、多様なものが考えられるからだ。これは、こうした長期的な思考を促進し、一万年以上にわたって知識を保存するために、一九九六年に創設された「ロング・ナウ財団」の目的でもある。*431 そしてこれが重要なのは、文明の崩壊を回避するために我々ができることは、現実的にはまったく存在しないように思われるからだ。それを止めることはできないようである。

荒涼とした真冬

これまで、文明の崩壊を遅らせる方法が、いくつかあるだろうことを検討した。もし文明をどこかに移動させたりしても、それは本当に少数にしか関係しないことであり、彼らにしても厳しい状況を生き抜く必要がある。我々のほとんどができることは、間近に迫る冬に備えて、これまでの文明がつくり出した知識を安全に保管することしかない。最終的には、冬が去れば春と夏が来る。現代文明がこれだけ進んだことからすれば、おそらく現在から未来への知識の贈り物があれば、次のルネサンスで人類はさらに高みに至るだろう。しかし我々、あなたや私たちは、そのずっと前にいなくなる。もう冬が来て、だんだんと寒くなりつつある。暖かい服を着込むのが良いだろう。

謝辞

本書を作成するにあたり、著者たちは多くの同僚との実り多い議論を通じての恩義を感じている。ジェームズ・フリン教授、オーレリオ＝ホセ・フィゲレド教授、ブルース・チャールトン博士、ガイ・マディソン教授、ディミトリ・ファン＝デル＝リンデン教授。図2と3はグレゴリー・クラーク教授の厚意により転載した。Lynn（2011）から引用したすべての表は、ロンドンのアルスター社会研究所からの許可を受けている。

訳者あとがき

ダーウィンの一八五九年『種の起源』の出版は、ヒトがチンパンジーなどとの共通祖先から進化して来たことを明らかにした。論理的な必然として、これと同時に多くの聡明な科学者たちは、過去のヒトの厳しい適応的進化環境に比べて、一九世紀までの産業・科学革命によって自然淘汰の圧力が大きく減少していることを理解した。当時のイギリスでは上層の出生率は下がり、下層の乳幼児死亡率は低下していたからだ。

ヒトは高い認知能力によって多様な発明・発見をなし、生活環境を改善してきた。とすれば、それを支える知能が下がれば、文明の崩壊は避けられない。ダーウィン自身を始め、その従兄弟であった万能人ゴールトン、統計学を創始したピアソン、メンデル遺伝とダーウィン進化論を統合したフィッシャー、流動性知能と結晶性知能を分析したキャッテルなど、多くの研究者は、人類の知能の低下は現在形で進行しており、その結果は悲劇的だと考えた。そしてこうした認識に基づいて、二〇世紀始めから戦前には、アメリカ・ドイツ・日本などの多くの先進国で、「優生学」が急速に盛り上がったのである。

大戦時のナチスのユダヤ人虐殺によって、こうした認識と政治運動は、完全な冷水を浴びることになった。戦後、全世界的に優生学が否定されたことは言うまでもないが、その基盤となる遺伝的な劣化についても、「社会階層による知能の遺伝的な差は存在しない」、「環境によって知能は決定されるので、問題は存在しない」という見解が、科学者の間でも「政治的に正しい」正統となった。

しかし、科学的な認識は生き残った。例えば、本書には記されていないが、比較的に最近でも、血縁淘汰を提唱したウィリアム・ハミルトンも、有害な遺伝的負荷[1]（遺伝的荷重 genetic load）によってヒト個体の機能は低下するという優生学的な危惧を表明している。遺伝的負荷とは、細胞の分裂時に発生する有害な変異遺伝子である。遺伝子の変異はほとんどが有害であるため、生まれた子供が全員成人して次世代をつくるような社会では、有害な遺伝子が次世代に受け継がれ、次第に遺伝子プールに累積・拡散する。結果、個体の全般的な機能が低下する。

こうした過去の科学者の危惧を引き継いだのが、本書でも大量に引用されているリチャード・リンによる『*Dysgenics*（遺伝子劣化）』（一九九六年）である。その後、多くの学術論文が遺伝的劣化の間接証拠を報告しており、そうした状況全体は疑いないものとなってきた。最近の決定打の一つはアイスランドからの多遺伝子スコアの劣化報告であり、もう一つは、ウドリー・オブ・メニーによる一連の研究である。中でも、ヴィクトリア時代から現代までに、人々の反応速度は０・８標準偏差（ＩＱで10ポイント以上）も低下しているという報告は大きな論争を生み出した。

以上、現代社会の知能遺伝子の劣化についての再確認というのが本書の大きな意義である。また別の意義は、こうした現代文明で進行中の遺伝子劣化によって、過去の歴史をも説明しようという壮大な知的アプローチである。

つまり、近代社会までの知能遺伝子の増加は、ローマ帝国やイスラム帝国でも起こった。それがそうした文明の繁栄の理由である。その後に生じた知能の低下とともに、社会の結束（アサビーヤ）も低下する。文明は次第に衰え、同時に周辺民族による侵略などが発生して、帝国は瓦解する。これがイブン・ハルドゥーンやシュペングラーなどの文明の盛衰モデルの、科学的な核心だというのである。

こうして歴史学は、人間科学の一部として生物学と整合することになる。それは、エドワード・ウィルソンの主張するコンシリエンス（学問の統合）のテーゼに合致している。[2] いわば、本書は生物学から進化心理学、進化心理学から社会科学・歴史学へと連続する、統合的な人間学の嚆矢でもあるのだ。

＊

こうして本書の内容は疑いなく知的にスリリングなものだが、訳者としてはいくつかの留保もある。例えば、訳者はコンコルドもアポロ計画も今でも可能であり、一時的な後退はあったものの、今世紀中は宇宙進出も新たなテクノロジーも生まれると思っている。つまりシュペングラーの言う秋はこれからも、少なくとも一〇〇年以上は続くだろうと考えている。

これに関連して、本書では、過去一五〇年の間にイギリス人のＩＱは10ポイント程度低下したと主張しているが、訳者はこの大きさについても確信が持てない。女性の社会進出、私生児の増加など、知能の低下を引き起こす社会現象が顕在化したのは、比較的最近のことだと考えるからだ。なお、もしこれが本当であるなら、一九世紀後半のイギリス人のＩＱは、少なくとも遺伝型において110ほどになる。これは現在の東アジア人の104―105よりも高い。（あるいは、この違いこそが近代科学や産業革命がアジアではなくヨーロッパで起こった理由なのかもしれない。）しかしこれは、二〇世紀初期のアメリカへの日本移民の子供を見ると、当時の白人よりも学業成績が良かったという事実などと矛盾しているように思われる。

また、ローマやイスラムの盛衰は知能やアサビーヤの変化によって説明できそうだが、中国では、そうした大きな文明の盛衰は起こっていない。少なくとも訳者は、中国や韓国、日本で上層階級が子供を持たないような風潮が流行ったという話は聞いていない。(これはクラークの『10万年の世界経済史』の記述とは矛盾するが) 東アジアでは、中世のイギリスと同じように常に高い知能は選択されてきたと考えるのが自然だろう。本書の文明の盛衰モデルは、東アジアの歴史に存在したようには見えない。

＊

最後になるが、本書の企画は、著者エドワード・ダットンから研究仲間だった訳者へのメールから始まった。とはいえ、内容が内容である。出版にあたっては、筆者がこれまでお付き合いをいただいてきた高梨公明氏、そして春秋社の皆さんの理解と手助けが不可欠であった。「本書は真摯な科学的真理の探求書である」という賢明な判断をしていただき、校正を含めて大変にお世話になった。本当にありがとうございました。また学術図書出版の助成をいただいた岐阜聖徳学園大学にも、心からの謝意を示したい。

二〇二一年九月六日

蔵　研也

（1）Hamilton, W. D., Narrow Roads of Gene Land. The collected papers of W. D. Hamilton. Volume 1-3. W. H. Freeman：Volume 1 Evolution of Social Behaviour（1996）, Oxford University Press：Vol 2 Evolution of sex（2001）, Vol 3 Last Words（2005）（edited by Mark Ridley）.

（2）エドワード・ウィルソン『知の挑戦』山下篤子訳　角川書店二〇〇二年、Wilson, E. O., 1999, Consilience：The Unity of Knowledge. Vintage.

（3）国立社会保障・人口問題研究所『第15回出生動向調査』www.ipss.go.jp/ps-doukou/doukou15/report15html/NSF15R_html07.html

（4）男女共同参画局、生涯未婚率の推移　www.gender.go.jp/about_danjo/whitepaper/h25/zentai/html/zuhyo/01-00-20.html

索　引

・本索引は原書の索引に基づくが、これに若干の取捨選択と増補修正を施した。

・事項の１字下げは、当該項目の中の関連項目。

・⇒他項目も参照。

・（　）数字は註ページ。

■ア行

■カ行

■サ行

■ タ行

■ナ行

■ハ行

■マ行

■ヤ行

註

第1章　人が月に行ったなんて本当？

1　コンコルドの詳細な歴史については、Orlebar, C.（2011）*The Concorde Story*, New York: Bloomsbury USA. 参照。

2　このことについては、Alkon, P.（2013）*Science Fiction Before 1900: Imagination Discovers Technology*, London: Routledge 参照。

3　Compton, W.（2012）*Where No Man Has Gone Before: A History of NASA's Apollo Lunar Expeditions*, Chelmsford, MA: Courier Corporation 参照。

4　MacDonald, A.（2009）*Truth, Lies, and O-rings: Inside the Space Shuttle Challenger Disaster*, Gainesville, FL: University of Florida Press. また Walsh, P.（2015）*Echoes Among the Stars: A Short History of the U.S. Space Program*, London: Routledge. 参照。こうした議論は Charlton, B.（2012）*Not Even Trying: The Corruption Trying: The Corruption of Real Science*, Buckingham: University of Buckingham Press. から始まった。

5　Bouchard Jr., T.（2004）Genetic influence on human psychological traits, *Current Directions in Psychological Science*, 13, pp. 148-151参照。

6　Jensen, A. R.（1981）*Straight Talk About Mental Tests*, New York: Free Press.

7　Clark, G.（2007）*A Farewell to Alms: A Brief Economic History of the World*, Princeton, NJ: Princeton University Press.『10万年の世界経済史』久保恵美子訳、日経 BP、2009年。クラークは、“知能”という特性が“富者の生存”によって上昇したとは考えていない。しかし、彼が引用している膨大な証拠が、このことを証明している。

8　Shamosh, N. A. & Gray, J. R.（2008）Delay discounting and intelligence: A metaanalysis, *Intelligence*, 36, pp. 289-305.

9　Woodley of Menie, M. A., te Nijenhuis, J. & Murphy, R.（2015）The Victorians were still faster than us. Commentary: Factors influencing the latency of simple reaction time, *Frontiers in Human Neuroscience*, 9, art. 452.

10　Woodley of Menie, M. A., Figueredo, A. J., Sarraf, M. A., Hertler, S. C., Fernandes, H. B. F. & Peñaherrera-Aguirre, M.（2017）The rhythm of the West: A biohistory of the modern era AD 1600 to the present, *Journal of Social Political and Economic Studies, Monograph Series, No. 37*, Washington, DC: Scott Townsend Press.

11　Charlton, B.（26 November 2012）The pyramid of technology and of intellec-

tual functions, *Bruce Charlton's Notions*, [Online], http://charltonteaching.blogspot.fi/2012/11/the-pyramid-of-technology-and-of.html. 参照。

第2章　知能とは何か

12　“政治的な正しさ”についての詳細な議論は、Ellis, F.（2004）*Political Correctness and the Theoretical Struggle: From Lenin and Mao to Marcuse and Foucault*, Auckland: Maxim Institute. 参照。

13　この比喩に関しては、ブルース・チャールトンに感謝する。より詳細な議論は、Dutton, E. & Charlton, B.（2015）*The Genius Famine: Why We Need Geniuses, Why They're Dying Out and Why We Must Rescue Them*, Buckingham: University of Buckingham Press, Ch. 2. 参照。

14　Winner, E. & Von Karolyi, C.（1998）Artistry and aphasia, in Sarno, M.（ed.）*Acquired Aphasia*, San Diego, CA: Academic Press.

15　Deary, I., Batty, G.D. & Gales, C.（2008）Childhood intelligence predicts voter turnout, voter preferences and political involvement in adulthood; the 1970 cohort, *Intelligence*, 36, pp. 548-555.

16　こうした関連性についての詳細な議論は、Lynn, R. & Vanhanen, T.（2012）*Intelligence: A Unifying Construct for the Social Sciences*, London: Ulster Institute for Social Research. 参照。

17　Shamosh, N.A. & Gray, J.R.（2008）Delay discounting and intelligence: A meta-analysis, *Intelligence*, 36, pp. 289-305.

18　Carl, N. & Billari, F.（2014）Generalized trust and intelligence in the United States, *PLOS ONE*, 9, e91786.

19　これらは主に Jensen, A.R.（1998）*The g Factor: The Science of Mental Ability*, Westport, CT: Praeger, p. 75. による。

20　「多重知能」理論の詳細については、Gardner, H.（1983）*Frames of Mind: The Theory of Multiple Intelligences*, New York: Basic Books. 参照。

21　Kaufman, S., DeYoung, C., Reiss, D. & Gray, J.（2011）General intelligence predicts reasoning ability for evolutionarily familiar content, *Intelligence*, 39, pp. 311-322.

22　Dutton, E. & Lynn, R.（2014）Intelligence and religious and political differences among members of the U.S. academic elite, *Interdisciplinary Journal of Re-*

search on Religion, 10, pp. 1-29. 参照。

23　Wechsler Test（2017）［Online］, https://wechslertest.com/test-preparations/sample-wechsler-test-questions.

24　Miller, A.（1999）Albert Einstein, in Runco, M. & Pritzker, S.（eds.）*Encyclopedia of Creativity*, New York: Academic Press.

25　Thomson, G.（1947）Charles Spearman, 1863-1945, *Obituary Notices of Fellows of the Royal Society*, 5, p. 15. 参照。

26　Spearman, C.（1904）General intelligence: Objectively determined and measured, *American Journal of Psychology*, 15, pp. 201-293.

27　Galton, F.（1883）*Inquiries into human faculty and its development*, London: Macmillan.

28　Johnson, W. & Bouchard Jr., T.（2005）The structure of human intelligence: It is verbal, perceptual, and image rotation（VPR）, not fluid and crystallized, *Intelligence*, 33, pp. 393-416.

29　より詳細な説明は Jensen, A. R.（1998）*The g Factor: The Science of Mental Ability*, Westport, CT: Praeger. 参照。

30　GCSE は、イギリスとウェールズの学校卒業要件のテストである。学生は16歳で多く（典型的に10科目ほど）のテストを受ける。英語、数学、科学の試験は義務である。

31　Kirasic, K.（1989）Acquisition and utilization of spatial information by elderly adults: Implications for day to day situations, in Poon, L., Rubin, D. and Wilson, B.（eds.）*Everyday Cognition in Adulthood and Later Life*, Cambridge: Cambridge University Press.

32　https://commons.wikimedia.org/wiki/File:IQ_curve.svg.

33　この比喩については、サトシ・カナザワに感謝する。彼の比喩は、Kanazawa, S.（2012）*The Intelligence Paradox: Why the Intelligent Choice Isn't Always the Smart One*, Hoboken, NJ: John Wiley & Sons, p. 39. にある。

34　Jensen, A. R.（2013）Rushton's contributions to the study of mental ability, *Personality & Individual Differences*, 55, pp. 212-217. 参照。

35　Jensen, A. R.（1998）*The g Factor: The Science of Mental Ability*, Westport, CT: Praeger. For 'reaction times' and intelligence. 及び Jensen, A. R.（2006）*Clocking the Mind: Mental Chronometry and Individual Differences*, New York: Elsevier. 参照。

36　Jensen, A. R.（2006）*Clocking the Mind: Mental Chronometry and Individual Differences*, New York: Elsevier.

37　Eysenck, H.（1998）*Intelligence: A New Look*, Piscataway, NJ: Transaction Pub-

lishers, Ch.4.
38 Deary, I. (2000) *Looking Down on Human Intelligence: From Psychometrics to the Brain*, Oxford: Oxford University Press.
39 Ganley, C., Mingle, L. A., Ryan, A. M., Ryan, K., Vasilyeva, M. & Perry, M. (2013) An examination of stereotype threat effects on girls' mathematics performance, *Developmental Psychology*, 49, pp. 1886-1889. 参照。
40 Jensen, A. R. (1981) *Straight Talk About Mental Tests*, New York: Free Press.
41 Herrnstein, R. & Murray, C. (1994) *The Bell Curve: Intelligence and Class Structure in American Life*, New York: Free Press.
42 Harmon, L. R. (1961) The high school background of science doctorates: A survey reveals the influence of class size, region of origin, as well as ability, in PhD production, *Science*, 133, pp. 679-688.
43 こうした指摘については、Vanhanen, T. (2009) *The Limits of Democratization: Climate, Intelligence and Resource Distribution*, Augusta, GA: Washington Summit Publishers. を見よ。
44 Bouchard Jr., T. J. (2004) Genetic influence on human psychological traits, *Current Directions in Psychological Science*, 13, pp. 148-151.
45 Bouchard Jr., T.J. (1998) Genetic and environmental influences on adult intelligence and special mental abilities, *Human Biology*, 70, pp. 257-279.
46 Dahl, R. (1988) *Matilda*, London: Jonathan Cape. ロアルド・ダール『マチルダは小さな大天才』宮下嶺夫訳、評論社、2005年。
47 Davies, G., Tenesa, A., Payton, A., Yang, J., Harris, S. E., Liewald, D. & Deary, I. J. (2011) Genome-wide association studies establish that human intelligence is highly heritable and polygenic, *Molecular Psychiatry*, 16, pp. 996-1005. 子どもたちに与える親の影響に関する議論については Flynn, J. R. (2016) *Does Your Family Make You Smarter?* Cambridge: Cambridge University Press. 参照。
48 Rushton, J. P. (1989) Genetic similarity, human altruism, and group selection, *Behavioral & Brain Sciences*, 12, pp. 503-518. 参照。
49 Helgason, A., Palsson, S., Gudbjartsson, D., *et al.* (2008) An association between the kinship and fertility of human couples, *Science*, 319, pp. 813-816.
50 Vinkhuyzen, A. A. E., Sluis, S., van der Maes, H.H.M. & Posthuma, D. (2012) Reconsidering the heritability of intelligence in adulthood: Taking assortative mating and cultural transmission into account, *Behavior Genetics*, 42, pp. 187-198.
51 Jensen, A. R. (1997) The puzzle of nongenetic variance, in Sternberg, R. J. &

Grigorenko, E. L.（eds.）*Heredity, Intelligence, and Environment*, Cambridge: Cambridge University Press, pp. 42-88.

52　Weiss, V.（1992）Major genes of general intelligence, *Personality & Individual Differences*, 13, pp. 1115-1134.

53　Buss, D. M.（1994/2003）*The Evolution of Desire: Strategies of Human Mating*, New York: Basic Books. デヴィッド・M・バス『男と女のだましあい―ヒトの性行動の進化』狩野秀之訳、草思社、2000年。

54　Rushton, J. P.（1989）Genetic similarity, human altruism, and group selection, *Behavioral & Brain Sciences*, 12, pp. 503-518. 参照。

55　Okbay, A., Beauchamp, J. P., Fontana, M. A., Lee, J. J., Pers, T. H., Rietveld, C. A. & Benjamin, D. J.（2016）Genomewide association study identifies 74 loci associated with educational attainment, *Nature*, 533, pp. 539-542.

56　Gilbert, W. S.（1889）*The Gondoliers.*

57　Eliade, M.（2004）*Shamanism: Archaic Technique of Ecstasy*, Princeton, NJ: Princeton University Press. 参照。

第3章　知能が進化してきた理由

58　レイプの進化的な起源についてのさらなる議論は、Thornhill, R. & Palmer, C. T.（2000）*A Natural History of Rape: Biological Bases of Sexual Coercion*, Cambridge, MA: MIT Press. 参照。

59　Darwin, C.（1981）*The Descent of Man*, Princeton, NJ: Princeton University Press, p. 259.

60　進化心理学の入門書としては、Workman, L. & Reader, W.（2014）*Evolutionary Psychology: An Introduction*, Cambridge: Cambridge University Press. を見よ。

61　Miller, G.（2000）*The Mating Mind: How Sexual Choice Shaped the Evolution of Human Nature*, New York: Anchor Books. ジェフリー・ミラー『恋人選びの心―性淘汰と人間の進化』長谷川眞理子訳、岩波書店、2002年。

62　Nesse, R. M.（2007）Runaway social selection for displays of partner virtue and altruism, *Biological Theory*, 2, pp. 143-155.

63　Wilson, D. S.（2002）*Darwin's Cathedral*, Chicago, IL: University of Chicago Press. 参照。

64 Salter, F.（2007）*On Genetic Interests: Family, Ethnicity and Humanity in an Age of Mass Migration*, New Brunswick, NJ: Transaction Publishers. 参照。
65 Arden, R. & Adams, M.（2016）A general intelligence factor in dogs, *Intelligence*, 55, pp. 79-85.
66 Woodley of Menie, M. A., Fernandes, H. & Hopkins, W.（2015）The more gloaded, the more heritable, evolvable, and phenotypically variable: Homology with humans in chimpanzee cognitive abilities, *Intelligence*, 50, pp. 159-163.
67 Waal, F. de.（2007）*Chimpanzee Politics: Power and Sex Among Apes*, Baltimore, MD: Johns Hopkins University Press. 参照。
68 この部分はもともとは Lynn の *Dysgenics* において議論された。ここでは彼の議論をまとめて、それをさらに進めている。Lynn, R.（2011）*Dysgenics: Genetic Deterioration in Modern Populations*, 2nd ed., London: Ulster Institute for Social Research. 参照。
69 Chagnon, N.（1968）*Yanomamö: The Fierce People*, New York: Holt, Rinehart & Winston. 参照。
70 もちろん、地位の高い男と良い父親とが必ずしも一致しないことを忘れてはならない。実際、女は配偶者選択において、地位と優しさを天秤にかけているかもしれない。しかし全体としては、前述したように、高い地位につながる資質は、より協力的で社会的スキルが高いという意味で優しさをもたらす。
71 Buss, D. M.（1994/2003）*The Evolution of Desire: Strategies of Human Mating*, New York: Basic Books.［邦訳、前出＊53］
72 Chagnon, N.（1968）*Yanomamö: The Fierce People*, New York: Holt, Rinehart & Winston.
73 Darwin, C.（1871）*The Descent of Man*, p. 368.
74 Howell, N.（1979）*Demography of the Dobe ! Kung*, New York: Academic Press.
75 Murdock, G. P.（1967）*Ethnographic Atlas*, Pittsburgh, PA: University of Pittsburgh Press. 参照。
76 Siskind, J.（1973）*To Hunt in the Morning*, Oxford University Press, pp. 95-6, quoted in: Kuznar, L.（1997）*Reclaiming a Scientific Anthropology*, Walnut Creek, CA: Sage Publications, p. 77.
77 Chagnon, N.（1968）*Yanomamö: The Fierce People*, New York: Holt, Rinehart & Winston, p. 93.
78 Buss, D. M.（1994/2003）*The Evolution of Desire: Strategies of Human Mating*, New York: Basic Books.［邦訳、前出＊53］
79 Moran, E.（1979）*Human Adaptability: An Introduction to Ecological Anthropo-*

logy, Belmont, CA: Duxbury Press.

80 Cochran, G. & Harpending, H.（2009）*The 10,000 Year Explosion: How Civilization Accelerated Human Evolution*, New York: Basic Books. 参照。グレゴリー・コクラン、ヘンリー・ハーペンディング『一万年の進化爆発』古川奈々子訳、日経BP、2010年。

81 Betzig, L. L.（1986）*Despotism and Differential Reproduction: A Darwinian View of History*, Hawthorne, NY: Aldine.

82 Betzig, L.（1986）*Despotism and Differential Reproduction: A Darwinian View of History*, Hawthorne, NY: Aldine.

83 Dickemann, M.（1979）The ecology of mating systems in hypergynous dowry societies, *Social Science Information*, 18, pp. 163-195.

84 Daly, M. & Wilson, M.（1983）*Sex, Evolution and Behavior*, Boston, MA: Willard Grant Press.

85 Lynn, R.（2011）*Dysgenics*, London: Ulster Institute for Social Research.

86 Stirland, A. J.（2005）*The Men of the Mary Rose: Raising the Dead*, Stroud: The History Press.

87 Wooding, L.（2015）*Henry VIII*, London: Routledge, p. 263.

88 Ross, C.（1974）*Edward IV*, Los Angeles, CA: University of California Press, p. 10.

89 Mayhew, M.（2015）*The Little Book of Mary, Queen of Scots*, Stroud: The History Press.

90 Selin, G.（2016）*Priestly Celibacy: Theological Foundations*, Washington, DC: Catholic University of America Press. 参照。

91 Gorman, M.（1998）*Abortion and the Early Church: Jewish, Christian and Pagan Attitudes in the Greco-Roman World*, Eugene, OR: Wipf and Stock Publishers.

92 例えば、Senanayake, P.（2012）Selection of contraception: What guides a woman, in Snow, R. & Hall, P.（eds.）*Steroid Contraceptives and Women's Response*, New York: Springer.

93 このプロセスの詳細な議論については、Meisenberg, G.（2007）*In God's Image: The Natural History of Intelligence and Ethics*, Kibworth: Book Guild Publishing.

94 Carlton, K. & Thornton, T.（2011）Illegitimacy and authority in the north of England, 1450-1640, *Northern History*, XLVIII, I.

95 Staves, S.（2014）Daughters and younger sons, in Brewer, J. & Staves, S.（eds.）*Early Modern Conceptions of Property*, London: Routledge, p. 210.

96 Carlton, K. & Thornton, T.（2011）Illegitimacy and authority in the north of

England, 1450-1640, *Northern History*, XLVIII.

97 Strype, J.（1721）*Ecclesiastical Memorials, Volume III*, London: S. Richardson, Ch. 12.

98 Findlay, A.（1994）*Illegitimate Power: Bastards in Renaissance Drama*, Manchester: Manchester University Press, p. 41.

99 Bradford, S.（2005）*Lucrezia Borgia: Life, Love and Death in Renaissance Italy*, London: Penguin.

100 Clark, G.（2007）*A Farewell to Alms: A Brief Economic History of the World*, Princeton, NJ: Princeton University Press, p. 87.〔邦訳、前出＊7〕

101 Clark, G.（2007）*A Farewell to Alms: A Brief Economic History of the World*, Princeton, NJ: Princeton University Press, p. 87.

102 Skipp, V.（1978）*Crisis and Development: An Ecological Case Study of the Forest of Arden 1570-1674*, Cambridge: Cambridge University Press.

103 Pound, J.（1972）An Elizabethan census of the poor, *University of Birmingham Historical Journal*, 7, pp. 142-160.

104 Weiss, V.（1990）Social and demographic origins of the European proletariat, *Mankind Quarterly*, 31, pp. 126-152.

105 Grassby, R.（2002）*The Business Community in Seventeenth Century England*, Cambridge: Cambridge University Press, p. 309.

106 Wrigley, E. & Schofield, R.（1989）*The Population History of England, 1541-1871*, Cambridge: Cambridge University Press, p. 264.

107 こうした社会階層についてのさらなる議論は、Dutton, E.（2015）*The Ruler of Cheshire: Sir Piers Dutton, Tudor Gangland and the Violent Politics of the Palatine*, Northwich: Leonie Press, Ch. 2. を見よ。前述したように、現代の社会階層と同じように、これらの階層には富と生活様式の両方が関係している。一般にヨーマン階級はジェントリーほどには豊かではなかったが、これには例外もある。働かないジェントリーの中には、自分で働く倹約家の農民よりも貧しいものもあった。社会歴史家のメアリー・アボットによれば、「1613年に、エセックスのバーステッドの教区では、エドムンド・ブラッゲはジェントルマンであるという訴えが、『彼の家では、貧者に対する施しをしていない』という理由から否定されている。」Abbott, M.（1993）*Family Ties: English Families, 1540-1920*, London: Routledge, p. 72.

108 例えば、イギリスのキャスターであるマイケル・パーキンソン、イギリスの政治家アン・ウィデコム、トニー・ブレアの妻であるチェリー・ブレアなどが番組から勧誘された。しかし、彼らの祖先の人生は面白いも

のではなかったために番組は作られなかった。次を参照。Holmwood, L.（21 July 2009）Michael Parkinson: My family was too dull for *Who Do You Think You Are? Guardian*, [Online], https://www. theguardian.com/media/2009/jul/21/michael-parkinson-who-do-you-think-you-are; Alexander, E.（3 July 2014）Cherie Blair's family too boring for *Who Do You Think You Are* show: 'My ancestors weren't very interesting', *Independent*, [Online], http://www.independent.co.uk/news/people/cherie-blair-s-family-too-boring-for-who-do-you-think you-are-show-my-ancestors-weren-t-very-9581451.html; Widdecombe, A.（2012）*Strictly Ann: The Autobiography*, London: Weidenfeld & Nicolson.

109　Frost, P. & Harpending, H.（2015）Western Europe, state formation, and genetic pacification, *Evolutionary Psychology*, 13, pp. 230-243.

110　Dutton, E. & Madison, G.（2017）Execution, violent punishment and selection for religiousness in medieval England, *Evolutionary Psychological Science*, 4, pp. 83-89.

111　Clark, G.（2014）*The Son Also Rises: Surnames and the History of Social Mobility*, Princeton, NJ: Princeton University Press. グレゴリー・クラーク『格差の世界経済史』久保恵美子訳、日経 BP、2015年。

112　Sorokin, P.（1927）*Social Mobility*, New York: Harper.

113　Herrnstein, R. & Murray, C.（1994）*The Bell Curve: Intelligence and Class Structure in American Life*, New York: Free Press. 参照。

114　Lynn, R.（2011）*Dysgenics*, London: Ulster Institute for Social Research.

115　Payling, S. J.（1992）Social mobility, demographic change, and landed society in late medieval England, *Economic History Review*, 45, pp. 51-73.

116　Stone, L.（1966）Social mobility in England, 1500-1700, *Past and Present*, 33, pp. 16-55, p. 21.

117　Stone, L. & Stone, J. C. F.（1986）*An Open Elite?* Oxford: Oxford University Press.

118　Fletcher, S.（2009）*Cardinal Wolsey: A Life in Renaissance Europe*, London: Bloomsbury Academic.

119　Borman, T.（2015）*Thomas Cromwell: The Untold Story of Henry VIII's Most Faithful Servant*, New York: Grove/Atlantic.

120　Kaelble, H.（1985）*Social Mobility in the 19th and 20th Centuries*, Leamington Spa: Berg, p. 12.

121　Ho, P.（1959）Aspects of social mobility in China, 1368-1911, *Comparative Studies in Sociology & History*, 1, pp. 330-359.

122　Herrnstein, R. & Murray, C.（1994）*The Bell Curve*, New York: Free Press.

123 Dill, S. (1898) *Roman Society in the Last Century of the Western Empire*, London: Macmillan.

124 Coleman, D. & Salt, J. (1992) *The British Population*, Oxford: Oxford University Press.

第4章 産業革命 知能上昇の頂点

125 Clark, G. (2007) *A Farewell to Alms: A Brief Economic History of the World*, Princeton, NJ: Princeton University Press.

126 Viv Nicholson, pools winner—obituary, *Daily Telegraph*, (12 April 2015), [Online] http://www.telegraph.co.uk/news/obituaries/celebrity-obituaries/ 11531195/Viv-Nicholson-pools-winner-obituary.html.

127 Clark, G. (2007) *A Farewell to Alms: A Brief Economic History of the World*, Princeton, NJ: Princeton University Press, p. 169.

128 Clark, G. (2007) *A Farewell to Alms: A Brief Economic History of the World*, Princeton, NJ: Princeton University Press, p. 179.

129 Dutton, E. (2015) *The Ruler of Cheshire: Sir Piers Dutton, Tudor Gangland and the Violent Politics of the Palatine*, Northwich: Leonie Press, Ch. 1.

130 Moffatt, A. (2011) *The Borders: A History of the Borders from Earliest Times*, Edinburgh: Birlinn

131 Mortimer, I. (2013) *The Time Traveller's Guide to Elizabethan England*, London: Vintage Books, Ch. 12. 参照。

132 Pietschnig, J., Penke, L., Wicherts, J. M., Zeller, M. & Voracek, M. (2015) Metaanalysis of associations between human brain volume and intelligence differences: How strong are they and what do they mean? *Neuroscience & Biobehavioral Reviews*, 57, pp. 411-432.

133 Rock, W. P., Sabieha, A. M. & Evans., R. I. W. (2006) A cephalometric comparison of skulls from the fourteenth, sixteenth and twentieth centuries, *British Dental Journal*, 200, pp. 33-37. 当初、頭蓋骨は14世紀中盤のものだと考えられていたが、後に13世紀のものだと判明した。Steen, R. G. (2009) *Human Intelligence and Medical Illness: Assessing the Flynn Effect*, New York: Springer. 参照。

134 イギリス王家の殺害事件と殺害未遂については、Lewis, B. (2011) *Dark*

History of the Kings and Queens of England, London: Amber Books. 参照。

135　イギリス民主主義の発展については、Machin, G. I. T.（2001）*The Rise of Democracy in Britain, 1830-1918*, London: Palgrave Macmillan. 参照。

136　Harling, P.（1996）*The Waning of the 'Old Corruption': The Politics of Economical Reform in Britain, 1779-1846*, Oxford: Clarendon Press; あるいは、Rubenstein, W. D.（1983）The end of the 'Old Corruption' in Britain, 1780-1860, *Past & Present*, 101, pp. 55-86. 参照。

137　Owen Lloyd, T.（1973）*The Growth of Parliamentary Democracy in Britain*, London: Rigby. 参照。

138　Hasluck, E. L.（2010）*Local Government in England*, Cambridge: Cambridge University Press, p. 175.

139　Eisner, M.（2003）Long term historical trends in violent crime, *Crime & Justice*, 1, pp. 83-142. 参照。

140　Clark, G.（2007）*A Farewell to Alms*, Princeton, NJ: Princeton University Press. を参照。［邦訳、前出＊7］

141　The World Bank（2016）*Intentional Homicides per 100,000 People*,［Online］, http://data.worldbank.org/indicator/VC.IHR.PSRC.P5.

142　イギリスにおける決闘の歴史については Peltonen, M.（2003）*The Duel in Early Modern England: Civility, Politeness and Honour*, Cambridge: Cambridge University Press. 参照。

143　Eisner, M.（2003）Long term historical trends in violent crime, *Crime & Justice*, 1, pp. 83-142. 参照。

144　Eisner M.（2003）Long-term historical trends in violent crime, *Crime and Justice*, 30, pp. 83-142. より。

145　Woodley of Menie, M. A., Yonuskunju, S., Balan, B. & Piffer, D.（2017）Holocene selection for variants associated with general cognitive ability: Comparing ancient and modern genomes, *Twins Research and Human Genetics*, 20, pp. 271-280. より。

第5章　性格とは何か

146　Dutton, E. & Charlton, B.（2015）*The Genius Famine*, Buckingham: University of Buckingham Press, p. 7.

147 Soto, C., John, O., Gosling, S. & Potter, J.（2011）Age differences in personality traits from 10 to 65: Big Five domains and facets in a large crosssectional sample, *Journal of Personality & Social Psychology*, 100, pp. 330-348. 参照。
148 Nettle, D.（2007）*Personality: What Makes You Who You Are*, Oxford: Oxford University Press. 参照。
149 Costa, P. T., Jr. & McCrae, R. R.（1992）*Revised NEO Personality Inventory (NEO-PI-R) and NEO Five-Factor Inventory (NEO-FFI) Manual*, Odessa, FL: Psychological Assessment Resources. 参照。
150 人格特性の入門書としては、Nettle, D.（2007）*Personality: What Makes You Who You Are*, Oxford: Oxford University Press. ダニエル・ネトル『パーソナリティを科学する：特性５因子であなたがわかる』竹内和世訳、白楊社、2009年。
151 Friedman, H. S., Tucker, J., Tomlinson-Keasey, C., *et al.*（1993）Does childhood personality predict longevity? *Journal of Personality and Social Psychology*, 65, pp. 176-185.
152 Nettle, D.（2007）*Personality: What Makes You Who You Are*, Oxford: Oxford University Press. 参照。［邦訳、前出＊150］
153 Eysenck, H.（1997）*Rebel With a Cause: The Autobiography of Hans Eysenck*, New Brunswick, NJ: Transaction Publishers.
154 Rushton, J. P. & Irwing, P.（2008）A General Factor of Personality from two meta-analyses of the Big Five, *Personality & Individual Differences*, 45, pp. 679-683.
155 Just, C.（2011）A review of literature on the general factor of personality, *Personality & Individual Differences*, 50, pp. 765-771.
156 Soto, C., John, O., Gosling, S. & Potter, J.（2011）Age differences in personality traits from 10 to 65: Big Five domains and facets in a large cross-sectional sample, *Journal of Personality and Social Psychology*, 100, pp. 330-348. 参照。
157 McNeely, D.（2010）*Becoming: An Introduction to Jung's Concept of Individuation*, Carmel, CA: Fisher King Press. 参照。
158 Costa, P. & Arenberg, D.（1980）Enduring dispositions in adult males, *Journal of Personality and Social Psychology*, 38, pp. 793-800.
159 Weisberg, Y., DeYoung, C. & Hirsch, J.（2011）Gender differences in personality across the ten aspects of the Big Five, *Frontiers in Psychology*, 2, art. 178.
160 実際、これはまさにバロン＝コーエンによる極端な「男脳」モデルが予測することである。Baron-Cohen, S.（2002）The extreme male brain theory of autism, *Trends in Cognitive Sciences*, 6, pp. 248-254. 参照。

161　Bouchard Jr., T.（2004）Genetic influence on human psychological traits, *Current Directions in Psychological Science*, 13, pp. 148-151.

162　Simonton, D.（2009）Varieties of (scientific) creativity: A hierarchical model of domain-specific disposition, development, and achievement, *Perspectives on Psychological Science*, 4, pp. 441-452.

163　Bugental, D., Corpuz, R. & Beaulieu, D.（2014）An evolutionary approach to socialization, in Grusec, J. & Hastings, P.（eds.）*Handbook of Socialization: Theory and Research*, New York: Guildford Publications.

第6章　天才の出現

164　研究によると、科学専攻の学生は人文科学や社会科学の学生よりも、平均して知能が高く、強調的で、真面目である。次の文献を参照。De Fruyt, F. & Mervielde, I.（1996）Personality and interests as predictors of educational streaming and achievement, *European Journal of Personality*, 10, pp. 405-425; Lievens, F., Coetsier, P., de Fruyt, F. & de Maesneer, J.（2002）Medical students' personality characteristics and academic performance: A five factor perspective, *Medical Education*, 36, pp. 1050-1105; また、Dutton, E. & Lynn, R.（2014）Intelligence and religious and political differences among members of the U.S. academic elite, *Interdisciplinary Journal of Research on Religion*, 10, pp. 1-29.

165　Simonton, D.（1988）*Genius, Creativity and Leadership*, Cambridge, MA: Harvard University Press.

166　Simonton, D.（1988）*Genius, Creativity and Leadership*, Cambridge, MA: Harvard University Press; Eysenck, H.（1995）*Genius: The Natural History of Creativity*, Cambridge: Cambridge University Press.

167　Dutton, E. & Van der Linden, D.（2015）Who are the 'Clever Sillies'? The intelligence, personality, and motives of clever silly originators and those who follow them, *Intelligence*, 49, pp. 57-65. 参照。

168　Eysenck, H.（1995）*Genius: The Natural History of Creativity*, Cambridge: Cambridge University Press; Feist, G.（1998）A meta-analysis of personality in scientific and artistic creativity, *Personality & Social Psychology Review*, 2, pp. 290-309.

169 Simonton, D. (1988) *Genius, Creativity and Leadership*, Cambridge, MA: Harvard University Press.

170 Dutton, E. & Charlton, B. (2015) *The Genius Famine*, Buckingham: University of Buckingham Press, pp. 123-124.

171 Westfall, R. (1983) *Never At Rest: A Biography of Isaac Newton*, Cambridge: Cambridge University Press.

172 Dutton, E. & Charlton, B. (2015) *The Genius Famine*, Buckingham: University of Buckingham Press, p. 79.

173 Crick, F. (1990) *What Mad Pursuit: A Personal View of Scientific Discovery*, New York: Basic Books; Ridley, M. (2006) *Francis Crick: Discoverer of the Genetic Code*, Ashland, OH: Atlas Books.

174 Spearman, C. (1927) *Abilities of Man: Their Nature and Measurement*, New York: Macmillan.

175 Woodley, M. A. (2012) The social and scientific temporal correlates of genotypic intelligence and the Flynn Effect, *Intelligence*, 40, pp. 189-204.

176 Hoffmann, B. (1972) *Albert Einstein: Creator and Rebel*, London: Hart-Davis. Noted in Dutton, E. & Charlton, B. (2014) *The Genius Famine*, Buckingham: University of Buckingham Press, p. 111.

177 Simonton, D. K. (2003) Exceptional creativity across the life span: The emergence and manifestation of creative genius, in Shavinina. L.V. (ed.) *The International Handbook of Innovation*, pp. 293-308, New York: Pergamon Press.

178 Hamilton, W. (1996) *The Narrow Roads of Gene Land*, Oxford: Oxford University Press; Hamilton, W. D. (1964) The genetical evolution of social behavior. I and II, *Journal of Theoretical Biology*, 7, pp. 1-52. 参照。

179 BBC website (2010) ECU Ruling: Great Lives, *BBC Radio 4*, 2 February 2010, [Online], http://www.bbc.co.uk/complaints/comp-reports/ecu/ecu_greatlives_wdhamilton.

180 Salter, F. (2007) *On Genetic Interests: Family, Ethnicity and Humanity in an Age of Mass Migration*, New Brunswick, NJ: Transaction Publishers.

181 例えば、Hammond, R. & Axelrod, R. (2006) The evolution of ethnocentric behaviour, *Journal of Conflict Resolution*, 50, pp. 1-11.

182 Hamilton, W. D. (2000) A review of Dysgenics: Genetic Deterioration in Modern Populations, *Annals of Human Genetics*, 64, pp. 363-374.

183 Woodley, M. A. & Figueredo, A. J. (2013) *Historical Variability in Heritable General Intelligence: It's Evolutionary Origins and Sociocultural Consequences*, Buckingham: University of Buckingham Press.

184　Jensen, A. R. (1997) The puzzle of nongenetic variance, in Sternberg, R. J. & Grigorenko, E. L. (eds.) *Heredity, Intelligence, and Environment*, pp. 42-88, Cambridge: Cambridge University Press.

185　Kanazawa, S. (2003) Why productivity fades with age: The crime–genius connection, *Journal of Personality*, 37, pp. 257-272.

186　Huebner, J. (2005) A possible declining trend for worldwide innovation, *Technological Forecasting & Social Change*, 72, pp. 980-986.

187　Murray, C. (2006) *Human Accomplishment: The Pursuit of Excellence in the Arts and Sciences, 800 BC to 1950*, New York: Harper Collins.

188　プロットのデータは Huebner, J. (2005) A possible declining trend for worldwide innovation, *Technological Forecasting & Social Change*, 72, pp. 980-986. から得ている。この追加的な分析のためにデータを使わせてくれたジョナサン・ヒューブナーに感謝する。

189　Woodley, M. A. (2012) The social and scientific temporal correlates of genotypic intelligence and the Flynn Effect, *Intelligence*, 40, pp. 189-204.

190　Murray, C. (2006) *Human Accomplishment*, New York: Free Press.

第7章　知能の進化の逆転現象

191　Baines, E. (2015) *History of Cotton Manufacture in Great Britain*, Cambridge: Cambridge University Press, p. 155.

192　産業革命による直接的、間接的な成果についての読みやすい入門書としては、Weightman, G. (2003) *What the Industrial Revolution Did For Us*, London: BBC Books. を見よ。

193　リチャード・リンは、こうした意見を持っていた科学者たちについての詳細な記述をしており、この部分は彼の記述に基づいている。彼の著書『遺伝子劣化 *Dysgenics*』を見よ。

194　Morel, B. A. (1857) *Traité des dégenérescenses physiques, intellectuelles et morales de 1'espèce humaine*, Paris: Larousse.

195　Galton, F. (1865) Hereditary talent and character, *MacMillan's Magazine*, p. 325.

196　Galton, F. (1869) *Hereditary Genius*, London: Macmillan, p. 414. ゴールトン『天才と遺傳』甘粕石介訳、岩波書店、1935年。また Bulmer, M. (2004)

Francis Galton: Pioneer of Heredity and Biometry, Baltimore, MD: Johns Hopkins University Press. も見よ。

197 Darwin, C.（1871）*The Descent of Man*, London: John Murray, p. 501.

198 Wallace, A. R.（1890）Human selection, *Popular Science Monthly*, 38, pp. 90-102.

199 Pearson, K.（1901）*National Life from the Standpoint of Science*, London: Methuen, p. 101.

200 Pearson, K.（1912）*The Groundwork of Eugenics*, Cambridge: Eugenics Laboratory, p. 32. カール・ピアソンの生涯については Porter, T.（2010）*Karl Pearson: The Scientific Life in a Statistical Age*, Princeton, NJ: Princeton University Press. 参照。

201 Fisher, R. A.（1929）*The Genetical Theory of Natural Selection*, Oxford: Clarendon Press.

202 Heron, D.（1906）*On the Relation of Fertility in Man to Social Status*, London: Dulan.

203 フィッシャーの生涯についての詳細な議論は、Fisher Box, J.（1978）*R. A. Fisher: The Life of a Scientist*, Hoboken, NJ: John Wiley & Sons. 参照。

204 Cattell, R. B.（1937）*The Fight for our National Intelligence*, London: P. S. King & Son Ltd.

205 Cattell, R. B.（1937）*The Fight for our National Intelligence*, London: P. S. King & Son Ltd.

206 Cattell, R. B.（1951）The fate of national intelligence: Test of a thirteen year prediction, *Eugenics Review*, 17, pp. 136-148.

207 キャッテルの生涯については Horn, J. & Cattell, H.（2015）*A Short Biography: Raymond Bernard Cattell*,［Online］http://www.cattell.net/devon/rbcbio.htm. 参照。

208 Meisenberg, G.（2010）The reproduction of intelligence, *Intelligence*, 38, pp. 220-230.

209 Reeve, C., Lyerly, J. & Peach, H.（2013）Adolescent intelligence and socioeconomic wealth independently predict adult marital and reproductive behaviour, *Intelligence*, 41, pp. 358-365.

210 Von Stumm, S., Batty, G. D. & Deary, I. J.（2011）Marital status and reproduction: Associations with childhood intelligence and adult social class in the Aberdeen children of the 1950s study, *Intelligence*, 39, pp. 161-167.

211 Kanazawa, S.（2014）Intelligence and childlessness, *Social Science Research*, 48, pp. 157-170.

212 Woodley of Menie, M. A.（2015）How fragile is our intellect? Estimating losses in general intelligence due to both selection and mutation accumulation, *Personality & Individual Differences*, 75, pp. 80-84.

213 Chmykhova, E., Davydov, D. & Lynn, R.（2016）Dysgenic fertility in the Russian Federation, *Mankind Quarterly*, 57, pp. 269-278.

214 Chen, H.-Y., Chen, Y.-H., Liao, Y.-K., Chen, H.-P.（2012）Relationship of fertility with intelligence and education in Taiwan, *Journal of Biosocial Science*, 45, pp. 567-572.

215 Chen, H.-Y., Chen, Y.-H., Cheng, H. & Lynn, R.（2017）Dysgenic fertility for intelligence and education in Taiwan, *Intelligence*, DOI: 10.1016.

216 Wang, M., Fuerst, J. & Ren, J.（2016）Evidence of dysgenic fertility in China, *Intelligence*, 57, pp. 15-24.

217 Abdel-Khalek, A. & Lynn, R.（2008）Intelligence, family size and birth order: Some data from Kuwait, *Personality and Individual Differences*, 44, pp. 1032-1038.

218 Al-Kandari, Y.（2007）Fertility and its relationship with sociocultural factors in Kuwaiti society, *Eastern Mediterranean Health Journal*, 13, pp. 1364-1371.

219 Abdin, T.（22nd May 2014）Sudan: The case of the missing professor, *All Africa*, [Online], http://allafrica.com/stories/201405301164.html.

220 Khaleefa, O.（2010）Intelligence in Sudan and IQ gain between 1964 and 2008, *Arab Psynet E-Journal*, 25-26, pp. 157-167.

221 Al Shahomee, A., Lynn, R. & Abdalla, S.（2012）Dysgenic fertility, intelligence and family size in Libya, *Intelligence*, 41, pp. 67-69. さらにカリブ海のドミニカからは、最終的な出生率と知能にとても弱い関係（−0.08）が報告されている。Meisenberg, G., Lawless, E., Lambert, E. & Newton, N.（2005）The Flynn Effect in the Caribbean: Generational change of cognitive test performance in Dominica, *Mankind Quarterly*, 46, pp. 29-69.

222 Hawe, E.（2008）*Compendium of Health Statistics, 2009*, Manchester: Radcliffe Medical.

223 Čvorović, J., Rushton, J. & Tenjevic, L.（2008）Maternal IQ and child mortality in 222 Serbian Roma（Gypsy）women, *Personality & Individual Differences*, 44, pp.1604-1609.

224 Okbay, A., Beauchamp, J. P., Fontana, M. A., Lee, J. J., Pers, T. H., Rietveld, C. A. & Benjamin, D. J.（2016）Genomewide association study identifies 74 loci associated with educational attainment, *Nature*, 533, pp. 539-542.

225 Beauchamp, J. P.（2016）Genetic evidence for natural selection in humans in

the contemporary United States, *Proceedings of the National Academy of Sciences USA*, 113, pp. 7774-7779.
226　Meisenberg, G. (2008) How universal is the negative correlation between education and fertility? *Journal of Social, Political & Economic Studies*, 33, pp. 205-227.
227　Beauchamp, J. P. (2016) Genetic evidence for natural selection in humans in the contemporary United States, *Proceedings of the National Academy of Sciences USA*, 113, pp. 7774-7779. また、Conley, D., Laidley, T., Belsky, D. W., Fletcher, J. M., Boardman, J. D. & Domingue, B. W. (2016) Assortative mating and differential fertility by phenotype and genotype across the 20th century, *Proceedings of the National Academy of Sciences USA*, 113, pp. 6647-6652. も見よ。
228　Woodley of Menie, M. A., Schwartz, J. A. & Beaver, K. M. (2016) How cognitive genetic factors influence fertility outcomes: A meditational SEM analysis, *Twins Research & Human Genetics*, 19, pp. 628-637.
229　ひじょうに大規模なサンプルを使った研究では、教育年数や知能を高める遺伝子は、たとえ教育程度をコントロールしても、出生率に負の影響を与えていることが判明している。この理由は、g因子に対する選択圧は、g因子と妊娠可能性の間に負の遺伝的相関を生じさせてきたためかもしれない。自然選択は何らかの遺伝形質に作用するが、その結果として形質間には各種の相関が生じる。異なる起源をもった遺伝的な変異が次第に混ぜ合わさることで、そうした違いが際立つことになったのかもしれない。
230　このセクションは、彼の著作『遺伝子劣化 *Dysgenics*』での議論をまとめている。
231　Kost, K. & Forrest, J. (1995) Intention status of U.S. births in 1988: Differences by mothers' socio economic and demographic characteristics, *Family Planning Perspectives*, 27, pp. 11-17.
232　Forrest, J. & Singh, S. (1990) The sexual and reproductive behavior of American women, 1982-1988, *Family Planning Perspectives*, 22, pp. 206-214.
233　Kanazawa, S. (2014) Intelligence and childlessness, *Social Science Research*, 48, pp. 157-170.
234　Murray, C. (1984) *Losing Ground: American Social Policy, 1950-1980*, New York: Basic Books.
235　Herrnstein, R. & Murray, C. (1994) *The Bell Curve*, New York: Free Press.
236　Swinford, S. (10th July 2013) Most children will be born out of wedlock by 2016, *The Telegraph*, [Online], http://www.telegraph.co.uk/news/politics/

10172627/Most-children-will-be-born-out-of-wedlock-by-2016.html.
237 Murray, C. (1994) *Underclass: The Crisis Deepens*, London: IEA Health and Welfare Unit.
238 Perkins, A. (2016) *The Welfare Trait: How State Benefits Affect Personality*, London: Palgrave: Macmillan.
239 Young, T. (16th January 2016) Tell the truth about benefit claimants and the left shuts you down, *The Spectator*.
240 Perkins, A. (2016) *The Welfare Trait: How State Benefits Affect Personality*, London: Palgrave Macmillan, p. 2, citing: Brewer, M., Ratcliffe, A. & Smith, S. (2012) Does welfare reform affect fertility? Evidence from the UK, *Journal of Population Economics*, 25, pp. 245-266.
241 Perkins, A. (2016) *The Welfare Trait: How State Benefits Affect Personality*, London: Palgrave Macmillan, pp. 158-159.
242 Perkins, A. (2016) *The Welfare Trait: How State Benefits Affect Personality*, London: Palgrave Macmillan, p. 176.
243 Perkins, A. (2016) *The Welfare Trait: How State Benefits Affect Personality*, London: Palgrave Macmillan, p. 77. ここでの引用は、Tonge, W. L., Lunn, J. E., Greathead, M. & McLaren, S. (1981) *A Follow-Up to the Adult Sons and Daughters of Sheffield Problem and Comparison Families Originally Reported by Tonge, James and Hilliam in 1975*, London: Social Science Research Council. より。
244 Tonge, W. L., Lunn, J. E., Greathead, M. & McLaren, S. (1981) *A Follow-Up to the Adult Sons and Daughters of Sheffield Problem and Comparison Families Originally Reported by Tonge, James and Hilliam in 1975*, London: Social Science Research Council. Cited in Perkins, p. 24.
245 Perkins, A. (2016) *The Welfare Trait: How State Benefits Affect Personality*, London: Palgrave Macmillan, p. 25.
246 Perkins, A. (2016) *The Welfare Trait: How State Benefits Affect Personality*, London: Palgrave Macmillan, p. 48. における引用。
247 Woodley of Menie, M. A., Cabeza de Baca, T., Fernandes, H., *et al.* (2016) Slow and steady wins the race: K positively predicts fertility in the USA and Sweden, *Evolutionary Psychological Science*, 3, pp. 109-117.
248 Woodley of Menie, M. A. & Madison, G. (2015) The association between *g* and *K* in a sample of 4246 Swedish twins: A behavior genetic analysis, *Personality and Individual Differences*, 75, pp. 80-84.
249 Glass, R., *et al.* (2006) *Glass' Office Gynecology*, Philadelphia, PA: Lipincott,

Williams & Wilkins, p. 385.

250 Herrnstein, R. J. & Murray, C. (1994) *The Bell Curve*, New York: Free Press.

251 これは誇張ではない。こうした分野の研究者たちが2012年までに受けてきた扱いについては、Dutton, E. (2012) *Culture Shock and Multiculturalism*, Newcastle: Cambridge Scholars Publishing, pp. 135-137. を見よ。こうした研究への反応は、殺害予告、暴行、講義の妨害、警察による事情聴取、学術的不適正行為に対する調査、メディアでの非難、身体的な安全を損なうような政治家による非難、大学からの追放の請願、実際の大学からの解雇などである。読者は、研究者たちが現実に見出したことを単に報告するだけで、こうした取り扱いを受けてきたことには驚きを禁じえないと思う。批判者たちはまた、暴力的ではなくても、同じほどに非論理的な戦略も使ってきた。論文に小さな誤りを見つけ、論文全体も信頼できないと主張したり、論旨ではなく、研究者個人を攻撃したりするのだ。例えば、彼らは研究者個人に偏見があると批判するが、当然ながら、それは論文の内容が実証的に正確であるかどうかとは関係がない。

252 以前、「知能」に対する誤った反論を検討した。似たような議論が「人種」概念にも当てはまる。「人種」とは、相互に遺伝的に異なる交配集団のことである。それは地理的、文化的な隔離と同族結婚の結果として生じた。「人種」間では、多数の相互に相関する特徴についての、遺伝子頻度のパターンが異なっている。こうした違いのもっとも明白なものは、互いに相関する肉体的外見や心理的特性である。人類を人種に分けるのは、ちょうど特定の動物種をいくつかの亜種に分けるのと同じように、世界に関する正確な予測をしようとする科学的な視点からは、とても有益である。ある種の特性については、人種間の違いは、人種内の違いに比べればわずかである。しかし、そうした違いが特定の環境に対する適応として、ある特定の方向を向いているなら、全体としては大きな違いにつながるだろう。遺伝的なクラスター分けによれば、人類は5から7の人種に分けられる。「人種」概念の「倫理性」に興味がある人は、各人種間には遺伝病の頻度に大きな違いがあり、人種概念の重要性を否定することは大きな害をもたらすことに注意してもらいたい。人種概念についてのさらに詳細な議論については、Sarich, V. & Miele, F. (2004) *Race: The Reality of Human Differences*, Boulder, CO: Westview Press. を見よ。

253 Te Nijenhuis, J. & van der Flier, H. (2003) Immigrant-majority group differences in cognitive performance: Jensen effects, cultural effects, or both? *Intelligence*, 31, pp. 443-459.

254 Jensen, A. R. (1998) *The g Factor: The Science of Mental Ability*, Westport, CT:

Praeger. 参照。

255　Kirkegaard, E. (2013) Predicting immigrant IQ from their countries of origin, and Lynn's National IQs: A case study from Denmark, *Mankind Quarterly*, 54, pp. 151-167.

256　Lynn, R. & Vanhanen, T. (2012) *Intelligence: A Unifying Construct for the Social Sciences*, London: Ulster Institute for Social Research.

257　*The Local* (15th January 2015) A portrait of modern Denmark in ten stats, [Online], http://www.thelocal.dk/20150115/a-portrait-of-modern-denmarkin-ten-stats.

258　Lynn, R. (2011) *Dysgenics*, London: Ulster Institute for Social Research.

259　Nyborg, H. (2011) The decay of Western civilization: Double relaxed Darwinian selection, *Personality & Individual Differences*, 53, pp. 118-125.

260　Lynn, R. & Vanhanen, T. (2012) *Intelligence: A Unifying Construct for the Social Sciences*, London: Ulster Institute for Social Research.

第8章　「我々は賢くなり続けている」という幻想

261　Flynn, J. (1967) *American Politics: A Radical View*, B. & J. Paul; Flynn, J. (1973) *Humanism and Ideology: An Aristotlean View*, London: Routledge; Flynn, J. (1979) Kant and the price of justification, *Kant-studient*, 70, pp. 279-311.

262　Flynn, J. R. (1984) The mean IQ of Americans: Massive gains 1932 to 1978, *Psychological Bulletin*, 95, pp. 29-51.

263　Lynn, R. (2013) Who discovered the Flynn Effect? A review of early studies of the secular increase of intelligence, *Intelligence*, 41, pp. 765-769.

264　Lynn, R. (1982) IQ in Japan and the United States shows a growing disparity, *Nature*, 297, pp. 222-223.

265　Flynn, J. R. (2012) *Are We Getting Smarter? Rising IQ in the Twenty-First Century*, Cambridge: Cambridge University Press. ジェームズ・フリン『なぜ人類のIQは上がり続けているのか？——人種、性別、老化と知能指数』水田賢政訳、太田出版、2015年。

266　Flynn, J. R. (2012) *Are We Getting Smarter? Rising IQ in the Twenty-First Century*, Cambridge: Cambridge University Press.

267　te Nijenhuis, J. & van der Flier, H. (2013) Is the Flynn Effect on *g*? A meta-

analysis, *Intelligence*, 41, pp. 802-807.

268　Armstrong, E. L., te Nijenhuis, J., Woodley of Menie, M. A., Fernandes, H. B. F., Must, O. & Must, A.（2016）A NIT-picking analysis: Abstractness dependence of subtests correlated to their Flynn Effect magnitudes, *Intelligence*, 57, pp. 1-6.

269　あるいは読者は、レーヴン漸進的マトリックス検査はｇ因子の計測にもっとも適しているテストだと言われるにもかかわらず、それに大きなフリン効果が見られるというのはなぜかと思うかもしれない。しかし、レーヴン漸進的マトリックス検査は、異なる世代のサンプルを比較するには適していない。なぜなら、レーヴン漸進的マトリックス検査の内容は、世代が変わるに従って意味が変化しているからだ。かつてはこうした種類のテスト項目は見慣れないものであり、どういった抽象規則があるのかを自分で探す必要があった。しかし最近の世代では、こうしたテストに慣れているだけでなく、もっと広く、当てはめるべき抽象規則が理解されるようになった。実際、そうした規則は教えられるようにもなった。よって世代が異なる場合には、それはｇ因子の違いを測ることはできず、狭い意味での抽象的な理由付けの能力、つまり学習できる「単なるコツ」を測ってしまう。この問題についての詳細な分析は、Fox, M. C. & Mitchum, A. L.（2013）A knowledge based theory of rising scores on ‘culture-free’ tests, *Journal of Experimental Psychology: General*, 142, pp. 979-1000. を見よ。もっと率直に言えば、現代人はレーヴン漸進的マトリックス検査のような多選択肢問題の推測に慣れており、それがさらに偶然に当てる確率を上げている。イギリスの心理学者クリス・ブランド（1943-2017）の推計では、レーヴン漸進的マトリックス検査を正しく当てるだけで、被験者のIQは３ポイントも上昇する。Brand, C. R.（1987）British IQ: Keeping up with the times, *Nature*, 328, 761. を見よ。こうしてレーヴン漸進的マトリックス検査の大きなフリン効果は、これらの２つの重層的な理由によって説明される。

270　上級レベルとは、イングランドとウェールズでの高校卒業時の試験である。２年間の学習後に、18歳の時点で受験する。試験結果によって、どういった大学、学部に進学できるかが決まる。

271　Flynn, J. R.（2012）*Are We Getting Smarter? Rising IQ in the Twenty-First Century*, Cambridge: Cambridge University Press.［邦訳、前出＊265］

272　Flynn, J. R.（2012）*Are We Getting Smarter? Rising IQ in the Twenty-First Century*, Cambridge: Cambridge University Press, p. 14.

273　Armstrong, E. L., te Nijenhuis, J., Woodley of Menie, M. A., Fernandes, H. B.

F., Must, O. & Must, A. (2016) A NIT-picking analysis: Abstractness dependence of subtests correlated to their Flynn Effect magnitudes, *Intelligence*, 57, pp. 1-6.

274 Woodley of Menie, M. A., Fernandes, H., Figueredo, A. J. & Meisenberg, G. (2015) By their words ye shall know them: Evidence of genetic selection against general intelligence and concurrent environmental enrichment in vocabulary usage since the mid-19th century, *Frontiers in Psychology*, 6, art. 361.

275 Hatton, T. (2013) How have Europeans grown so tall? *Oxford Economic Papers*, 66, pp. 349-372.

276 Susanne, C. (1979) Genetics of human morphological characteristics, in Stini, W. (ed.) *Physiological and Morphological Adaptation and Evolution*, The Hague: Walter de Gruyter.

277 Cole, T. J. (2003) The secular trend in human physical growth: A biological view, *Economics and Human Biology*, 1, pp. 161-168.

278 Cole, T. J. (2003) The secular trend in human physical growth: A biological view, *Economics and Human Biology*, 1, pp. 161-168.

279 Beauchamp, J. P. (2016) Genetic evidence for natural selection in humans in the contemporary United States, *Proceedings of the National Academy of Sciences USA*, 113, pp. 7774-7779.

280 Pietschnig, J. & Voracek, M. (2015) One century of global IQ gains: A formal meta-analysis of the Flynn Effect (1909-2013), *Perspective on Psychological Science*, 10, pp. 282-306.

281 メタ分析については、Dutton, E., Van der Linden, D. & Lynn, R. (2016) The negative Flynn Effect: A systematic literature review, *Intelligence*, 59, pp. 163-169. 参照。

282 Woodley, M. A. & Meisenberg, G. (2013) In the Netherlands the anti-Flynn Effect is a Jensen effect, *Personality & Individual Differences*, 54, pp. 871-876.

283 Dutton, E. & Lynn, R. (2015) A negative Flynn Effect in France, 1999-2008/9, *Intelligence*, 51, pp. 67-70; Woodley of Menie, M. A. & Dunkel, C. (2015) In France, are secular IQ losses biologically caused? A comment on Dutton and Lynn (2015), *Intelligence*, 53, pp. 81-85.

284 Woodley of Menie, M. A., Fernandes, H., Figueredo, A. J. & Meisenberg, G. (2015) By their words ye shall know them: Evidence of genetic selection against general intelligence and concurrent environmental enrichment in vocabulary usage since the mid-19th century, *Frontiers in Psychology*, 6, art. 361.

285 Woodley of Menie, M. A., Peñaherrera-Aguirre, M., Fernandes, H. B. F. &

Figueredo, A. J. (2018) What causes the anti-Flynn Effect? A data synthesis and analysis of predictors, *Evolutionary Behavioral Sciences*, DOI: 10.1037/ebs 0000106.
286 このプロセスの例については、Brunello, G. & Rocco, L. (2013) The effect of immigration on the school performance of natives: Cross country evidence using PISA scores, *Economics of Education Review*, 32, pp. 234-246. 参照。
287 Bandeira, D., Costa, A. & Arterche, A. (2012) Examining generational changes in the draw-a-person and in the Raven's coloured progressive matrices, *Revista Latinamericana de Pscicologia*, 44, pp. 9-18.
288 Woodley, M. A. (2012) The social and scientific temporal correlates of genotypic intelligence and the Flynn Effect, *Intelligence*, 40, pp. 189-204.
289 Pietschnig, J. & Voracek, M. (2015) One century of global IQ gains: A formal meta-analysis of the Flynn Effect (1909-2013), *Perspective on Psychological Science*, 10, pp. 282-306.
290 Dutton, E. & Charlton, B. (2015) *The Genius Famine*, Buckingham: University of Buckingham Press, p. 172.

第9章　一般知能の低下の科学的な根拠

291 Sarraf, M. (2016) Review of historical variability in heritable general intelligence: Its evolutionary origins and socio-cultural consequences, M. A. Woodley, A. J. Figueredo. The University of Buckingham Press, Buckingham, UK (2013), ISBN: 9781908684264, *Personality and Individual Differences*, 109, pp. 238-241.
292 Dutton, E. & Charlton, B. (2015) *The Genius Famine*, Buckingham: University of Buckingham Press, p. 156.
293 Jensen, A. R. (2006) *Clocking the Mind: Mental Chronometry and Individual Differences*, New York: Elsevier.
294 Eysenck, H. (1998) *Intelligence: A New Look*, New Brunswick, NJ: Transaction Publishers, Ch. 4.
295 Deary, I. (2000) *Looking Down on Human Intelligence: From Psychometrics to the Brain*, Oxford: Oxford University Press.
296 Silverman, I. W. (2010) Simple reaction time: It is not what it used to be, *Amer-*

ican Journal of Psychology, 123, pp. 39-50.
297 Woodley, M. A., te Nijenhuis, J. & Murphy, R. (2013) Were the Victorians cleverer than us? The decline in general intelligence estimated from a meta-analysis of the slowing of simple reaction time, *Intelligence*, 41, pp. 843-850.
298 Woodley of Menie, M. A., te Nijenhuis, J. & Murphy, R. (2015) The Victorians were still faster than us. Commentary: Factors influencing the latency of simple reaction times, *Frontiers in Human Neuroscience*, 9, art. 452.
299 Dutton, E. & Charlton, B. (2015) *The Genius Famine*, Buckingham: University of Buckingham Press, pp. 158-159.
300 Dutton, E. & Charlton, B. (2015) *The Genius Famine*, Buckingham: University of Buckingham Press, p. 159.
301 Madison, G., Woodley of Menie, M. A. & Sänger, S. (2016) Secular slowing of auditory simple reaction time in Sweden, (1959-1985), *Frontiers in Human Neuroscience*, 10, art. 407.
302 Spearman, C. (1904) 'General intelligence,' objectively determined and measured, *American Journal of Psychology*, 15, pp. 201-293.
303 Deary, I. J., Bell, J. P., Bell, A. J., Campbell, M.L. & Fazal, N. D. (2004) Sensory discrimination and intelligence: Testing Spearman's other hypothesis, *American Journal of Psychology*, 117, pp. 1-18.
304 Woodley of Menie, M. A., Fernandes, H. B. F. (2015) Showing their true colours: Secular declines and a Jensen effect on colour acuity — more evidence for the weaker variant of Spearman's other hypothesis, *Personality & Individual Differences*, 88, pp. 280-284.
305 Kan, K. J., Wicherts, J. M., Dolan, C. V. & van der Maas, H. L. J. (2013) On the nature and nurture of intelligence and specific cognitive abilities: The more heritable, the more culture dependent, *Psychological Science*, 24, pp. 2420-2428.
306 Woodley of Menie, M. A., Fernandes, H., Figueredo, A.J. & Meisenberg, G. (2015) By their words ye shall know them: Evidence of genetic selection against general intelligence and concurrent environmental enrichment in vocabulary usage since the mid-19th century, *Frontiers in Psychology*, 6, art. 361.
307 Woodley of Menie, M. A., Figueredo, A. J., Sarraf, M. A., Hertler, S., Fernandes, H. B. F. & Peñaherrera Aguirre, M. (2017) The rhythm of the west: A biohistory of the modern era, AD 1600 to the present, *Journal of Social Political and Economic Studies*, monograph series, no. 37, Washington, DC: Scott Townsend Press.
308 Woodley of Menie, M. A., Figueredo, A. J., Sarraf, M. A., Hertler, S. C., Fer-

nandes, H. B. F. & Peñaherrera-Aguirre, M. (2017) The rhythm of the west: A biohistory of the modern era, AD 1600 to the present, *Journal of Social Political and Economic Studies*, monograph series, no. 37, Washington DC: Scott Townsend Press, p. 93.

309 Woodley of Menie, M. A. & Fernandes, H. (2015) Do opposing secular trends on backwards and forwards digit span evidence the co-occurrence model? A comment on Gignac (2015), *Intelligence*, 50, pp. 125-130.

310 Wongupparaj, P., Wongupparaj, R., Kumari & Morris, R. G. (2017) The Flynn Effect for verbal and visiospatial short-term and working memory: A crosstemporal meta-analysis, *Intelligence*, 64, pp. 71-80.

311 Pietschnig, J. & Gittler, G. (2015) A reversal of the Flynn Effect for spatial perception in German-speaking countries: Evidence from a cross-temporal IRT-based meta-analysis (1977-2014), *Intelligence*, 53, pp. 145-153.

312 ピアジェの伝記については、Kohler, R. (2014) *Jean Piaget*, London: Bloomsbury. 参照。

313 Shayer, M. & Ginsburg, D. (2009) Thirty years on — a large anti-Flynn effect? 11:13-year-olds. Piagetian tests of formal operations norms 1976-2006/7, *British Journal of Educational Psychology*, 79, pp. 409-418.

314 Flynn, J. & Shayer, M. (2018) IQ decline and Piaget: Does the rot start at the top? *Intelligence*, 66, pp. 112-121.

315 Murray, C. (2006) *Human Accomplishment*, New York: Free Press.

316 Zhang, D. D., Lee, H. F., Wang, C., Li, B., Pei, Q., Zhang, J. & An, Y. (2011) The causality analysis of climate change and large-scale human crises, *Proceedings of the National Academy of Sciences*, 108, pp. 17296-17301.

317 Dutton, E. & Charlton, B. (2015) *The Genius Famine*, Buckingham: University of Buckingham Press, Chs. 12-14.

318 Murray, C. (2006) *Human Accomplishment*, New York: Free Press.

319 Dutton, E. & Charlton, B. (2015) *The Genius Famine*, Buckingham: University of Buckingham Press, p. 182.

320 Dutton, E. & Charlton, B. (2015) *The Genius Famine*, Buckingham: University of Buckingham Press, Ch. 13.

321 Eysenck, H. J. (1995) *Genius: The Natural History of Creativity*, Cambridge: Cambridge University Press.

322 Kim, K. H. (2011) The creativity crisis: The decrease in creative thinking scores on the Torrance Tests of Creative Thinking, *Creativity Research Journal*, 23, pp. 285-295.

323　Stevens, C. (1st September 2016) How British comedy's lost the plot: As a foul-mouthed slapstick is voted today's best sitcom, our despairing TV critic hankers for the days of Del Boy, Hancock and Captain Mainwaring, *Daily Mail Online*, [Online], http://www.dailymail.co.uk/tvshowbiz/article-3768134/How-British-comedy-s-lost-plot-foul-mouthed-slapstick-voted-today-s-bestsitcom-despairing-TV-critic-hankers-days-Del-Boy-Captain-Manwaring-Hancock-s-Half-Hour.html.

324　Millet, K. & Dewitte, S. (2007) Altruistic behavior as a costly signal of general intelligence, *Journal of Research in Personality*, 41, pp. 316-326.

325　Woodley of Menie, M. A., Figueredo, A. J., Sarraf, M. A., Hertler, S. C., Fernandes, H. B. F. & Peñaherrera-Aguirre, M. (2017) The rhythm of the west: A biohistory of the modern era, AD 1600 to the present, *Journal of Social Political and Economic Studies*, monograph series, no. 37, Washington, DC: Scott Townsend Press, p. 74. より。

326　Kong, A., Frigge, M., Thorleifsson, G., *et al.* (2017) Selection against variants in the genome associated with educational attainment, *Proceedings of the National Academy of Sciences USA*, 114, E727-E732.

327　Kong, A., Frigge, M., Thorleifsson, G., *et al.* (2017) Selection against variants in the genome associated with educational attainment, *Proceedings of the National Academy of Sciences USA*, 114, E727-E732. より。

328　Woodley of Menie, M. A., Figueredo, A. J., Sarraf, M. A., Hertler, S. C., Fernandes, H. B. F. & Peñaherrera-Aguirre, M. (2017) The rhythm of the west: A biohistory of the modern era, AD 1600 to the present, *Journal of Social Political and Economic Studies*, monograph series, no. 37, Washington, DC: Scott Townsend Press.

329　Demeneix, B. (2014) *Losing Our Minds: How Environmental Pollution Impairs Human Intelligence and Mental Health*, Oxford: Oxford University Press.

330　Woodley of Menie, M. A., Sarraf, M. A., Peñaherrera-Aguirre, M., Fernandes, H. B. F. & Becker, D. (2018) What caused over a century of decline in general intelligence? Testing predictions from the genetic selection and neurotoxin hypotheses, *Evolutionary Psychological Science*, DOI: 10.1007/s40806-017-0131-7.

第10章　知能低下と文明の盛衰

331　Mortimer, I.（2013）*A Time Traveller's Guide to Elizabethan England*, London: Vantage, Ch. 2. 参照。

332　ルソーと彼に影響された学者たちの部族観についての議論は、Sandall, R.（2001）*The Culture Cult: On Designer Tribalism and Other Essays*, Boulder, CO: Westview Press. 参照。

333　Rousseau, J. J.（1762/2008）*The Social Contract or Principles of Political Right*, New York: Cosimo Books. ジャン・ジャック・ルソー『社会契約論』桑原武夫、前川貞次郎訳、岩波文庫、1954年。

334　Von Herder, J. G.（1795）*Ideas of a Philosophy of the History of Mankind*, New York: Bergman.

335　Wilson, W.（1976）*Folklore and Nationalism in Modern Finland*, Bloomington, IN: Indiana University Press.

336　Hegel, G. W. F.（1974）*Lectures on the Philosophy of World History*, Cambridge: Cambridge University Press.

337　Ellis, F.（2004）*Political Correctness and the Theoretical Struggle: From Lenin and Mao to Marcus and Foucault*, Auckland: Maxim Institute.

338　Eriksen, T. H.（2001）*A History of Anthropology*, London: Pluto Press.

339　Vinge, V.（1993）The coming technological singularity: How to survive in the post-human era, *Whole Earth Review*, 81, pp. 88-95.

340　Kurzweil, R.（2006）*The Singularity is Near: When Humans Transcend Biology*, London: Penguin. レイ・カーツワイル『ポスト・ヒューマン誕生　コンピュータが人類のち生を超えるとき』井上健、小野木昭恵、野方香方子、福田実訳、NHK 出版、2007年。

341　Teilhard de Chardin, P.（2004）*The Future of Man*, New York: Doubleday.

342　Levering, M.（2013）*The Theology of St. Augustine*, Ada, MI: Baker Books. 参照。

343　ヒンドゥー教の入門書としては、Flood, G.（1996）*An Introduction to Hinduism*, Cambridge: Cambridge University Press. 参照。

344　de Benoist, A.（2004）*On Being a Pagan*, Augusta, GA: Ultra. 参照。

345　McGing, B.（2010）*Polybius's Histories*, Oxford: Oxford University Press. 参照。

346　Turchin, P.（2007）*War and Peace and War: The Rise and Fall of Empires*, New York: Plume, pp. 346-347.

347　Fromherz, A.（2010）*Ibn Khaldun, Life and Times*, Edinburgh: Edinburgh University Press. 参照。

348　Turchin, P.（2007）*War and Peace and War: The Rise and Fall of Empires*, New York: Plume, p. 92.

349　Rossides, D.（1998）*Social Theory: Its Origins, History and Contemporary Relevance*, Lanham, MD: Rowman & Littlefield. 及び Packwood Adams, H.（1970）*The Life and Writings of Giambattista Vico*, New York: Russell & Russell. 参照。

350　Spengler, O.（1991）*The Decline of the West*, Atkinson, C.F.（trans.）, Oxford: Oxford University Press. オズヴァルト・シュペングラー『西洋の没落 I・II』村松正俊訳、中央公論新社、2017年。

351　Spengler, O.（1934）*The Hour of Decision*, New York: Alfred A. Knopf.

352　シュペングラーの伝記については、Hughes, H. S.（1992）*Oswald Spengler*, New Brunswick, NJ: Transaction Publishers. 参照。

353　背教者ユリアヌスの伝記については、Bowersock, G. W.（1978）*Julian the Apostate*, Cambridge, MA: Harvard University Press. 参照。

354　Spengler, O.（1991）*The Decline of the West*, Oxford: Oxford University Press. ［邦訳、前出＊350］

355　Burke, P.（2005）*History and Social Theory*, Cambridge: Polity Press, p. 158. 参照。

356　Malthus, T.（1992）*An Essay on the Principle of Population*, Cambridge: Cambridge University Press. トマス・マルサス『人口論』永井義雄訳、中公文庫、2019年。

357　Nefedov, S.（2003）*A Theory of Demographic Cycles and the Social Evolution of Ancient and Medieval Oriental Societies*（translation）, ［Online］, http://escholarship.org/uc/item/8qf580j5.

358　Dodds, B.（2008）Patterns of decline: Arable production in England, France and Castile, 1370-1450, in Dodds, B. & Britnell, R.（eds.）*Agriculture and Rural Society After the Black Death: Common Themes and Regional Variations*, Hatfield: University of Hertfordshire Press.

359　James, W.（1907）*Pragmatism: A New Name for Some Old Ways of Thinking*, Cambridge, MA: Harvard University Press. ウィリアム・ジェームズ『プラグマティズム』桝田啓三郎訳、岩波文庫、1957年。

360　Kay, A. C., Shepherd, S., Blatz, C. W., *et al.*（2010）For God（or）country: The hydraulic relation between government instability and belief in religious sources of control, *Journal of Personality and Social Psychology*, 99, pp. 725-739.

361　Dutton, E.（2014）*Religion and Intelligence: An Evolutionary Analysis*, London:

Ulster Institute for Social Research.
362 Shinhert, G. & Ford, C. (1958) The relation of ethnocentric attitudes to intensity of religious practice, *Journal of Educational Sociology*, 32, pp. 157-162.
363 Hammond, R. & Axelrod, R. (2006) The evolution of ethnocentric behaviour, *Journal of Conflict Resolution*, 50, pp. 1-11.
364 Hills, P., Francis, L. J., Argyle, M. & Jackson, C. (2004) Primary personality trait correlates of religious practice and orientation, *Personality & Individual Differences*, 36, pp. 61-73.
365 Koenig, H., McGue, M., Krueger, R. F. & Bouchard, T. J. (2005) Genetic and environmental influences on religiousness: Findings for retrospective and current religiousness ratings, *Journal of Personality*, 73, pp. 471-478.
366 Weiss, V. (2007) The population cycle drives human history—from a eugenic phase into a dysgenic phase and eventual collapse, *Journal for Social, Political & Economic Studies*, 32, pp. 327-358.
367 Weiss, V. (2007) The population cycle drives human history—from a eugenic phase into a dysgenic phase and eventual collapse, *Journal for Social, Political & Economic Studies*, 32, pp. 327-358.
368 Simmel, G. (1957) Fashion, *American Journal of Sociology*, 62, pp. 541-558.
369 Picketty, T. (2013) *Capital in the Twenty First Century*, Cambridge, MA: Belknap Press. トマ・ピケティ『21世紀の資本』山形浩生、守岡桜、森本正史訳、みすず書房、2014年。
370 Woodley, M. A. & Figueredo, A. J. (2013) *Historical Variability in Heritable General Intelligence: It's Evolutionary Origins and Socio-Cultural Consequences*, Buckingham: University of Buckingham Press.
371 Zhang, D. D., Lee, H. F., Wang, C., Li, B., Pei, Q., Zhang, J. & An, Y. (2011) The causality analysis of climate change and large-scale human crises, *Proceedings of the National Academy of Sciences*, 108, pp. 17296-17301.
372 この点の議論については、Morris, J. (2010) *Pax Brittanica*, London: Faber & Faber. 参照。
373 Jensen, H. (2002) *The Welfare State: Past, Present and Future*, Pisa University: Edizioni Plus.
374 Woodley of Menie, M. A., Figueredo, A. J., Sarraf, M. A., Hertler, S. C., Fernandes, H. B. F. & Peñaherrera-Aguirre, M. (2017) The rhythm of the west: A biohistory of the modern era, AD 1600 to the present, *Journal of Social Political and Economic Studies*, monograph series, no. 37, Washington, DC: Scott Townsend Press.

第11章　文明圏における一般知能の推移

375　当然ながら、ローマ史とローマ帝国について多くの著作がある。例えば、Baker, S.（2010）*Ancient Rome: The Rise and Fall of an Empire*, London: BBC Books. あるいは Taylor, B.（2008）*The Rise of the Romans: The Rise and Fall of the Roman Empire, a Chronology*, Stroud: The History Press. 参照。

376　Gibbon, E.（1776）*The History of the Decline and Fall of the Roman Empire*, London: Strahan and Caddell, Ch. 38. ギボン『ローマ帝国衰亡史』（全10冊）村山勇三訳、岩波文庫、1992年。

377　MacMullen, R.（1988）*Corruption and the Decline of Rome*, New Haven, CT: Yale University Press.

378　Gilfillan, S. Colum（1962）The inventive lag in Classical Mediterranean society, *Technology and Culture*, 3, pp. 85-87.

379　Delile, H., Blichert-Toft, J., Goiran, J. P., *et al.*（2014）Lead in Ancient Rome's city waters, *PNAS*, 111, pp. 6594-6599.

380　Meisenberg, G.（2007）*In God's Image: The Natural History of Intelligence and Ethics*, Kibworth: Book Guild Publishing.

381　Ovid, *Nux*, Loeb Classical Library（2016）http://www.loebclassics.com/view/ovid-walnut_tree/1929/pb_LCL232.295.xml?result=9&rskey=VaAITF. オウィディウス『ヌクス（クルミの木）』 ja.wikipedia.org/wiki/ オウィディウス #Nux_（くるみ）

382　Dutton, E.（2014）*Religion and Intelligence*, London: Ulster Institute for Social Research. 参照。

383　Meisenberg, G.（2007）*In God's Image: The Natural History of Intelligence and Ethics*, Kibworth: Book Guild Publishing, p. 272.

384　Hueber, J.（2005）Response by Jonathan Huebner, *Technological Forecasting and Social Change*, 72, pp. 995-1000, p. 999.

385　この図の元になったデータは、Hueber, J.（2005）Response by Jonathan Huebner, *Technological Forecasting and Social Change*, 72, pp. 995-1000, p. 999. を利用した。ジョナサン・ヒューブナーには、さらなる分析を許してくれたことに感謝する。

386　Meisenberg, G.（2007）*In God's Image: The Natural History of Intelligence and Ethics*, Kibworth: Book Guild Publishing, p. 289.

387　しかし、キリスト教神学者による三位一体説の擁護は、Sanlon, P.（2014）*Simply God: Recovering the Classical Trinity*, Leicester: Intervarsity Press. 参照。

388　これは中世の哲学者聖トマス・アクィナスに追従したものである。新トマス主義についての議論は、Shanley, B.（2013）*The Thomist Tradition*, New York: Springer. 参照。

389　イスラム教と科学についての議論は、Masood, E.（2009）*Islam and Science: A History*, London: Icon Books. 参照。

390　Bobrick, B.（2012）*The Caliph's Splendor: Islam and the West in the Golden Age of Baghdad*, New York: Simon & Schuster.

391　Green, N.（2012）*Sufism: A Global History*, Hoboken, NJ: John Wiley & Sons.

392　Meisenberg, G.（2007）*In God's Image: The Natural History of Intelligence and Ethics*, Kibworth: Book Guild Publishing.

393　Meisenberg, G.（2007）*In God's Image: The Natural History of Intelligence and Ethics*, Kibworth: Book Guild Publishing, p. 85.

394　List of Muslim Scientists, *Wikipedia*,［Online］, https://en.wikipedia.org/wiki/List_of_Muslim_scientists（2017年2月6日現在）。ウィキペディアには信頼性の問題はあるが、それにしてもこの場合には記事には十分に意味があるだろう。

395　中国文明の歴史については、Gernet, J.（1996）*A History of Chinese Civilization*, Cambridge: Cambridge University Press. 参照。

396　Chey, O.（2011）*China Condensed: 5000 Years of History and Culture*, Singapore: Marshall Cavendish. 参照。

第12章　西洋文明の運命

397　Lacey, R. & Danziger, D.（1999）*The Year 1000: What Life was Like at the Turn of the First Millennium*, New York: Little Brown & Co., Ch. 3. 参照。

398　Mantel, H.（2009）*Wolf Hall*, London: Fourth Estate.

399　Mortimer, I（.2013）*The Time Traveller's Guide to Elizabethan England*, London: Vantage Books, p. 37.

400　Eliade, M.（1957）*The Sacred and the Profane: The Nature of Religion*, Oxford: Oxford University Press.

401　Frazer, J. G.（1890）*The Golden Bough: A Study in Comparative Religion*, London: MacMillan. J・G・フレイザー『初版　金枝篇』（上・下）吉川信訳、筑摩書房、2003年。

402　例えば、Taylor, D.（2017）*Social Movements and Democracy in the 21st Century*, New York: Springer.

403　例えば、Pichelman, K.（2014）When 'Secular Stagnation' meets Piketty's capitalism in the 21st century:. Growth and inequality trends in Europe reconsidered, *Economic and Financial Affairs*, 551, DOI: 10.2765/003981.

404　例えば、Mudde, C.（2016）*On Extremism and Democracy in Europe*, London: Routledge.

405　Scruton, R.（2000）*Modern Culture*, London: Continuum.

406　ポストモダニズム文化についてのこうした指摘は Scruton, R.（2000）*Modern Culture*, London: Continuum にあるが、ここではもっと最近の実例をあげた。

407　ここで強調しなければならない。大量の移民がもたらす正負の側面は、こうした認識、つまりこのプロセスが発生しており、それらが現在が文明の冬であることからまさに予測されるということとは無関係である。

408　Coleman, D.（2010）Projections of the ethnic minority populations of the United Kingdom, 2006-2056, *Population and Development Review*, pp. 441-486.

409　Murray, D.（2017）*The Strange Death of Europe*, London: Bloomsbury, p. 272. ダグラス・マレー『西洋の自死——移民・アイデンティティ・イスラム』町田敦夫訳、東洋経済新報社、2018年。

410　例えば、Vanhanen, T.（2012）*Ethnic Conflicts: Their Biological Roots in Ethnic Nepotism*, London: Ulster Institute for Social Research.

411　Hatton, T. & Williamson, J.（2011）*The Age of Mass Migration: Causes and Economic Impact*, Oxford: Oxford University Press, p. 265. 彼らはこのことを、アメリカの1870年代から1910年代に焦点を当てて示している。

412　例えば、Shipman, T.（2016）*All Out War: The Full Story of How Brexit Sank Britain's Political Class*, London: William Collins.

413　Sauvage, G.（1912）Traditionalism, in *The Catholic Encyclopedia*, New York: Robert Appleton Company.

414　伝統主義の詳細な議論については、Sedgwick, M.（2009）*Against the Modern World: Traditionalism and the Secret Intellectual History of the Twentieth Century*, Oxford: Oxford University Press. 参照。

415　Armstrong, K.（2001）*The Battle for God: Fundamentalism in Judaism, Christianity and Islam*, London: HarperCollins.

416　Sedgwick, M. (2009) *Against the Modern World: Traditionalism and the Secret Intellectual History of the Twentieth Century*, Oxford: Oxford University Press, p. 267. シジウィックは、例えばルネ・ゲノン（1886-1951）など、初期の伝統主義的な哲学者の多くがイスラムに転向したと述べている。ゲノンは、伝統主義哲学の主要人物で、スーフィズムに感化されてエジプトで没した。

417　こうした仏教に対する評釈は、イギリスでは早くも1920年代に見られる。Bluck, R. (2006) *British Buddhism: Teachings, Practice and Development*, London: Routledge, p. 7. 参照。

418　例えば、Lynn, R. (2001) *Eugenics: A Reassessment*, Westport, CT: Praeger.

第13章　光の消滅

419　Shakespeare, Sonnet 18. シェークスピア　ソネット第18番　戸所宏之訳 http://marieantoinette.himegimi.jp/booksonnet18.htm

420　この父親は事件を描いてベストセラーになった。Brookes-Dutton, B. (2014) *It's Not Raining Daddy, It's Happy: Surviving Grief, a Father and Son Start Again*, London: Hachette UK. ブルックス＝ダットンは著者のダットンとは無関係である。

421　*BBC News* (22nd December 2014) Pensioner jailed after 'pedal confusion' collision kills mother, [Online], http://www.bbc.com/news/uk-englandlondon-30578887.

422　Galton, F. (1904) Eugenics: Its definition, scope and aims, *The American Journal of Sociology*, 10, pp. 1-25.

423　Lynn, R. (2001) *Eugenics: A Reassessment*, Westport, CT: Praeger.

424　Salter, F. (2015) Eugenics, ready or not: Part I, *Quadrant*, 59, pp. 41-51.

425　Meisenberg, G. (2009) Designer babies on tap? Medical students' attitudes to pre-implantation genetic screening, *Public Understanding of Science*, 18, pp. 149-166.

426　オーストラリアの心理学者ネイサン・ブルックスは、企業の重役の5人に1人がサイコパス的な人格を持っていることを見出した。Brooks, N. (2016) *Understanding the Manifestations of Psychopathic Personality Characteristics Across Populations*, PhD Thesis, Bond University. 参照。

427　Scruton, R. (2000) *Modern Culture*, London: Continuum, p. 71.

428　Woodley of Menie, M. A. & Dunkel, C. (2015) Beyond the cultural mediation hypothesis: A response to Dutton (2013), *Intelligence*, 49, pp. 186-191.

429　Cattell, R .B. (1972) *A New Morality from Science: Beyondism*, New York: Pergamon, p. 86.

430　Cattell, R. B. (1987) *Beyondism: Religion from Science*, Westport, CT: Praeger, pp. 210-211, italics in original.

431　The Long Now Foundation, [Online], http://longnow.org.

(*Historical Variability in Heritable General Intelligence*)』(University of Buckingham Press, 2013)とその続きとして『西洋のリズム　近代1600年から現代までの生物史(*The Rhythm of the West: A Biohistory of the Modern Era AD1600 to the Present*)』(*Journal of Social, Political, and Economic Studies*, occasional monograph series, no. 37)がある。ウドリー・オブ・メニーはこの研究について、国内・国外の多くのメディアで語っている。これにはタイムズ、テレグラフといった新聞を始め、BBC ラジオやアル・ジャジーラ、ステファン・モリノー・ショーなど多くのラジオ、テレビ、インターネットが含まれる。

訳者

蔵　研也　Kenya Kura

1966年　富山県氷見市生まれ
1988年　東京大学法学部卒業
1991年　サンフランシスコ大学　経済学 MA(修士号)取得
1995年　カリフォルニア大学サンディエゴ校経済学 Ph.D.(博士号)取得
1995－97年　名古屋商科大学経済学部　専任講師
1997年－現在　岐阜聖徳学園大学経済情報学部　准教授

[著書]
『現代のマクロ経済学』1997年　日本図書刊行会
『リバタリアン宣言』2007年　朝日新書
『国家はいらない』2007年　洋泉社
『無政府社会と法の進化』2008年　木鐸社
『18歳から考える経済と社会の見方』2016年　春秋社

[訳書]
ヘスース・ウエルタ・デ・ソト『通貨・銀行信用・経済循環』2015年　春秋社
ヘスース・ウエルタ・デ・ソト『オーストリア学派　市場の秩序と起業家の創造精神』2017年　春秋社

■ プロフィール

著者

エドワード・ダットン Edward Dutton

フリーランスの研究者・著述家。1980年、ロンドン生まれ。現在はフィンランド北部のオウルに住んでいる。2002年にダーラム大学を神学専攻で卒業し、2006年にアバディーン大学から宗教学の博士号を取得した。彼の論文は、福音派キリスト教に属する学生に対する、参与的な観察であった。その後、オランダのライデン大学、スウェーデンのウメオ大学の客員研究員になり、サウジアラビアのサウード王大学の研究チームのコンサルタントをつとめている。ダットンのこれまでの著書には、『大学でイエスに会う　通過儀礼と福音派学生（*Meeting Jesus at University: Rites of Passage and Student Evangelicals*）』（Ashgate, 2008；Routledge 2016)、『フィンランド人の直感　フィンランド文化と独自性という宗教（*The Finnuit: Finnish Culture and the Religion of Uniqueness*）』（Akademian Kiado, 2009）、『宗教と知能　進化論的分析（*Religion and Intelligence: An Evolutionary Analysis*）』（Ulster Institute of Social Research, 2014）、『天才の飢饉　なぜ我々は天才を必要とするのか？なぜ彼らはいなくなりつつあり、彼らを助け出さなければならないのか？（*The Genius Famine: Why We Need Geniuses, Why They're Dying Out and Why We Must Rescue Them*）』（University of Buckingham Press, 2015 ブルース・チャールトンとの共著）がある。ダットンの研究は世界中の新聞に掲載されてきており、BBC ラジオやフランスのテレビ局アルテ、テレグラフ、タイムズ、ル・モンドなどの新聞でのインタビュー、またガーディアン、テレグラフ、タイムズ・ハイヤー・エデュケーションなどへ寄稿している。余暇には、系譜学を探求しており、この分野では『チェシャーの支配者　ピアーズ・ダットン卿とチューダー朝の暗黒街、そしてパラティン伯の暴政（*The Ruler of Cheshire: Sir Piers Dutton, Tudor Gangland and the Violent Politics of the Palatine*）』（Leonie Press, 2015）など多くの出版がある。彼はフィンランド・ルター派の聖職者と結婚して 2 人の子供がいる。

マイケル・A・ウドリー・オブ・メニー Michael A. Woodley of Menie

1984年、イギリス南部のギルフォードで生まれた。ニューヨークのコロンビア大学で進化・生態と環境生物学の学位を取得。ロンドン大学ロイヤル・ホロウェイでの博士課程では、シロイヌナズナ Arabidopsis thaliana の生態的な生活史の、分子生物学的な特徴について研究した。その後すぐに、研究対象を植物から、ヒトの進化的な行動生態学に変えた。彼の関心は、生活史や人格、霊長類学、一般知能の進化などである。最後の分野においては、もっとも良く知られているウドリー効果についての研究がある。平均的な一般知能は低下しており、そのトレンドは、学会では「ウドリー効果」と呼ばれているのである。ウドリー・オブ・メニーは、ベルギーのブリュッセルにあるアムステルダム自由大学のレオ・アポステル学際研究センターの研究員である。彼の学術モノグラフには『遺伝的一般知能の歴史的な変異度

知能低下の人類史　忍び寄る現代文明クライシス

発　行　2021年10月20日　第1刷発行

著　者　エドワード・ダットン
マイケル・A・ウドリー・オブ・メニー
訳　者　蔵　研也
発行者　神田　明
発行所　株式会社　春秋社
〒101-0021　東京都千代田区外神田2-18-6
電話　(03)3255-9611(営業)・9614(編集)
振替　00180-6-24861
https://www.shunjusha.co.jp/
装　丁　本田　進
印刷所　株式会社　太平印刷社
製本所　ナショナル製本協同組合

ISBN 978-4-393-33238-2　C0011